D0824924

LOS CINCO SENTIDOS DEL NIÑO

Priscilla J. Dunstan

Los cinco sentidos del niño

Descubre cuál define a tu hijo

URANO

Argentina – Chile – Colombia – España
Estados Unidos – México – Perú – Uruguay – Venezuela

Título original: *Child Sense*
Editor original: Bantam Books, New York
Traducción: Isabel Murillo Fort

Reservados todos los derechos. Queda rigurosamente prohibida, sin la autorización escrita de los titulares del *copyright*, bajo las sanciones establecidas en las leyes, la reproducción parcial o total de esta obra por cualquier medio o procedimiento, incluidos la reprografía y el tratamiento informático, así como la distribución de ejemplares mediante alquiler o préstamo públicos.

Copyright © 2009 *by* Priscilla J. Dunstan
This translation is published by arrangement with Bantam Books, an imprint of The Random House Publishing Group, a division of Random House, Inc., New York
© de la traducción 2010 *by* Isabel Murillo Fort
© 2010 *by* Ediciones Urano, S.A.
Aribau, 142, pral. – 08036 Barcelona
www.edicionesurano.com
www.mundourano.com

1.ª edición septiembre 2010

ISBN: 978-84-7953-753-1
Depósito legal: NA - 1.912 - 2010

Fotocomposición: A.P.G. Estudi Gràfic, S.L.
Impreso por Rodesa S.A. – Polígono Industrial San Miguel
Parcelas E7-E8 – 31132 Villatuerta (Navarra)

Impreso en España – *Printed in Spain*

Dedicado a los hombres especiales de mi vida:

A Tom, por ser mi razón de vivir (me siento muy orgullosa de la persona que eres)

A Max, por darme la vida

A Philip, por devolvernos la vida a Tom y a mí

A Mark, por haber compartido mi vida

Índice

Prólogo

Linda Acredolo y Susan Goodwyn

Coautoras de *Los gestos del bebé: cómo hablar con tu hijo antes de que él sepa hablar*

Como psicólogas que hemos consagrado gran parte de los últimos veinticinco años de nuestra vida a la investigación centrada en mejorar la comunicación entre padres e hijos, estamos encantadas de respaldar el trabajo realizado por Priscilla Dunstan. Aunque ella enfoca la comunicación desde una perspectiva muy distinta, su misión básica es la misma que la nuestra: ayudar a padres e hijos a comunicar con eficacia para que la relación entre ellos prospere. En nuestro caso, animamos a los padres a ayudar a sus bebés a «hablar», mediante la utilización de sencillos signos, antes de que sepan pronunciar palabras. Priscilla, por su parte, ayuda a los padres a que comprendan mejor los mensajes que les transmiten sus hijos, no necesariamente en forma de signos o palabras, sino según su manera general de abordar las exigencias de la vida diaria. E igual que sucede en nuestro trabajo, el suyo estuvo originalmente inspirado en sus vivencias como madre.

Su trabajo se inició hace una década con el descubrimiento, como madre primeriza de un bebé muy complicado, de que su hijo emitía una serie de sonidos distintos que indicaban con claridad estados de ánimo concretos como hambre, sueño o gases estomacales. Cuando se dio cuenta de que todos los bebés emitían los mismos sonidos para indicar las mismas necesidades, tuvo los principios de lo que se convirtió en su sistema de clasificación del lenguaje universal del bebé. Ese descubrimiento la llevó a establecer un centro de investigación en Sydney, Australia. que se convirtió en la base del trabajo, tanto clínico como de investigación, realizado con centenares de familias a lo largo de diez años.

A partir de dicho descubrimiento inicial, Priscilla ha estado siempre motivada, en su vida y en su trabajo, por el objetivo de tender un puente que una el vacío de comunicación existente entre padres e hijos. *Los cinco sentidos del niño* describe el resultado de la siguiente fase de su investigación: el hallazgo de un sistema de clasificación sensorial que proporciona a los padres una clave para comprender cómo su hijo experimenta, interpreta y comprende el mundo. Mientras que existen muchos sistemas de clasificación basados en las diferencias de personalidad, el punto de partida de Priscilla fue percatarse de que los sentidos son el medio fundamental del que disponemos para organizar las señales que recibimos del mundo que nos rodea, y que todos nosotros, desde el nacimiento, poseemos un sentido de orientación principal: tacto, vista, sonido o gusto/olfato. Las listas de comprobación que presenta en los capítulos dos y tres, sencillas y fáciles de utilizar, le permitirán identificar tanto el sentido dominante de su hijo, como su propio sentido dominante y el de su pareja. Estamos seguras de que disfrutará, igual que disfrutamos nosotras, completando dichas listas, pues las descripciones que Priscilla ofrece son realmente verosímiles. Resulta fascinante descubrir todo lo que estas descripciones captan del comportamiento del niño (¡y también del suyo!). Se produce entonces un auténtico momento «¡Eureka!» en el que todo empieza a integrarse y a formar un retrato coherente.

A medida que lea las páginas siguientes, comprenderá rápida e intuitivamente de qué modo el sistema de clasificación sensorial le ayuda a entender las conductas del niño que hasta ahora eran un verdadero misterio. Gracias al sistema de Priscilla, también entenderá con facilidad muchas de las conductas que hasta el momento podría haber interpretado como tozudez, mal humor, imprevisibilidad e irracionalidad de la infancia. Su forma de enfocar la paternidad cambiará por completo en cuanto asuma que la manera en que su hijo actúa refleja una parte innata de su orientación hacia el mundo.

Si cuando su hijo de dos años se niega a utilizar el tenedor e insiste en coger la comida con las manos, parte usted de la teoría de que, como niño táctil, depende de las sensaciones del tacto para aprender, le ayudará a comprender su motivación y a tratarlo con más paciencia. Si su hijo de tres años, dotado de orientación visual, insiste en disponer los muñecos, los juguetes y los peluches de una determinada manera y coge una pataleta si usted se los desordena cuando arregla la habitación, intente ver el mundo como lo ve él y comprenderá lo importante que esta sensación de orden es para su seguridad y bienestar. Si su hijo de cuatro años, de orientación gusto/olfativa, se siente ofendido a menudo, y cree usted que debería tener un poco más de aguante, le ayudará de un modo más efectivo si entiende que los niños de esta categoría son hipersensibles por naturaleza, no sólo en lo referente a percibir las cosas, sino también las emociones, tanto las suyas como las de los demás.

Pero el enfoque de Priscilla sobre la paternidad no es pasivo. No le aconseja que acepte usted conductas que son indeseables, sino que le invita a transformarlas utilizando los conocimientos que posee sobre la orientación sensorial de su hijo. Si su bebé auditivo tiene problemas de sueño aun después de haber insonorizado su habitación, tal vez le sorprenda descubrir que su hijo es uno de esos niños que necesita un determinado nivel de ruido de fondo para tranquilizarse. Experimentando un poco (con música suave y bajita o con cualquier máquina que emita un ruido monótono de fondo), acabará encontrando la solución adecuada para su hijo.

Y posteriormente, ese mismo niño auditivo que en apariencia tiene un montón de problemas realizando transiciones, vivirá una jornada mucho más fácil si usted desarrolla un repertorio de canciones del tipo «la canción de ponerse los zapatos», «la canción de sentarse en el orinal» o «la canción de ir a dormir». Las páginas de este libro están llenas de consejos y técnicas para gestionar los problemas diarios a los que todo padre se enfrenta.

Los cinco sentidos del niño le orientará para adaptar su paternidad a las necesidades exclusivas de su hijo. Como padres primerizos tal vez se sientan abrumados por el comportamiento aparentemente inexplicable de un niño muy complicado, mientras que sus mejores amigos son la viva imagen de la satisfacción paternal. O tal vez su primer hijo era uno de esos angelitos que dormía y comía causando problemas mínimos, y en cambio, se sienten atónitos ante el hecho de que su segundo hijo sea justamente lo contrario. ¿Quién tiene la culpa en este caso? ¿Ustedes o su hijo? Ni unos ni otros, claro está; sucede, simplemente, que cada niño es distinto e, incluso dentro de estas cuatro categorías sensoriales, existen muchas diferencias.

El enfoque que Priscilla da a la paternidad permite utilizar los conocimientos íntimos que usted posee de su hijo para establecer estrategias sensoriales que hagan la vida más fácil y feliz para todo el mundo.

No hay nada más gratificante en la vida que el vínculo entre padres e hijos. Cuando lea *Los cinco sentidos del niño*, profundizará y reforzará ese vínculo, estableciendo las bases de una relación de amor mutuamente gratificante.

Introducción

UN VÍNCULO MEJOR

Hace muy poco, una cliente me comentó: «Por primera vez en la vida de mi hijo, he visto la belleza que hay en él». Y mientras pronunciaba estas palabras, los ojos se le llenaron de lágrimas de alivio y felicidad, al mismo tiempo que una expresión de asombro y orgullo iluminaba su semblante. Era una madre de tres niños que se refería a su hijo de cinco años, cuya conducta siempre le había resultado tan complicada de gestionar que tenía la sensación de estar batallando con él desde su nacimiento. Tenía otros dos hijos mayores, hijastros procedentes del primer matrimonio de su marido, con los que no había problemas. Pero con el pequeño, su hijo biológico, le resultaba imposible relacionarse. ¿Qué fue lo que la llevó a ver por primera vez su belleza?

La madre había aprendido una estrategia única y beneficiosa para comunicar con su hijo que la ayudaba a ser mucho más eficaz en su forma de hablarle, de guiarlo, de jugar con él, de tranquilizarlo y de responder a sus necesidades. Como resultado de ello, la conducta del pequeño ha cambiado de forma notable. Las pataletas y los dramas que tanto complicaban la vida a todos los integrantes de la familia han desaparecido, y el niño es ahora mucho más feliz, confiado y cooperador. Y no es necesario que diga que ella también es ahora una madre mucho más feliz y confiada.

En este libro deseo contarle la clave, no tan misteriosa, de cómo esta madre fue capaz de generar un cambio tan maravilloso. Todo se basa en la nueva forma de enfocar la paternidad que le enseñé a descubrir. Como verá, esta nueva manera de gestionar la conducta del niño y guiarle en las diversas etapas del desarrollo de los primeros cinco años de vida, fomentará la confianza y el sentimiento de seguridad de su hijo y mejorará la relación entre ustedes.

Observe la conducta de su hijo desde una perspectiva distinta

¿Ha tenido alguna vez la sensación de no saber qué hacer con sus hijos? ¿Le asaltan con frecuencia la frustración y la inseguridad, de tal modo que acaba hundiéndose y cediendo a sus interminables exigencias, ya sean bebés o niños mayores? ¿Se desconcierta por la falta de paciencia que tiene con sus hijos, por lo mal que se portan o porque se niegan a hacer lo que usted les pide? ¿Es víctima del agotamiento después de doce horas seguidas intentando levantarlos, darles de comer, traerlos y llevarlos arriba y abajo, y cuando por fin los acuesta, apenas le queda un gramo de energía para dedicárselo a usted o a su pareja? Cuando la paternidad no va bien, la rutina diaria puede ser tan descorazonadora y destructiva que quizá le haga dudar de su capacidad de educar a sus hijos y proporcionarles las habilidades que necesitan para prosperar en esta vida.

Gracias a mi propia experiencia como madre, así como a los más de ocho años de práctica individualizada con miles de familias en la clínica que creé en Sydney, Australia, he descubierto que la mayoría de los conflictos diarios que atormentan a tantos padres derivan simplemente de un vacío de comunicación: un vacío que se basa en cómo todas y cada una de las personas de este mundo asimilamos el entorno físico en que vivimos, y cómo respondemos a él.

Para decirlo de un modo muy sencillo, desde el momento en que nacemos, todos tenemos un sentido dominante: vista, oído, tacto o gusto y olfato (los dos últimos se combinan en este libro para crear una única categoría). Este sentido dominante afecta a todo lo que sucede en nuestra vida: cómo asimilamos la información y la procesamos, cómo aprendemos, cómo interactuamos con los demás, cómo experimentamos y respondemos a nuestras necesidades, cómo comunicamos esas necesidades a los que nos rodean, etc. Mi observación de las múltiples familias con las que he trabajado me ha enseñado que, normalmente, el motivo subyacente de que un niño actúe o se comporte incorrectamente es que no comprende bien lo que se espera de él y, por otro lado, es incapaz de expresar lo que necesita de un modo que los padres puedan comprenderlo o reconocerlo. Este vacío de comunicación es el origen de la mayoría de los problemas de comportamiento en la vida diaria.

¿Cómo tender un puente que solvente este vacío de comunicación? Si consigue identificar los sentidos dominantes de sus hijos (determinar si son predominantemente táctiles, visuales, auditivos o gusto/olfativos), tendrá una base mucho más firme para establecer una buena comunicación, personalizará su estilo de paternidad a las necesidades individuales de cada uno de sus hijos y establecerá con ellos relaciones mucho mejores. Yo puedo ayudarle a conseguirlo.

Se preguntará quién soy yo y qué tipo de trabajo he realizado con las familias. No soy psicóloga ni médico. Nací, me crié y, hasta hace muy poco, viví en Nueva Gales del Sur, Australia, donde, desde pequeña, desarrollé una carrera musical. Recientemente, me he trasladado a Estados Unidos con mi hijo, Tom, y ahora vivimos en Los Ángeles. Entré en el campo de la paternidad y los niños del mismo modo que usted: teniendo un hijo. E igual que muchos padres, me sentí abrumada e incapaz durante los primeros días de mi vida con mi bebé. Con el tiempo, sin embargo, descubrí que un don, que previamente había puesto en práctica con mi carrera musical (un sentido del oído excepcional que me permite escuchar y recordar matices de sonido muy sutiles), me salvaría de ese problema. Como leerá en el capítulo uno, esta curiosa característica me llevó a hallar una solución al problema del eterno llanto de mi hijo y, por fin, a un sistema para comprender el llanto no sólo de mi hijo, sino del de cualquier bebé.

En mi clínica de Sydney, así como aquí, en Los Ángeles, enseño a padres e hijos a gestionar los problemas diarios a los que se enfrentan todas las familias. Una madre desesperada me dijo: «Una amiga mía vino a visitarla y aprendió a convertir a su tirano de tres años en un ángel. ¿Podría ayudarme a conseguir lo mismo?» Otra madre me suplicó: «Ayúdeme, ayúdeme, por favor. Mi bebé necesita que lo tenga todo el día en brazos; me siento agotada y frustrada. Me siento atrapada». Otra madre me confesó: «Mi pequeña de dos años no quiere dormir sola. He intentado controlar el llanto, he intentado encerrarla en su habitación, he intentado quedarme con ella hasta que se duerme… Pero nada funciona. No quiero que duerma conmigo, aunque estoy a punto de claudicar. ¿Puede ayudarme, por favor? No sé qué hacer». Éstos no son el tipo de problemas que los padres consultan al pediatra, ni a un psicólogo, porque son asuntos que parecen demasiado banales para solicitar la atención de un especialista. Es posible que duden también de consultárselos a los amigos o a sus propios padres por miedo a que los consideren incompetentes. De modo que padres e hijos continúan inmersos en un ciclo negativo de malas conductas y exigencias insatisfechas que hace infeliz a todo el mundo. Estos dramas cotidianos son precisamente el tipo de dilema en el que yo puedo ayudar utilizando todo lo que he aprendido sobre el impacto de los sentidos en la conducta y la comunicación.

A menudo, los padres que acuden a mi consulta para una primera visita salen de ella llorando, no porque yo los haya incomodado, sino por lo aliviados que se sienten al constatar que alguien por fin los escucha. Durante años, sus problemas y preocupaciones, por turbadores que sean, les han parecido tan ordinarios que nunca han hablado de ellos. Pero cuando me visitan, tal vez porque me ven también como una madre, vierten todos sus miedos y angustias.

Normalmente, empiezo mi trabajo con las familias pasando una hora y media con cada hijo con el objetivo de observarlo y clasificarlo según su modo sensorial. Durante las semanas siguientes, paso casi cuatro veces ese tiempo con los padres, afinando mis observaciones sobre el sentido dominante del niño si es necesario y enseñándoles a adaptar en consecuencia su estilo de paternidad. En realidad mi trabajo consiste en ayudar a los padres a *ser padres*.

En cuanto una madre o un padre toman conciencia de la orientación sensorial de su hijo, comienzan a comprender cómo navega el niño por las diversas etapas del desarrollo y cómo le impacta el sentido dominante sobre la conducta. Por ejemplo, trabajé con un niño de dos años que presentaba problemas al separarse de su madre cuando ésta lo dejaba por las mañanas en la guardería. Al marcharse ella, el pequeño se lanzaba al suelo y se le agarraba a los tobillos como si le fuera la vida en ello. La madre había intentado sofocarle las pataletas con palabras de ánimo, explicándole lo bien que se lo iba a pasar con los demás niños, utilizando «tiempos muertos», diciéndole frases del tipo «Eres un niño mayor; has de ser valiente», con sobornos, con castigos... Pero ninguna de esas estrategias aliviaba el drama que el niño (y su madre) sufrían. Sin embargo, tan pronto como ayudé a la madre a identificar el sentido dominante de su hijo, el tacto, la mujer utilizó ese conocimiento para realizar pequeños ajustes en la rutina diaria que le dieran al niño la confianza necesaria para ser capaz de separarse diariamente de ella. Al comprender lo mucho que su hijo necesitaba el consuelo de sus caricias, decidió dedicar todas las mañanas, antes de salir de casa, unos minutos extra a los mimos. Cuando lo dejaba en la guardería, se agachaba para situarse al nivel de los ojos del niño y le daba un abrazo enorme para tranquilizarlo, explicándole a continuación que cuando llegara a casa por la tarde dedicarían otra vez más tiempo a los mimos. Como verá, ser tocado y acariciado lo es todo para el niño táctil. De manera que al demostrarle esta madre a su hijo que comprendía sus necesidades, le proporcionó esa sensación de seguridad que necesitaba el pequeño para superar el miedo a ser abandonado. La sensación de seguridad que creó con estos sencillos cambios en la forma de abordar el problema es casi tan importante como el alimento o incluso el sueño: suministra a los niños la energía necesaria para crecer emocional, mental y físicamente.

Otra madre compartió lo siguiente sobre su experiencia: «Cuando descubrí que mi hijo era auditivo, intenté comprender el mundo desde su punto de vista y me di cuenta de lo increíblemente sensible que es al tono de voz y a los sonidos fuertes. Me percaté de que si le hablaba utilizando un tono de voz duro o apresurado, desconectaba de mí o se echaba a llorar. Ahora soy consciente de que con ello no se mostraba travieso ni desobediente. A su modo, intentaba explicarme que la mitad de las veces no comprendía lo que yo le decía. Cuando aprendí a hablarle con un tono de voz más amable y suave, su conducta cambió poco a poco. De hecho, empezó a escucharme y a prestar atención a mis indicaciones».

Un padre soltero acudió a mi consulta para hablarme de su hija de casi cuatro años que se portaba tan mal cuando iban a hacer recados, pongamos por caso al supermercado, que se había planteado la posibilidad de que sufriera un grave problema de conducta. Me lo explicó así: «No puedo llevarla a ningún lado; siempre quiere, quiere y quiere. Lo coge todo y lo toca todo, en especial los caramelos que hay junto a la caja. Intento que comprenda que los caramelos, por ejemplo, son malos para los dientes y que no es bueno tomar tanto azúcar. Pero da lo mismo lo que le diga. ¡Es como si no controlara lo que hace! Si le digo que no, acaba poniéndose histérica». Cuando le pedí que fuera más concreto sobre el tipo de cosas que su hija deseaba más, me respondió con rapidez: «¡Cualquier cosa que sea "bonita", como ella dice! Y eso significa cualquier cosa que tenga un envoltorio llamativo y brillante». Para mí, esta conclusión fue un claro indicador de que su hija era visual. Me imaginé que en realidad no quería el caramelo, sino que le atraía el envoltorio brillante. (A modo de explicación, debería saber que en Australia hay caramelos por todas partes y que suelen presentarse con envoltorios relucientes y multicolores.) Al preocupado y frustrado padre le sugerí que si lo que en realidad atraía a su hija era el envoltorio, como yo imaginaba, tendría que recurrir a otra particularidad típica del sentido dominante de su hija —el gusto por el orden— para doblegar su conducta aparentemente descontrolada. El plan que elaboramos consistió en que el padre convirtiera el ir de compras en un juego, invitando a su hija a ver si sabía devolver a su debido lugar cualquier cosa que cogiera. Poco después, el padre vino a verme de nuevo para contarme que la estrategia había funcionado, y no sólo cuando iban de compras. A su hija le encantaba ahora guardar los juguetes y ordenar la habitación.

Otro padre me contó: «Me preocupaba constantemente que la hipersensibilidad de mi hija a todo —las luces brillantes, los sonidos fuertes, el sabor de diversas comidas— no fuera normal.

»Pero al comprenderla bajo el punto de vista de su modo sensorial, que es el gusto/olfativo, no sólo solté un gran suspiro de alivio, sino que además empecé a idear maneras de combatir su gran reactividad. Tardé un tiempo en identificar todo aquello a lo que era sensible, y me di cuenta de que modificar cosas de su entorno para que se sintiera más cómoda no equivalía a mimarla. Acepté, simplemente, que ella es quien es. Ahora me siento realizado porque soy capaz de comunicar con mi hija de un modo más efectivo, y tengo, además, la sensación de que estoy haciendo un buen trabajo como padre. Y lo más importante de todo es que percibo que mi hija gana confianza en sí misma. Día a día, la veo avanzar con paso más firme.»

Conocer y comprender el modo sensorial de su hijo le permite dejar de luchar contra la manera de ser del niño o de la niña, como hizo la madre del ejemplo anterior, y empezar a responder de forma creativa y constructiva a su exclusiva forma de abordar el mundo. Cuando lo haga, y a menudo los cambios que se han de realizar son realmente pequeños, transformará, en el sentido más literal de la palabra, su vida familiar.

Las palabras de agradecimiento que he recibido por parte

de cientos de padres y madres que han participado en mi estudio (que describiré en el capítulo uno), así como las de otros centenares con los que he trabajado en todo el mundo, significan mucho para mí, pues, como madre que también soy, constato lo importante que es saber que comprendo a mi hijo. De hecho, esta comprensión es la clave para crear un vínculo sincero y positivo entre padres e hijos. Valoro este vínculo en todo lo que hago. Mi deseo de tener una sólida conexión con mi hijo (es decir, saber y creer que esa conexión, especialmente durante los primeros cinco años de su vida, es la influencia más importante en su desarrollo) es lo que ha impulsado e informado todo mi trabajo de investigación con niños y familias.

Personalice su forma de abordar a su hijo

Permítame que le formule unas cuantas preguntas:

1. ¿Se ha echado alguna vez a llorar de agotamiento y frustración porque su bebé sólo quiere que le coja en brazos, independientemente de que se haya pasado el día entero haciéndolo?
2. ¿Se ha preguntado alguna vez por qué su segundo bebé se despierta a la que hay el menor sonido en casa, mientras que su primer hijo dormía incluso en un restaurante ruidoso?
3. ¿Se ha preguntado alguna vez por qué su bebé, cuando va en el cochecito, no se tranquiliza hasta que le ve a usted? ¿O no se ha dado cuenta de que ésa es, precisamente, la clave para tranquilizarle?
4. ¿Ha tenido alguna vez la sensación de ser incapaz de com-

prender por qué uno de sus tres hijos es un comedor tan melindroso, que nunca quiere comer las sobras, mientras que sus otros hijos disfrutan con lo que quiera que les prepare para cenar?

5. ¿Ha visto alguna vez a su hijo de tres años tirando todos los juguetes en medio de la habitación y pisoteándolos luego? ¿Le da la impresión de que el niño vacila entre actuar como si usted le resultara completamente indiferente, o echarse a llorar para que lo abrace, lo mime y pueda acurrucarse entre sus brazos como si aún fuera un bebé?

6. ¿Se ha preguntado alguna vez por qué su hija de cuatro años necesita tener todos los zapatos colocados de una determinada manera, peinarse siguiendo un estilo particular y poner todos sus peluches sobre la cama en un orden concreto, que nadie puede tocar o alterar?

7. ¿Se ha cuestionado alguna vez por qué su hija parece imitar siempre su estado de humor (si le domina la tensión, ella está tensa; si le domina la tristeza, ella está triste)?

8. ¿Se ha planteado alguna vez por qué su hijo mayor exige el más completo silencio para hacer los deberes, mientras que su hija menor los hace escuchando música?

En cada una de estas preguntas se esconde una pista sobre el sentido dominante de los niños, y sobre cómo éste afecta a su manera de estar en el mundo. (Una respuesta «sí» a las preguntas 1 y 5 sugiere que su hijo es táctil; un «sí» a las preguntas 2 y 8, que es auditivo; un «sí» a las preguntas 3 y 6, que es visual, y un «sí» a las preguntas 4 y 7, que es gusto/olfativo.) En el capítulo dos, se presenta una lista de preguntas mucho más extensa, que le permitirá identificar con exactitud el sentido dominante de su hijo; también aprenderá a identificar su propio sentido dominante y el de su pareja, sentidos ambos que juegan un papel importante en este enigma de la comunicación.

Cuando aprenda a reconocer, a ser consciente y a responder adecuadamente a estas modalidades concretas de sentidos, enseguida será capaz de poner en práctica su recién estrenada comprensión de cómo su hijo experimenta su mundo y por qué se comporta como se comporta.

La mayoría de los padres que acuden a mi consulta, tanto en Australia como en Estados Unidos, sufren a menudo momentos de desesperación. Han perdido la confianza en su capacidad de ser padres y temen haber perdido también el control sobre sí mismos o sobre sus hijos. Como resultado de ello, tienen siempre la sensación de que su familia está en una situación de mera supervivencia y que apenas es capaz de avanzar.

Veo constantemente situaciones de este tipo y confío en poder ofrecer un buen repertorio de consejos y técnicas para solventar muchos de los problemas infantiles más comunes relacionados con conflictos diarios como la comida, el sueño, el aprender a hacer sus necesidades, las pataletas, etc. Pero lo más importante que le puedo brindar es algo mucho más fundamental: sé que usted conoce mejor que nadie a su hijo, y que más allá de ayudarle a enseñar a su bebé a dormir toda la noche, a convertirlo en un buen comedor o a impedir que dé puntapiés o muerda a los demás niños en la guardería, lo que quiero compartir con usted es una manera completamente nueva de interpretar la conducta de su hijo y saber responder a ella.

Este nuevo enfoque se basa en los cinco sentidos que todos poseemos, pero que rara vez explotamos de un modo consciente y proactivo.

Cuando valore el hecho de que el sentido dominante de

su hijo es su primer punto de referencia, y que ejerce una influencia profunda sobre su forma de experimentar el mundo y de comunicar con la gente de su entorno, podrá reestructurar sus interacciones con él para que al niño le resulte más fácil comprenderle y responderle. A un niño visual, preocupado siempre por el aspecto de las cosas, le diríamos: «¿Ves lo desordenada que está tu habitación? ¿Quieres arreglarla para que esté bonita cuando papá llegue a casa?» A un niño táctil, que es físico y práctico y responde mejor a sugerencias claras y directas, le diríamos: «Tengo una misión para ti: ¡Arreglar tu habitación lo más rápido que puedas!» A un niño auditivo, que reacciona muy bien ante la música, le diríamos: «¿Quieres poner tu CD favorito mientras arreglas la habitación?» Y a un niño gusto/olfativo, que suele estar muy conectado emocionalmente a sus padres y dispuesto siempre a gustar, le diríamos: «La semana pasada me sentí muy orgullosa de ti cuando guardaste todos los juguetes. ¿A que está bien hacer eso? ¡Hagámoslo de nuevo!»

Al reforzar el aspecto positivo cuando comunicamos lo que queremos, y formulamos el mensaje u objetivo de tal modo que el niño se identifique con él, le preparamos para salir victorioso. Con esta estrategia, usted aprenderá a abordar cada problema, conflicto o reto preguntándose: «¿Qué puedo hacer para que mi hijo supere con éxito este momento o esta tarea?» Porque cuando el niño supere con éxito acostarse sin llorar, cenar sin protestar o quedarse en la guardería sin montar un drama, usted también habrá superado con éxito la situación. Es una solución en la que todos (usted y su hijo) salen ganando.

Soluciones prácticas para los problemas diarios

Es posible que la relación con su hijo (o la relación de su pareja con su hijo) esté actualmente plagada de fricciones y malentendidos. Una vez que haya identificado el sentido dominante de su hijo, aprenderá a explotarlo para abrir el camino hacia una comunicación mejor y una gestión más fácil de la conducta y las actividades diarias. Para ello, deberá comprender de qué modo los sentidos dominantes de usted y de su pareja afectan también a la relación con su hijo. Así entenderá cómo experimenta y comunica éste sus necesidades emocionales, de qué manera aprende mejor, qué actividades le entretienen, por qué interactúa con los demás del modo que lo hace y qué tipo de juegos le atraen más, tanto para realizarlos sólo como acompañado. Y aprenderá numerosas y sencillas estrategias para facilitarle las rutinas diarias, desde comer hasta vestirse, pasando por salir de paseo e irse a dormir. Pero lo más importante que aprenderá será a detectar el significado de las conductas de su hijo, que tan a menudo le parecen inexplicables y, a veces, simplemente obstinadas y exasperantes. Gracias a esta comprensión, basada en el sentido dominante del niño, encontrar soluciones a los problemas y retos diarios acabará resultándole intuitivo.

El proceso puede llevar tiempo e incluir una buena cantidad de pruebas y errores. A veces verá que las soluciones descritas por mí o por los padres con los que he trabajado no tienen el mismo efecto en su familia. Pero le prometo que estas sugerencias le darán pie a una solución que *funcione*, porque en cuanto comprenda la orientación sensorial de su hijo, poseerá los conocimientos necesarios para crear soluciones que aborden directamente las necesidades del niño que mejor conoce en este mundo: el suyo. Y a partir de esta posición autorizada, podrá ejercer su paternidad con energía, paciencia y sabiduría.

Este libro, por lo tanto, no le ofrecerá reglas de comportamiento para aplicar a rajatabla ni consejos preceptivos. Le ofrecerá, por el contrario, una perspectiva sobre el impacto de los sentidos en la vida cotidiana para que, teniendo presentes a su pareja, a su hijo, a los demás miembros de la familia y usted mismo, descubra cómo comunicar con su hijo de un modo más eficaz. ¿Y a qué me refiero con «eficaz»? Pues a elegir un lenguaje y un estilo de comunicación que interpele directamente al sentido dominante de su hijo; a ayudarle a gestionar sus conductas para que desarrolle un sentimiento de confianza y seguridad; a darle la orientación que necesita para expresar con eficacia sus necesidades emocionales, para dominar las tareas de aprendizaje y para relacionarse positivamente con el mundo y las personas que le rodean... y todo ello con un sentimiento de orgullo y logro. Y si hace esto por su hijo en sus primeros años, le proporcionará una sólida base de conocimiento de su propia persona que le durará toda la vida.

Qué puede esperar de este libro

En la primera parte, aprenderá los puntos básicos. En el capítulo uno, le explicaré mis antecedentes y cómo mi investigación forma la base de este libro; en el capítulo dos, le ofrezco las preguntas que le ayudarán a identificar el sentido dominante de su hijo, y en el capítulo tres, utilizará un conjunto alternativo de preguntas para identificar el sentido dominante que tiene usted y el de su pareja.

La segunda parte consta de cuatro capítulos, cada uno de ellos centrado en uno de los cuatro tipos sensoriales, con descripciones de cómo ese sentido afecta al avance por las tareas de desarrollo que ocupan los tres rangos de edad tratados en este libro: desde el nacimiento hasta un año de edad, de uno a tres años y de tres a cinco años. Para cada tipo sensorial, le haré sugerencias sobre cómo gestionar la alimentación, el sueño y las rutinas de vestido de su hijo, así como la manera de adaptar las técnicas para aprender a hacer él solo sus necesidades. Para cada rango de edad, muestro también cómo los distintos tipos sensoriales impactan en sus necesidades emocionales, en su manera de procesar la información, en su aprendizaje y en su forma de empezar a jugar e interactuar con sus compañeros y demás personas. Al final de cada uno de estos cuatro capítulos, abordo el reto de la incompatibilidad (cuando un padre y un hijo tienen tipos sensoriales distintos) y cómo los padres pueden solventar estas diferencias de manera constructiva. (Asumo que todos los niños están relativamente sanos y no sufren ningún trastorno evidente de conducta o emocional. Como es evidente, cuando un niño presenta un trastorno de conducta o una enfermedad psicológica clara, remito a los padres a un médico o a un especialista.)

Tenga en cuenta que es posible que, de entrada, no logre identificar con exactitud el sentido dominante de su hijo. Tenga paciencia. Si sigue dominándole la inseguridad después de someterse a las preguntas del capítulo dos, pase al capítulo de la segunda parte correspondiente al grupo sensorial que *cree* que podría ser el de su hijo. Cuando haya leído ese capítulo, se habrá hecho ya una idea de si lo que se explica en él se refiere o no a su hijo y, si es necesario, retroceda hasta el principio de las preguntas para iniciar de nuevo el proceso de identificación.

En el último capítulo, echo un vistazo más detallado a retos especiales como ir al colegio, una mudanza, el nacimiento de un hermanito, un divorcio y la pérdida de un ser querido por fallecimiento o abandono; es decir, esos momentos cruciales en la vida de un niño que podrían provocarle una regresión o que se manifestara de una manera extraña. Es en estos casos que el conocimiento del sentido dominante del niño puede actuar a modo de un auténtico salvavidas para los padres.

PRIMERA PARTE

Su hijo y usted

1

Descubra la clave de los tipos sensoriales

Durante los meses de embarazo, muchas mujeres fantaseamos sobre el vínculo que pronto tendremos con nuestro hijo. Nos imaginamos arrullándolo, abrazándonos dentro de una burbuja de mutuo asombro, fascinación e intimidad. Incluso antes de que el bebé nazca, sentimos ya un amor profundo hacia ese niño. Pero cuando el bebé llega por fin y lo tenemos por primera vez en nuestros brazos, es muy frecuente que esa encantadora burbuja explote. Porque nos enfrentamos a un llanto aparentemente incomprensible, a unas necesidades que nos cuesta satisfacer y, a veces, a algo más perturbador si cabe: una sensación de incompetencia total con respecto a nuestra capacidad para ocuparnos de la nueva vida que acabamos de traer a este mundo.

Conozco muy bien esta sensación de incertidumbre. Antes de ser madre, imaginaba ese estado de dicha con mi futuro hijo. En aquella época, mi pareja y yo nos habíamos trasladado al campo para vivir en una finca con caballos, rodeada de colinas y bajo una gran extensión de cielo. Soñábamos con una vida idílica cerca de la naturaleza, donde criaríamos a nuestro hijo libre del estrés de la ciudad o los barrios de la periferia. Pero la vida después de la llegada de Tom resultó ser bastante distinta de lo que había imaginado. Mi refugio rural empezó a parecerme una trampa, porque como el padre de Tom trabajaba mucho y viajaba con frecuencia al extranjero, me encontraba aislada y sola. El bebé lloraba sin cesar, y en lugar de sentirme feliz, pasé meses de confusión, perplejidad, frustración y dudas. Intentaba consolar a mi hijo acunándolo, amamantándolo y paseándolo. Cuando volvía a llorar, le daba un baño caliente o le cantaba. Una vez hasta intenté realizar unos ejercicios sencillos de yoga mientras lo tenía en brazos, confiando en que el ritmo de mis movimientos y mi respiración lo calmase. Pero nada daba resultado, y cada vez estaba más preocupada, asustada incluso.

Sin yo saberlo, Tom se hallaba en un estado constante e intenso de agitación física provocada por los cólicos, que eran el motivo de aquellos prolongados periodos de incesante llanto y de su imposibilidad de responder al consuelo. Para agravar la tristeza que sentía ante mi inconsolable bebé, ahí estaban mis terribles migrañas, que a menudo me afectaban incluso la vista. Durante aquel estresante periodo, hubo momentos en los que era incapaz de ver a mi hijo, literalmente. Día a día veía menguar mi confianza en mi capacidad para ocuparme de él, no sabía qué hacer y me preocupé mucho pensando en que no estaba a la altura de la enorme tarea de ser madre. Pero fue gracias a mis migrañas que tropecé con una solución parcial para el malestar de Tom. Había momentos, cuando yo tenía esos dolores de cabeza, en que era incapaz de comer nada, y ese hecho daba el inesperado resultado de que los problemas de Tom, provocados por los gases, y su malestar intestinal disminuían. De un modo indirecto, esta observación me llevó a descubrir que cuanto yo comía influía de un modo importante en mi bebé. Me di cuenta de que los productos lácteos constituían los alimentos básicos de mi dieta, de modo que el queso y el yogur, que tanto me gustaban a mí, ponían enfermo a Tom. Mi hijo sufría cólicos y reflujo, males que se agravaban debido a su reacción alérgica a la lactosa de mi leche materna procedente de cualquier lácteo que hubiera yo ingerido.

Pero mi dieta no era más que una parte del problema. Cuando dejé de consumir lácteos, el reflujo de Tom disminuyó de forma espectacular, pero seguía aún muy inquieto, incapaz de dormir mucho tiempo e insensible a cualquiera de las tácticas que utilizaba para consolarlo durante sus largos ataques de llanto. La siguiente etapa de mi viaje hacia el descubrimiento de cómo ayudarlo se inició con una virtud que jamás soñé que pudiera acudir en mi auxilio como madre: mi buen oído.

Mi agudo sentido del oído se debe en parte a que recibí el influjo de la música desde una època muy temprana, pues mi madre inició mi formación musical antes incluso de que yo naciese, tocando música clásica mientras yo estaba todavía en su vientre. Más adelante, cuando físicamente pude, me inició en el violín utilizando el método Suzuki. Como quiera que con tres y cuatro años no me era posible leer partituras, mi madre me tocaba alguna melodía y yo la repetía luego de memoria. Gracias a esta habilidad, dijeron de mí que poseía memoria eidética, es decir, que mi sentido del oído es tan preciso que soy capaz de recordar cualquier sonido o pieza musical con gran exactitud después de escucharla una vez. Relacionada con esta habilidad para memorizar música, está la habilidad aún más potente de reconocer modelos. Así pues, mi habilidad y mi facilidad respecto a la música y al reconocimiento de modelos guiaron mi temprana carrera como violinista profesional y, posteriormente, como cantante de ópera. (De hecho, la música es precisamente eso: un modelo creado por la disposición de las notas musicales.) Mi habilidad para captar los modelos de sonido fue también lo que, finalmente, me condujo a mi descubrimiento del lenguaje universal del bebé.

Cegada por mis migrañas y preocupada por mi capacidad para responder a las necesidades de Tom cuando apenas podía verlo, me dediqué a escuchar su llanto con tanta atención que acabé discerniendo que había determinados sonidos que se repetían una y otra vez. Poco a poco me di cuenta de que cada sonido tenía un significado preciso que expresaba una necesidad distinta. El primer sonido* inconfundible que reconocí entremezclado con el llanto fue «neh», el sonido asociado con el hambre; de hecho, sólo oírlo, mis pechos supuraban. Mediante el método de pruebas y errores, identifiqué un segundo tipo de llanto, que sonaba como «eairh», y que parecía indicar un pequeño dolor provocado por los gases. Un tercer llanto, «owh», significaba que tenía sueño. Acabé aislando cinco sonidos distintos, y cada uno de ellos expresaba una sensación física y una necesidad diferentes: hambre, sueño, malestar, gases y ganas de eructar. Enseguida que comprendí el significado oculto de los distintos llantos, le daba de comer, le provocaba el eructo, lo cogía en brazos y lo ayudaba a dormirse, satisfaciendo con ello sus necesidades más urgentes. A menudo era incluso capaz de anticiparme a lo que Tom necesitaba, evitando de este modo los lloros.

Para abreviar una larga historia, con el tiempo me percaté de que todos los bebés emitían los mismos sonidos que mi hijo para indicar las mismas necesidades, pues cuando iba a un parque, veía a una joven madre apenada mientras intentaba en vano que su bebé dejara de llorar. Basándome en mi experiencia con Tom, me aventuraba a adivinar lo que el bebé

---

* Obviamente los sonidos que cita la autora forman parte del sistema fonético del idioma inglés. (N. del E.)

quería. Y mira por dónde, el bebé se tranquilizaba y la madre se quedaba contemplándome como si yo acabara de obrar un milagro. Además, daba igual el grupo étnico al que pertenecieran la madre y el bebé; el llanto era el mismo, sea la cultura que fuera. Y tuve la sensación de que había encontrado algo que podía ser útil para todas las madres. Fue como si hubiera descubierto la Piedra de Rosetta del lenguaje del bebé.

El lenguaje de los bebés

Después de descubrir lo que pensé que podía ser un lenguaje universal del bebé, común a todos los bebés del mundo, decidí que quería compartirlo. Como hija de un psicólogo infantil científicamente riguroso, sabía que si quería justificar la existencia de ese lenguaje para llamar la atención del público y ayudar a otras madres, necesitaría generar un conjunto de pruebas que satisficiera meticulosos estándares de investigación. De modo que bajo la dirección de mi padre, Max Dunstan, reconocido psicólogo australiano que hasta su jubilación dirigió el Educational Testing Center de la University of New South Wales y se especializó en análisis y protocolo educativo, inicié lo que se convirtió en un periodo de investigación de once años. Durante ese tiempo, abrí una consulta en Sydney y trabajé con familias (en su mayoría madres con sus bebés), dedicándome a recopilar datos para mi emergente proyecto de investigación. (Posteriormente, ampliaría dicha consulta hasta convertirla en un centro de investigación clínica con todas las de la ley.) La investigación se realizó con más de mil bebés y sus padres, procedentes de siete países distintos y con treinta antecedentes étnicos diferentes, y constó de cinco fases: una fase de observación, durante la cual estudié a centenares de bebés, tanto en directo como mediante grabaciones en diversos ámbitos —consultas de médicos, hospitales, en mi clínica y otras clínicas, en parques e incluso en centros comerciales—, y analicé su llanto; una fase de clasificación, en la que, con la ayuda de mi padre, creé un protocolo de investigación que me permitió registrar, describir y clasificar cinco llantos distintos; una fase de intervención, en la que interactué con los padres para darles soluciones y asesorarlos sobre cómo utilizar la información sobre el llanto del bebé; una fase de ensayo clínico, en la cual, con la ayuda de profesores y médicos que trabajaban en la mundialmente famosa Infant Behavior, Cry and Sleep Clinic (IBCSC) de la Brown University (también llamada la «Clínica del Cólico»), pulimos los parámetros y los métodos de mi investigación en un entorno clínico; y por último, una fase de investigación privada, en la que contratamos una empresa de investigación particular para verificar nuestros descubrimientos.

Los resultados fueron satisfactorios, y descubrimos que:

- El 90 % de las madres creían que la posibilidad de comprender y reconocer los cinco sonidos inconfundibles que los bebés emitían al llorar era muy beneficioso.
- El 100 % de las madres primerizas lo consideraban altamente valioso.
- El 70 % declararon que su bebé se tranquilizaba más rápidamente.
- El 50 % de las madres experimentaron que los bebés no interrumpían tanto el sueño.*
- El 70 % opinaron que: se sentían más seguras como ma-

---

* Específico de Estados Unidos y Australia.
Fuente: Dunstan Baby.

dres, habían aumentado su autoestima, disminuido el estrés, estaban más relajadas y controlaban mejor la situación.

- El 50 % de las madres aseguraron que sentían un mayor vínculo de unión con su bebé.*
- El 50 % afirmaron que podían alimentar mejor a sus hijos.*
- 2 de cada 3 padres declararon que habían reducido los niveles de estrés y que disfrutaban de unas relaciones matrimoniales más positivas, como resultado inmediato de la mayor implicación paterna.

Mi investigación acerca de los sonidos del bebé me aportó, además, la atención mundial, un hecho que culminó con una comparecencia en *The Oprah Winfrey Show*. Y aunque me sorprendió bastante el alcance de esta cobertura internacional, me emocionó mucho porque me ayudó a alcanzar mi objetivo de que me conociera el mayor número posible de madres. Estaba segura de que cuando los padres aprendieran a discernir entre los distintos llantos de sus bebés, transformarían de inmediato su capacidad de responder a sus hijos de un modo maravilloso y satisfactorio, y mejorarían el vínculo con ellos.

¿Qué tiene que ver todo esto con el libro que usted tiene ahora en sus manos? La respuesta es que la investigación que llevé a cabo por mi cuenta en Australia y la que realicé con colegas en la Colic Clinic de la Brown University, así como mi trabajo individual con familias en lo que pronto se convirtió en un centro de investigación en Sydney, no sólo ofreció una

---

* Específico de Estados Unidos y Australia.
Fuente: Dunstan Baby.

forma sorprendentemente sencilla y a la vez muy eficaz de que padres y cuidadores comprendieran y satisficieran las necesidades de sus bebés, sino que condujo también a un descubrimiento profundo e incluso más importante en potencia, que es el tema de este libro.

En casa y en el centro de investigación

Igual que sucedió anteriormente, mi hijo Tom jugó un papel importante como inspiración en mi recorrido hacia ese posterior descubrimiento sobre cómo comunican los niños. En cuanto empecé a satisfacer sus necesidades físicas de un modo consistente y directo, los cólicos de Tom fueron decreciendo. Conseguía calmarlo y consolarlo la mayoría de las veces, de modo que se convirtió en un bebé mucho más feliz, y yo en una madre también mucho más feliz (y aliviada). Pero a medida que el tiempo pasaba y mi hijo iba dejando de ser un bebé, intuí otro desafío en nuestra comunicación. Había dejado de ser un bebé complicado y movido cuyas necesidades, una vez aprendí a descifrarlas, resultaron ser relativamente sencillas y claras, y se había convertido en un niño alborotador y bullicioso. Siempre me preguntaba sobre qué ocultaban sus acciones y conductas. Como todos los padres saben, cuando los niños superan el primer año de edad, se convierten en criaturas bastante complicadas.

Al principio pensé que algunas de sus nuevas conductas (tirar todos los juguetes al suelo, correr y saltar por encima de los muebles por mucho que yo le dijera que no lo hiciera, o tumbarme casi en el suelo con sus bulliciosas muestras de cariño) eran simplemente el carácter peleón de un niño que cada vez tenía más testosterona corriéndole por las venas. Pero me resultaba asombroso que a veces tuviera un comportamiento muy físico conmigo: alternativamente, me empujaba para apartarme de su lado o no me dejaba marchar. Recuerdo con perfecta claridad un incidente que se produjo durante una visita a mi padre. En aquella época, Tom y yo ya vivíamos solos; el niño estaba tan excitado con la idea de ver a su abuelo y pasar un rato con él, que me empujó literalmente para apartarme de su camino. Aquellos modales tan físicos y agresivos eran sorprendentes, y cuantos más ejemplos de ello fui viendo en los meses que siguieron, más fue creciendo la sensación de que Tom era el elemento dominante en nuestra relación. Su intensa tendencia al ímpetu físico parecía ser la fuerza impulsora de su personalidad, y mostraba un carácter tan diferente al mío que me resultaba difícil manejarlo. Por ello, una vez más, me embargaba la sensación de no saber qué hacer y pasé a formularme preguntas: ¿Debía disciplinarlo quitándole los juguetes? ¿Darle momentos de respiro? ¿Intentar explicarle por qué aquellos comportamientos no estaban bien? Intenté todas esas estrategias e intenté también tranquilizarlo con música suave y distraerlo sentándolo delante de un DVD o leyéndole un cuento. Pero cuando alcanzaba cierto punto de tensión, nada funcionaba.

Aunque había utilizado con eficacia mi conocimiento del lenguaje del bebé para comprender sus necesidades como tal, ahora que empezaba a hacerse mayor, me resultaban cada vez más complicadas tanto sus nuevas necesidades como su forma de expresarlas. Me sentía tan cansada —tan física y emocionalmente agotada por aquellas exigencias— que me preocupé al pensar que, pese a que nuestra relación no podía calificarse con exactitud de antagónica, algo se interponía entre nosotros y debilitaba el vínculo que teníamos. Como hija de psicólogo e instruida en lo que los expertos opinaban sobre la teoría del apego, temía que cualquier cosa que socavara nuestra conexión podría ser una amenaza para su bienestar. Al fin y al cabo, ¿no había comprendido ya que su vínculo conmigo era lo que le permitiría sentirse a salvo y seguro en el mundo? ¿No tenía que ser supuestamente yo el principal origen de su capacidad para establecer apegos positivos y sanos? ¿No dependía de mí proporcionarle los elementos emocionales y psicológicos esenciales que formaran las bases de un fuerte sentido del yo, así como darle la capacidad de prosperar y crecer emocional, cognitiva y socialmente? ¿Y no era nuestro vínculo importante no sólo en los primeros meses de vida, sino también a lo largo de toda la infancia?

Pero el hecho de que yo comprendiera la importancia de establecer un vínculo íntimo con Tom no me facilitaba la labor de comprenderlo o de comunicar con él. De bebé, necesité muchos ejercicios de pruebas y errores antes de llegar a comprender el llanto de mi hijo y descifrar la mejor manera de reaccionar. Entonces, nuestra vida se tranquilizó, sobre todo la mía. ¡Nunca hay que dudar de que la necesidad es la madre del invento! Pero ahora que se hacía mayor y expresaba sus necesidades de muchas maneras distintas, volvía a sentirme confusa e insegura. ¿Qué quería Tom, y cómo podía hacerlo feliz sin tener la sensación de que quien mandaba allí era él? Y como yo era su madre, ¿no se suponía que tenía que saber cómo llevarlo?

Mientras intentaba comprender mejor a mi pequeño, mi investigación y mi trabajo clínico con bebés se expandían. Establecí una consulta más grande y general que me permitió dirigir una investigación más amplia y seguir reuniéndome con los niños y sus familias en un entorno clínico. Como parte de mi investigación continuada sobre el lenguaje universal del bebé, me dediqué a filmar a los niños para obtener grabaciones claras de los sonidos exactos que emitían al llorar, y así creé un inventario de centenares de cintas de vídeo. Las filmaciones tenían lugar en muchos lugares: la casa de las familias, mi centro de investigación y algunas de ellas, en un estudio de música que disponía de un completo equipo audiovisual y tres habitaciones insonorizadas. En los días más intensos de filmación en el estudio de música, los padres (normalmente las madres, pero también a veces los padres) llegaban a traernos hasta cuarenta bebés para realizar filmaciones individuales en sesiones que podían prolongarse incluso una hora y media. A veces, cuando dejábamos al bebé en el suelo en una de las habitaciones insonorizadas, estando el padre o la madre cerca pero sin ser filmado por la cámara, el bebé iniciaba su llanto (expresando con él una o más de las cinco necesidades acerca de las que yo había identificado sus correspondientes sonidos); en ese caso, la sesión duraba sólo entre quince y veinte minutos. Pero en otros casos, las sesiones se prolongaban mucho más a causa del tiempo que mi equipo y yo necesitábamos para grabar un buen (o utilizable) llanto.

Como puede imaginar, el ambiente diario de las jornadas de filmación era caótico. Me pasaba el día corriendo de una habitación insonorizada a otra, filmando a un bebé tras otro. El objetivo era captar la parte «ruidosa» de la vocalización de los bebés, lo que denomino la fase prellanto, que es el momento en el que emiten los sonidos que tan claramente indican necesidades distintas y concretas. Si la necesidad no queda satisfecha (por ejemplo, si el niño tiene hambre y no obtiene alimento en un breve periodo después de haber emitido su sonido prellanto para expresar que tiene hambre), el malestar va en aumento, y es cuando empieza a llorar. Dejando de lado el hecho de que tal circunstancia resultaba dolorosa tanto para mí como para los padres, suponía una dificultad porque interfería con la posibilidad de obtener lo que yo quería.

Para obtener el mejor metraje en el mínimo tiempo, necesitaba encontrar formas eficaces para suscitar el prellanto, aunque evitando malestares innecesarios, una situación que me exigía ser muy sensible al tipo de circunstancias que calmaban y distraían a los bebés, conocer bien qué era lo que los inquietaba y, finalmente, qué era lo que les permitía estar lo suficientemente relajados para emitir el prellanto. Cuando intuí cómo reaccionaban los bebés al ser apartados de sus madres y dejados solos en una habitación, fui comprendiendo poco a poco que podían clasificarse en tres grupos distintos, cada uno de los cuales presentaba unos modelos de conducta diferentes que los distinguía de los demás grupos. Tomé nota mental de aquellos modelos, que más claros se tornaban cuantos más niños examinaba. Lo que realmente consolidó dichas observaciones y que por fin me llevó a comprender que las conductas que observaba estaban relacionadas con los sentidos, fue el repaso que hacía todas las noches de las filmaciones de la jornada. El efecto acumulativo de ver tantas filmaciones dio como resultado la identificación de tres grupos reconocibles que etiqueté mentalmente, como visual, táctil y auditivo.

Los llamados bebés visuales eran los que, en cuanto el padre o la madre desaparecían de su vista, se ponían rápidamente histéricos, pero se tranquilizaban en el momento en que la lente de la cámara y las luces se centraban en ellos, distraídos e incluso entretenidos por la estimulación visual. Esos bebés eran los que mejores prellantos producían cuando sus padres se les acercaban lo suficiente para que pudieran verlos (permaneciendo, siempre, fuera de cámara).

Los bebés táctiles eran aquellos que se enfadaban en cuanto sus madres los dejaban en el suelo. Sin embargo, yo no quería que ellas fueran visibles en la filmación, así que ajustamos los ángulos de la cámara para que no apareciesen. Descubrimos entonces que si las madres tocaban de alguna manera a sus bebés, bien acariciándoles la barriguita o bien simplemente tocándoles un dedo del pie, los pequeños se sentían lo bastante consolados para producir los reconocibles sonidos prellanto que yo deseaba obtener.

El tercer grupo, que denominé auditivo, estaba constituido por bebés que en general eran de trato fácil a menos que *oyeran* el llanto de otros bebés, lo que desencadenaba su propia histeria. Me di cuenta de que mientras estos bebés estaban en la sala de espera, antes de la filmación, se inquietaban tanto al oír el llanto de los demás bebés, que resultaba complicado tranquilizarlos cuando llegaba el momento de filmarlos. Cuando tuve la experiencia suficiente para identificar con rapidez a ese tipo de bebés, los hacía esperar junto con sus padres en una de las habitaciones insonorizadas, en lugar de quedarse en la sala de espera normal. Si durante la filmación podían oír la voz de su madre, los bebés estaban tranquilos, y yo conseguía incitar con facilidad el prellanto que necesitaba.

Comprender el modo en que los tres grupos de bebés necesitaban la presencia de su madre —viéndola, oyendo su voz o estando en contacto físico con ella— fue el principio de la investigación que ha dado lugar a este libro. Pero la verdad es que en el momento en que realicé estas observaciones, no tenía ni idea de si iban a serme útiles como no fuera el de ayudarme en llevar a cabo las filmaciones.

Aunque las diferencias conductuales de los tres grupos de niños eran interesantes, quedaban fuera del terreno de mi investigación y no reflexioné mucho sobre ellas. Sin embargo,

algunos de los padres con los que trabajaba me comentaron
sus preocupaciones respecto a sus hijos mayores, por lo que
empecé a pensar también en conflictos de paternidad que iban
más allá de mis estudios sobre el lenguaje del bebé. Los problemas que me describían no eran nada fuera de lo común, sino
del tipo que siempre surge con niños pequeños: dificultades
para conciliar el sueño, con la comida, pataletas, conducta desafiante, ansiedad provocada por la separación, etc. De hecho,
muchos de ellos eran los mismos problemas que yo sufría en
mi propia casa. Pero, como todos los padres saben, siempre
son dificultades de gran importancia porque pueden marcar
la diferencia entre tener un buen día o tener un día horroroso.
De manera que, estando aún muy inmersa en mi investigación
sobre el lenguaje del bebé, me dediqué a formular a los padres
preguntas relacionadas con las diferencias conductuales para
ver si tenían algún impacto sobre otras áreas del comportamiento de los niños.

Por ejemplo, durante una visita a casa de un bebé que había
clasificado como auditivo, que empezaba a gatear y que rápidamente caminaría, le pedí a su madre que me describiera las
pataletas del niño, y pronto tuve claro que los padres de otros
niños clasificados como auditivos describían las pataletas de
sus hijos de un modo muy similar. Cuantas más madres en-
trevistaba, más me inclinaba a pensar que cada uno de mis
tres grupos —visual, táctil y auditivo— presentaba un estilo
distinto de pataleta. Los niños táctiles se arrojaban al suelo y
se retorcían en él de un modo muy físico; los niños visuales
eran muy exagerados, lloraban mucho y adoptaban expresiones muy intensas, y los niños auditivos lanzaban gritos agu-
dos. Sospeché entonces que había tropezado casualmente con
algo… pero no sabía con qué.

Los distintos sentidos salen a la luz

Al principio, me dio la impresión de que las características de los niños observados podían ubicarse dentro de las tres categorías sensoriales principales que he mencionado, es decir, las relacionadas con el tacto, el oído y la vista. Los niños con el sentido del tacto dominante eran los que mejor conocía, pues mi hijo Tom personificaba al niño retozón por antonomasia, que explora el mundo con las manos y necesita tocar, apretar y estrangular todo cuanto ve. La esencia física del niño cuyo sentido dominante es el tacto resulta bastante espectacular. Las madres de este tipo de bebés se quejan a menudo de lo agotador que resulta tener que llevarlos constantemente en brazos y de la amargura de su llanto cuando ya no los cogen más. Al empezar a caminar, estos niños suelen abrazar a sus padres y a otros niños con mucha fuerza, y pueden ser físicamente agresivos —tiran objetos a los demás, empujan a los compañeros en el recreo...—, además de ser atrevidos en la exploración de su mundo físico y de sus propios límites físicos. Y mientras tanto, siguen necesitando numerosas muestras físicas de afecto. ¡Y los líos que son capaces de montar con sus manitas! Mientras dura la edad preescolar, los niños táctiles suelen tener dificultades para conciliar el sueño porque están demasiado tensos después de la jornada y les cuesta relajarse. En esta fase, siguen exigiendo brazos y mimos, a veces sólo momentos después de haber apartado a la madre o al padre de su lado de un empujón.

El siguiente sentido que identifiqué fue el auditivo. Los bebés cuyo sentido dominante es el oído están especialmente sintonizados con los sonidos, las voces y sus matices (alta, baja, enfadada, tranquilizadora, etc.); confían en estar al alcance del oído de sus madres; necesitan música relajante o canciones para tranquilizarse, y los sonidos fuertes, agresivos o desconocidos les sorprenden o inquietan con facilidad. Cuando el bebé auditivo empieza a caminar, tiende a reaccionar de forma exagerada a los entornos ruidosos, mostrando preferencia por las estancias tranquilas. A medida que se hacen mayores y comienzan a hablar, pueden ser unos auténticos charlatanes, y si no se salen con la suya, es posible que cojan pataletas, gritando mucho. En la edad preescolar, suelen entretenerse cantando o hablando solos, incluso sin tener a nadie a su lado. Pero cuando necesitan atención, emiten sus quejas con voz alta y clara al no ser escuchados; tienden a mostrar gustos musicales muy particulares, que coinciden de forma peculiar con su estado de humor: si se sienten felices, disfrutan con música animada, pero si están quejicas o inquietos, es ese mismo tipo de música el que los hace explotar.

El tercer modo sensorial dominante que observé fue el visual. Los bebés cuyo sentido dominante es el visual suelen necesitar que su madre esté siempre a la vista, pues su principal forma de experimentar el mundo que los rodea es a través de los ojos. Esta peculiaridad tiene muchas implicaciones para el estilo de paternidad. Por ejemplo, una niña cuya fundamental forma de interactuar con el mundo es visual no comprenderá que una madre sonriente le diga: «Cariño, no te acerques al fuego». La niña estará tan concentrada en la encantadora sonrisa de su madre que pasará por alto la advertencia sobre el fuego. Cuando empiece a caminar, el niño visual se excitará mucho al ver a otros niños correteando por un parque o al contemplar imágenes en movimiento en la televisión. Y debido a esta sensibilidad a los estímulos visuales, para tranquilizarlo habrá que apagar el televisor o dar media vuelta al cochecito para que no vea el parque. Por el mismo motivo, estos niños suelen necesitar una habitación a oscuras o en penumbra para dormir. Los niños visuales mayores tendrán preferencias muy categóricas sobre la ropa que quieren vestir o sobre el aspecto de su habitación. Le sorprenderá lo mucho que les importan estas cosas y los enfados que pueden tener si se los obliga a vestir con colores que no les gustan o a llevar una mochila que no luce la imagen de su dibujo animado favorito.

Un cuarto grupo

Cuando continué tratando de comprender más cosas sobre la importancia de estos tres grupos de niños y sus respectivas características, descubrí que había otro grupo que no pertenecía a ninguna de las categorías que había identificado. Iba pasando a esos niños de un grupo a otro porque a veces me parecían visuales, y otras, táctiles o auditivos. Decidí denominarlos grupo «verde» y me resultaba imposible decidir a qué grupo de los otros tres pertenecían. Pero cuando los observé con más detalle, me di cuenta de que aquellos niños eran consecuentes en cierto modo, porque todos mostraban una forma de comportarse soñadora, como si estuvieran en las nubes, y se perdían a menudo en su propio mundo. Por otro lado, parecían también muy sensibles, tanto en el aspecto físico como en el emocional; reaccionaban con viveza a estímulos intensos de cualquier tipo y era fácil herirles los sentimientos. Tales características me indicaban una conexión muy intensa entre mente y cuerpo, como la que suele observarse en personas de naturaleza muy intuitiva. Por ese motivo, empecé a denominarlo grupo «intuitivo», en lugar de «verde». Aparte de esta conclusión, la verdad es que no sabía cómo definir su categoría o cómo incorporarla al sistema de clasificación que había concebido, pues ese grupo no parecía estar relacionado con un sentido, como sucedía con los otros tres. Entonces se produjeron dos hechos que acabaron ilustrando la naturaleza de este cuarto grupo de niños.

En primer lugar, un día sufrí un dolor de cabeza tan intenso que tuve la impresión de que todos mis sentidos —en especial la vista, el oído y el tacto— se me habían intensificado tanto, que me vi obligada a replegarme mentalmente y a bloquear mi percepción del mundo exterior. Fue como si creara una burbuja a mi alrededor a modo de protección contra el ataque de los datos sensoriales. Cuando el dolor se apaciguó y disminuyó mi hipersensibilidad a los estímulos sensoriales, me cuestioné cómo se sentiría la gente que siempre tenía una sensibilidad tan aguda y cómo afectaría tal característica a su personalidad. Me imaginé que las personas que siempre tenían los sentidos tan agudizados o intensificados también debían de retraerse en sí mismas a modo de mecanismo de protección. Y luego se me ocurrió que tal vez fuera eso lo que le sucedía al último grupo de niños, a los que había denominado intuitivos. De inmediato me puse a repasar las notas que había ido tomando a lo largo de los últimos años, e intuí que estaba detectando la conexión correcta entre la naturaleza soñadora e imaginativa de esos niños y su extraordinaria sensibilidad sensorial. Su tendencia a sumergirse en un mundo privado e interior era quizás el resultado directo de la necesidad de apartarse del mundo exterior cuando la intensidad de éste les resultaba inmanejable.

El segundo hecho que me ayudó a centrar más esa categoría se produjo durante una de mis reuniones semanales con mi padre, en las cuales le ponía al día de los avances de mi investigación. Cuando le expliqué que había clasificado tres grupos de niños —táctiles, auditivos y visuales— según su sentido dominante, pero que no sabía cómo clasificar aquel cuarto grupo, me dijo simplemente: «¿Y qué me dices de los otros dos sentidos?» ¿Habría pasado yo por alto algo que tenía justo delante de mis narices?

Guiada por la pregunta de mi padre, observé en concreto el sentido del gusto y el olfato del cuarto grupo, y descubrí que esos niños mostraban una sensibilidad tremenda a los alimentos que comían (¡o que muchas veces se negaban a comer!), y a los olores, por sutiles que fueran, que había en el ambiente. Eran los niños que sus padres describían como «extremadamente quisquillosos» con la comida y que presentaban elevadas probabilidades de reaccionar mal a cualquier cambio en su menú habitual. Si estaban acostumbrados a una marca de salchichas y la madre les compraba otra diferente, porque no quedaban de la marca acostumbrada, había pataleta segura a la hora de comer.

Pero ¿cuál era la conexión entre su elevada sensibilidad a los sabores y a los olores y su sensibilidad emocional, que era destacable? Sabiendo que el gusto y el olfato son nuestros sentidos más primarios y que tienen su origen en el sistema límbico del cerebro, establecí de repente la conexión: el sistema límbico es también el lugar donde se albergan nuestras emociones. Muchas de las observaciones que había hecho acerca de esos niños empezaron entonces a cobrar más sentido. Comprendí por qué eran tan introvertidos y tan sensibles a los estímulos externos, por qué a menudo se retraían en sí mismos y jugaban felizmente solos sin dejar de mantener, no obstante, conexiones emocionales muy intensas con sus seres queridos.

Por lo tanto, ya podía describir aquel grupo según su sentido dominante, un sentido que denominé «gusto/olfativo», pues los dos sentidos están muy unidos, y los niños pertenecientes a ese grupo parecían muy sensibles a ambos. Los niños gusto/olfativos son muy especiales con la comida y muestran preferencias muy claras, incluso de bebés. En los primeros años, tienden a querer comidas sosas en cuanto a color, sabor y textura; son muy sensibles a las emociones, tanto a las suyas propias como a las de los demás; de bebés, son capaces de intuir si su madre está inquieta, y en ese caso, se inquietan ellos; cuando otro bebé llora, suelen llorar también, y si otro niño ríe, los niños gusto/olfativos pueden del mismo modo echarse a reír. Cuando empiezan a caminar, esta conciencia de los sentimientos de los demás se desarrolla y se transforma en su capacidad de mostrar empatía, y cuando van al parvulario o a la guardería, con cuatro o cinco años, muestran signos explícitos de ser tremendamente intuitivos, una expresión más de su facilidad por captar y comprender las pistas emocionales.

La experiencia en casa

El tomar conciencia de estas clasificaciones sensoriales ejerció un impacto sobre mi forma de ver a Tom. Observaba que mi hijo expresaba sus necesidades —todas— a través de su cuerpo, y este predominio físico era asimismo su manera de expresar las emociones. Cuando Tom entraba corriendo en la habitación, dando golpes a todo y lanzándose hacia mí con todas sus fuerzas, yo solía encogerme ante tanto ruido y tanta agresión física. Fue importante concienciarme de que toda esa energía que salía de él era en realidad una explosión de alegría y amor. Yo expresaba mis sentimientos de otra manera, pero tendría que aceptar a mi hijo tal como era. Aunque resulta muy fácil etiquetar de insensibles a los niños táctiles, es más preciso decir que, siendo como son tan lógicos y prácticos, responden a la gente en blanco o en negro, sin tener conciencia de sentimientos sutiles ni ser expertos en comprender los sentimientos entremezclados.

Me di cuenta, además, de que mi forma de estar en el mundo era muy distinta de la de Tom. Dada mi extrema sensibilidad al sonido, capto las pistas a partir de las palabras, la música, el tono de voz y otros *inputs* auditivos, y soy muy sensible al ruido. Cuando oigo las cosas a demasiado volumen, mi tendencia es siempre replegarme en mí misma y desconectar, reacción que molestaba mucho a Tom y que me ayudó a explicarme por qué tenía tantos problemas con mi pequeño salvaje. Mi estilo de comunicación, que es verbal, tampoco ayudaba mucho, y no comprendía por qué mi hijo no reaccionaba ante mis palabras, porque cuando le pedía dulcemente que se tranquilizara, recogiera sus juguetes o arreglara los líos que montaba, que era como a mí me habría gustado que me hablaran, me miraba como si no entendiera nada. No es que se mostrara desafiante o terco; simplemente yo no conseguía llegar a su conciencia.

Aquel descubrimiento me causó un profundo impacto. Asumí que los problemas que vivía con Tom tenían que ver con nuestras maneras distintas de comunicar amor, expresar nuestras necesidades y aprender sobre el mundo. Tom es táctil y, para comunicarse, utiliza las manos, los pies, los hombros, la espalda... De hecho, utiliza hasta el último centímetro de su cuerpo y hace mucho ruido, sin darse cuenta del efecto que ello provoca en quienes lo rodean, mientras que yo me encojo cuando oigo mucho ruido y en general (por mi deseo de que todo el mundo se sienta feliz y comprendido) hablo empleando un tono de voz bajo y suave que, evidentemente, Tom no oía.

Debido a todo lo que estaba observando en mi vida diaria, pronto decidí convertir los modos sensoriales en el centro de un nuevo proyecto de investigación: un camino para comprender tanto mi situación familiar (mi relación con Tom), como la de millones de padres más, que experimentaban a buen seguro dificultades de comunicación con sus hijos.

Un segundo proyecto de investigación

Deseosa de asegurarme de que las observaciones llevadas a cabo en mi clínica estaban sometidas a un riguroso proceso científico, volví a dirigirme a mi padre, quien me ayudó a establecer un nuevo protocolo de investigación, adaptando el que había creado yo con la Colic Clinic de la Brown University, para mi estudio del llanto del bebé. Decidí limitar el alcance de la investigación a niños de tres rangos de edad distintos: desde el nacimiento hasta un año, de uno a tres años y de tres a cinco años. Utilizando el método de muestreo colectivo, que impide cualquier tipo de proceso de filtraje para obtener la sección de población más amplia, empecé a observar, anotar y analizar sistemáticamente la conducta infantil, como si los niños pertenecieran a los cuatro modos sensoriales que había identificado.

El colectivo de individuos se expandió hasta sumar casi doscientos niños, pertenecientes a unas ciento cincuenta familias, de un amplio espectro de razas, etnias, nacionalidades, circunstancias socioeconómicas y estructuras familiares (hijo único, varios hermanos, niños que compartían el hogar con el padre y la madre, criaturas de familias monoparentales, niños que vivían a tiempo parcial con uno de sus progenitores y a tiempo parcial con el otro, o que convivían con una familia más extensa que incluía abuelos o tíos y tías). Los observé no sólo en Australia, sino también en Nueva Zelanda, Tailandia y Estados Unidos; además de las ciento cincuenta familias, y como parte de un estudio distinto, investigué también un grupo de niños sordos y otro con problemas de visión, pues quería averiguar cómo se expresaba el sentido dominante en niños con un déficit sensorial.

Para estudiar de cerca a los pequeños (y a sus familias), los dividí en grupos de diez y los convoqué en mi clínica con sus padres. Allí observé a los niños en un área de juego que había montado, dividida en cuatro zonas, cada una de las cuales disponía de juguetes y actividades concebidas para atraer, respectivamente, a cada uno de los cuatro modos sensoriales. La zona táctil estaba llena de animales de peluche, piezas de juegos de construcción y muchos coches, camiones y trenes; en la zona visual había lápices, rotuladores de colores y mucho papel para dibujar, así como un gran baúl lleno de ropa de vivos colores; la zona auditiva tenía instrumentos musicales, animales de peluche y ordenadores de juguete que hablaban cuando se pulsaban las teclas; la zona gusto/olfativa constaba de figuritas de animales, muñecas, ropa para disfrazarse y otros juguetes propicios para todo tipo de juego de rol imaginativo y otras actividades que podrían tener que ver con representar obritas teatrales entre personajes imaginarios.

Cuando los niños llegaban a la consulta, se dispersaban con rapidez y se dirigían hacia la zona de la habitación que más atraía su sentido dominante. Su elección era una manera fácil y rápida de realizar una clasificación inicial del modo sensorial de cada uno de ellos: la zona que el niño elegía para sus juegos se correspondía en general con su sentido dominante. Como es natural, los pequeños se movían de una zona de juego a las otras, pero normalmente se inclinaban primero hacia la que se asociaba a su sentido dominante, y si probaban las otras, acababan volviendo a la zona por donde habían empezado.

Mientras los niños jugaban, durante su primera visita, yo llevaba a cabo una entrevista inicial con los padres, formulándoles preguntas sobre la conducta de sus hijos. En las visitas de seguimiento, pasaba cerca de hora y media con cada niño, observándolo individualmente y, si era lo bastante mayor, formulándole preguntas concretas que me sirvieran para perfeccionar mis primeras corazonadas sobre su sentido dominante. Después de esta fase de observación, entregaba a los padres un folleto en el que se describía el que yo consideraba como sentido dominante de su hijo y los rasgos de conducta reveladores que servirían para que ellos me confirmasen si aquélla era en realidad la clasificación adecuada para el niño.*

Pedí también a los padres que llevaran un diario en el que anotaran, durante dos semanas, la conducta de sus hijos y su forma de interactuar con ellos, aclarándoles que tan sólo indicaran lo que les parecía perturbador, molesto o difícil de sus hijos, y cómo querían que cambiasen esas conductas. Los comportamientos que describieron estaban normalmente relacionados con la hora de despertarse, comer, bañarse, vestirse, ir a dormir, jugar y otras rutinas diarias. Anotaron asimismo el modo en que sus hijos expresaban sus necesidades emocionales, aprendían nueva información y jugaban e interactuaban con sus amigos, hermanos y familiares.

El diario era importante por dos razones. En primer lugar, las descripciones de los padres de cómo se comportaba el niño en casa siempre resultaban más reveladoras que lo que yo pudiera observar en el centro de investigación, pues ellos

---

* Como en la mayoría de estudios, el mío tenía un grupo de control para corroborar mis descubrimientos. Dicho grupo de control estaba integrado por niños cuyos padres recibían una clasificación sensorial incorrecta de su hijo. Uno de cada cinco niños quedaba incluido en el grupo de control.

conocen a sus hijos mucho mejor que cualquier persona ajena. Por otro lado, el diario me ayudaba a comprender cómo veían los padres la conducta de sus hijos. Es decir, existen ciertas conductas que resultan problemáticas no por sí mismas, sino porque causan dificultades a una familia en particular: lo que a mí me preocupa puede ser muy distinto de lo que le preocupe a usted y, viceversa, yo me sentiría perfectamente cómoda ante una conducta que a usted le trastornara.

Pasadas dos semanas, los padres regresaban con su diario y sus hijos para iniciar la fase de intervención del estudio. De nuevo, los niños buscaban sus respectivas zonas de juego, mientras yo hablaba con los padres. Esta sesión me permitía solucionar problemas rebeldes, servía para que los padres formulasen preguntas y nos daba la oportunidad, en caso necesario, de reclasificar a un niño incluido en una categoría errónea. En algunos casos, los padres se resistían a mis clasificaciones porque estaban tan dispuestos a creer que su hijo era como ellos, o tan convencidos de que su hijo se ubicaba dentro de una determinada categoría, que eran incapaces de aceptar cualquier otra conclusión. Por ejemplo, en un caso determiné que a un niño de tres años se le consideraba dentro de la categoría gusto/olfativa, pero eso no era lo que el padre quería escuchar. Táctil como él era, estaba seguro de que el pequeño Scott tenía que ser también táctil. Pero después de dos semanas de registrar la conducta del niño y sentirse frustrado por la imposibilidad de que éste encajara con los criterios de dicha categoría, descargaba su rabia en Scott. Ambos mostraban un aspecto de lo más lastimoso cuando regresaron a la clínica, y me costó bastante trabajo convencer al padre de que la clasificación gusto/olfativa de Scott no significaba que fuera inferior o afeminado y de que aquel niñito tan dulce no tenía ningún defecto. Planeamos diversas actividades nuevas para que ambos disfrutaran y las realizaran conjuntamente, como jugar al pilla pilla (añadiendo el elemento de que el perseguidor era un pirata, y el pillado, su prisionero, pues ésa llamada a la imaginación hacía que el juego fuese mucho más divertido para Scott). Al crear un denominador común donde ambos coincidieran (el padre realizaba una actividad física, como requerían sus inclinaciones táctiles, y el niño ejercitaba su intensa imaginación), hicimos posible que padre e hijo se llevaran mucho mejor.

La fase de intervención de mi proceso investigador, que podía durar entre uno y cuatro meses, dependiendo de las necesidades de los padres, les exigía seguir utilizando el diario para registrar lo que sucedía cuando introducían los cambios en su manera de responder y ayudar directamente a sus hijos. Además del análisis continuado de los diarios, llevaba también a cabo entrevistas para entender cómo iba cambiando la conducta de los niños y, en algunos casos, realizaba visitas de seguimiento en casa o en el colegio para ayudar a los padres a implementar algunas de mis sugerencias, o para reunir más información sobre la dinámica concreta de las familias.

En la siguiente fase, la fase final, reuní todos los datos y los analicé, comparando a los niños dentro de cada modo sensorial, así como contrastando los modos entre sí.

He dedicado tres años enteros a la investigación de los cuatro modos sensoriales, solapándola sobre los once años largos de estudio del llanto del niño, y basándola en éste. En todo este tiempo, he investigado o trabajado con miles de niños y sus familias, y he escuchado cómo muchos padres me contaban que habían apreciado «mejoras notables en la vida diaria», que «todo el mundo se siente más feliz» y que «las cosas funcionan mucho más fácilmente». Tal como una madre me dijo: «Ahora todo es un placer. Me siento mucho más relajada como madre. La dinámica con mis hijos ha cambiado por completo».

Lo aprendido en mi trabajo respecto a los modos sensoriales ha transformado mi relación con mi propio hijo, y he sido testigo de cómo sucedía lo mismo con los objetos de mi investigación. Saber si su hijo es auditivo, táctil, visual o está regido por el sutil sentido gusto/olfativo le permitirá conectar mejor con él, pues utilizará el lenguaje y realizará los actos que mejor comprende el niño.

El vínculo entre padres e hijos se inicia con la habilidad para comunicarse entre ellos. Sin una comunicación clara, será muy difícil que el niño disfrute de la sensación interna de bienestar que produce sentirse comprendido; sin una comunicación clara, es muy complicado que la madre llegue a tener esa sensación de confianza que produce saber que está conectando con su hijo de un modo positivo. Y sin esa vía de doble dirección , el vínculo entre padres e hijos, que tan importante es para la personalidad del niño, se vuelve vulnerable.

En el fondo, este libro pretende precisamente eso: proporcionarle las herramientas necesarias para crear un vínculo más profundo y más fuerte entre usted y su hijo. Porque si sabe responder a las necesidades de su hijo, si le ayuda a aprender cosas sobre el mundo de una manera accesible y que tenga sentido para él, si le ayuda a desarrollar una sensación sólida de seguridad en sí mismo, le proporcionará todo lo que necesita para alcanzar su pleno potencial y convertirse en una persona feliz, sana y sabia.

2

Identifique el modo sensorial de su hijo

En este capítulo aprenderá a identificar el modo sensorial dominante de su hijo. La información que compartiré con usted está basada en las observaciones realizadas tanto para mi investigación, como en mi trabajo personal con niños y padres, primero en Sydney y ahora en Los Ángeles. En el transcurso de una semana en mi clínica y centro de investigación en Sydney, donde visitaba a las familias que acudían a mí para que las ayudase a gestionar los problemas cotidianos de conducta que tenían con sus hijos, veía entre veinticinco y cincuenta niños, de edades comprendidas entre uno o dos meses y cinco años, es decir, justo antes de iniciar el primer curso de enseñanza primaria. ¡Una madre incluso se presentó en mi consulta sólo cuatro días después de dar a luz! La mayoría de mis clientes me conocieron a través del boca a boca, o por mediación de sus pediatras o psicólogos.

Desde que me trasladé a Los Ángeles y establecí mi consulta en Estados Unidos, he seguido trabajando con familias en persona, además de mantener el contacto y seguir asesorando a familias australianas a pesar de la distancia. Lo que quiero decir con todo esto es que, una y otra vez, he comprobado en familias de todo el mundo hasta qué punto conocer la orientación sensorial del niño puede transformar la vida cotidiana, liberando a los padres de muchos problemas hasta entonces considerados inevitables. ¡Pero no lo son!

Sé por experiencia que en cuánto usted logre determinar el sentido dominante de su hijo, comprenderá de forma mucho más precisa por qué actúa como actúa, y comprenderá también de manera mucho más clara cómo ese sentido dominante le influye en el desarrollo. Le ofreceré una perspectiva sobre por qué y cómo su hijo sufre ansiedad de separación, o qué hay detrás de sus pataletas. A través de ejemplos extraídos de mi investigación y de mi consulta, esclareceré de qué modo el sentido dominante de los niños les influye cuando son bebés, cuando aprenden a tranquilizarse solos, y siendo ya un poco mayores, cuando empiezan a relacionarse con sus semejantes y pasan del juego paralelo a un juego más interactivo. Aprenderá usted trucos concretos sobre cómo tranquilizar a su hijo o cómo animarlo para que duerma en su propia cuna toda la noche.

Y, lo que es más importante, le ofreceré formas de comprender mejor a su hijo —y también a usted— que le ayudarán a encontrar sus propias soluciones, a veces de inmediato y a veces a través de una fase de pruebas y errores. Siempre recuerdo a mis clientes que quien mejor conoce a los hijos son sus padres. En consecuencia, mis consejos no son más que un punto de partida. Es fundamental tener en cuenta que encontrar soluciones que se adapten tanto a usted como a su hijo es un proceso que suele exigir tiempo, paciencia y un poco de flexibilidad.

Antes de que lea la lista de preguntas que contribuirá a que descubra el sentido dominante de su hijo, quiero compartir con usted unos detalles más respecto a cómo utilizo la información sobre los cuatro modos sensoriales en mi trabajo con las familias, detalles que le permitirán comprobar lo útil que este conocimiento llegará a ser para usted.

Por qué es importante conocer el sentido dominante de su hijo

Todos llegamos al mundo con un modo sensorial dominante, que seguirá siéndolo el resto de nuestra vida. Es decir, que si nacemos visuales, seguiremos siendo visuales, por mucho que desarrollemos cierta fortaleza o habilidad en otros sentidos.

Cuantas más familias conozco, más comprendo hasta qué punto influye el modo sensorial dominante en la forma de pensar, sentir y reaccionar del niño en diferentes situaciones. Cuando logre usted identificar el sentido dominante de su hijo, lo evidenciará por todas partes: en cómo se despierta por la mañana, en cómo actúa cuando está cansado, en cómo se comporta cuando tiene hambre, en cómo expresa y gestiona las emociones negativas, en cómo reacciona al empezar a ir al colegio, o al jugar con otros niños, en qué estrategias de aprendizaje son más eficaces para él o ella, etc. Conocer el sentido dominante de su hijo transformará su interacción con él y, tomando dicho modo sensorial dominante como punto de referencia, podrá ofrecerle la orientación necesaria para que tenga la oportunidad de alcanzar el éxito en todos los aspectos, y a su propia manera.

Permítame compartir con usted un par de historias de una de las madres con las que trabajé en Los Ángeles. Liz es una mujer de cuarenta y pico años, madre de dos hijas: Marie, de siete años, es gusto/olfativa y Jess, de cuatro años, es auditiva. Liz me contó lo siguiente:

«Jess se ha quedado en casa los dos últimos días con molestias digestivas, pero al segundo día me ha suplicado que quería salir conmigo a hacer un recado. Al principio le dije: "Estás enferma; no puedes venir porque vomitarías en el coche". Siguió suplicándome, y habría acabado cediendo, pero temía que no estuviera aún recuperada del todo y que salir de casa empeoraría la situación. Entonces pensé en lo que ella me había dicho cuando justificó que quería quedarse en casa: cuando no se encuentra bien, le duele mucho la cabeza a causa de los ruidos que hay en la guardería. De modo que le razoné: "Si salimos, piensa que los ruidos del tráfico y las bocinas que oigas mientras vayamos en coche son estridentes y fuertes. ¿Recuerdas cómo te molestan en los oídos esos ruidos cuando no te encuentras bien?" Y allí terminó la conversación. Jess se limitó a responderme: "De acuerdo, mamá. Me quedaré en casa". Es increíble lo sencillo que fue todo, y me sirvió para darme cuenta de lo sensible que es mi hija cuando se siente indispuesta. Necesitaba de verdad quedarse en casa.

»Utilicé los mismos conocimientos sobre el sentido dominante cuando intenté convencer a mi hija mayor, Marie, de que desayunase un bocadillo de mantequilla de cacahuete con jamón o mermelada en lugar del pastelito Pop-Tart que deseaba. Siendo como es la típica niña gusto/olfativa, tiene un paladar muy limitado. Casi desafiándome, me dijo Marie: "Pues si no me dejas comer el Pop-Tart, no comeré nada". Podría haberme mostrado inflexible, y hay veces en que tenemos que mostrarnos así, pero quería que *quisiera* el bocadillo de mantequilla de cacahuete con jamón o mermelada, que sabía que también le gustaba. De modo que le dije, de la forma más fría posible: "Marie, lo que me preocupa es lo siguiente: si comes ese Pop-Tart tan azucarado, tendrás mucha energía enseguida, pero de aquí a dos horas, toda esa energía se habrá esfumado y te verás obligada a decirle a la maestra que no te encuentras bien. Estarás malhumorada y no te concentrarás en tu trabajo, y lo único que te apetecerá será recostar la cabeza en el pupitre y dormir. Es lo que te pasó cuando comiste tanto pastel en la fiesta de cumpleaños de la semana pasada, ¿te acuerdas? Entonces defraudarás a la maestra, y tu amiga Ela no tendrá con quién jugar en el recreo y te echará de menos".

»Sabiendo que mi hija es gusto/olfativa, intenté atraer su sensibilidad hacia lo que los demás sienten respecto a ella, sobre todo su maestra, a quien adora de verdad, y su mejor amiga. Y funcionó. Accedió a comerse el bocadillo. Para que se sintiese bien después de haber cedido, le di las gracias y le dije que el fin de semana iríamos a la tienda y buscaríamos unos cereales nuevos u otros desayunos que le gustaran, para que así tuviese más variedad donde elegir por las mañanas. Le gustó la idea de poder escoger su propia comida, y tuve la sensación de que mi hija había aprendido una importante lección: la responsabilidad de cuidar de su cuerpo; sé que le resultará útil para, a largo plazo, convertirse en una persona con hábitos alimenticios saludables.»

Igual que Liz hizo con sus dos niñas, los padres pueden utilizar su conocimiento del sentido dominante de los hijos para guiarlos en tomar mejores decisiones, dormir en su propia cama, vestirse adecuadamente según el tiempo que hace, o cualquier otra cosa que implique asumir más responsabilidades.

Como verá en los próximos capítulos, el tipo sensorial del niño influye no sólo en las rutinas diarias que efectúa desde el nacimiento hasta los años preescolares, sino también en la forma de expresar sus necesidades y gestionar sus sentimientos. Más aún, el sentido dominante influye en su manera de empezar a aprender sobre el mundo, en su juego y en su modo de interactuar con sus semejantes. Una vez más, se trata de una situación en la que todos salen ganando: conocer la orientación sensorial de su hijo le ayudará a estar más alerta y a ser más eficaz cuando le guíe a través de los muchos desafíos que presentan los primeros años, lo que a su vez ayudará al niño a sentirse más confiado y seguro en su avance por el mundo.

Una última palabra antes de que empiece a estudiar las listas de preguntas que le permitirán determinar el modo sensorial dominante de su hijo. Las clasificaciones no tienen nada que ver con la inteligencia o la habilidad innatas. No existe una jerarquía de grupos, ni ningún grupo es superior o inferior a otro. En cada uno de ellos —táctil, auditivo, visual y gusto/olfativo— se dan genios o individuos de bajo rendimiento, personas creativas, triunfadores y fracasados, artistas, emprendedores, médicos, abogados, maestros y camioneros. Es importante tenerlo presente para ser lo más sincero y objetivo posible en el proceso de identificación del modo sensorial.

Identifique el sentido dominante de su hijo

Lo primero que usted debería hacer es leer los cuatro grupos de preguntas para familiarizarse con los rasgos típicos de cada una de las cuatro categorías sensoriales (tacto, oído, vista, gusto/olfato). Independientemente de cuál sea la edad de su hijo, lea con detalle cómo esas características se manifiestan a lo largo de los tres rangos de edad (bebés, del nacimiento al año; niños pequeños —de uno a tres años—, y preescolares, de tres a cinco años). Por ejemplo, si su hijo tiene ahora cinco años, repase las fases anteriores además de las preguntas correspondientes a la etapa preescolar, recordando cómo era en sus primeros años.

Resulta natural querer identificar de inmediato el sentido dominante de su hijo, pero es posible que se frustre cuando consulte características en más de una categoría, y le parezca que su hijo no se ubica en ningún grupo. Tenga siempre presente que se trata de un proceso. En lugar de intentar determinar enseguida a qué categoría pertenece su hijo, concédase tiempo para leer los capítulos dedicados a cada sentido, y luego vuelva atrás y repase de nuevo las listas de preguntas. Si dedica tiempo a seguir el proceso de forma gradual, pronto verá que empiezan a emerger modelos definidos y que la mayoría de sus respuestas van a parar a una sola categoría.

Primer grupo

Bebé, del nacimiento al año

- Necesita estar constantemente en brazos y llora cuando le deja.
- Es muy sensible en cuanto a quién le coge en brazos.
- No se duerme a menos que le cojan en brazos o lo abracen.
- Para tranquilizarse necesita movimiento: que le acunen, le balanceen, le paseen en cochecito, etc.
- Mientras come, necesita sentirse cómodo tocando un tejido suave, un objeto o, preferiblemente, a la madre o al padre.
- No se siente cómodo jugando solo a menos que tenga a una persona mayor cerca.

- Quiere tocar, coger o llevarse a la boca todos los objetos cercanos, incluyendo partes de su propio cuerpo o del cuerpo de otros.
- No se contenta con sólo mirar objetos o personas, sino que necesita establecer contacto físico.
- Durante las horas en que permanece despierto se muestra muy activo.
- Cuando se le pone a dormir, se siente cómodo tapado, pero necesita tener al menos una extremidad libre.

Niño pequeño, de uno a tres años
- Tiene que empujar, tocar, morder, coger o tirar de todo lo que tiene a su alcance.
- Coge todos los juguetes de la estantería o de donde estén guardados, pero su tiempo de atención dura muy poco y juega sólo durante un breve periodo con cada juguete.
- Empuja a la persona mayor o la atrae para que vaya a jugar con él.
- Demuestra las emociones de un modo muy físico, abrazando o empujando.
- Le encanta que vengan a verle amiguitos, pero acaba sobreexcitándose y los empuja o los agarra.
- Le cuesta dormir solo.
- Tiene pataletas muy físicas: patalea, corre, se tira en el suelo y agita brazos y piernas.
- Realiza dibujos que son garabatos rápidos y enérgicos de un solo color que pretenden describir personas realizando diversas actividades, como el padre cortando el césped, la madre cocinando o la hermana mayor jugando con el perro.
- Prefiere comer con las manos que utilizar cubiertos.

- Lo mancha todo con comida, incluyendo cara, manos y cuerpo.

Preescolar, de tres a cinco años
- Irradia caos.
- Prefiere «ayudar» a jugar con juguetes.
- Necesita que le cojan y le toquen antes de irse a dormir; sigue siendo muy mimoso y cariñoso.
- Le resulta difícil mantenerse sentado quieto, así como resistirse a tocar y a mover todo lo que tiene alrededor.
- Prefiere la comida que se puede comer con los dedos.
- Le gusta moverse por todos lados mientras come.
- Le encantan los juegos físicos y cualquier persona que los practique.
- Realiza dibujos que aún suelen ser de un solo color, garabatos rápidos e intensos de escenas de acción, pero presta más atención para tratar de que se parezcan a lo que intenta describir.
- Cuando está aburrido o estimulado en exceso, suele ponerse agresivo y tirar cosas, empujar a sus amigos o intentar dominar físicamente la situación.
- Es muy sociable y le gusta jugar en grupo.

Si cinco o más características de cada rango de edad describen a su hijo, significa que el sentido dominante del niño es probablemente el tacto. Los niños táctiles experimentan el mundo físicamente, por lo que necesitan algún tipo de estimulación física para adquirir memoria. Puede ser mediante un estímulo externo, como ser tocado, o mediante un estímulo creado por él mismo, como gatear. Cuando están felices, saltan; cuando están tristes, necesitan mimos, y si están enfadados o excitados, dan empujones. Los niños táctiles suelen aprender a caminar y a gatear antes que los niños de otros grupos sensoriales; sus habilidades de motricidad fina tienden también a ir algo por delante de las de los demás niños; necesitan mucho contacto físico y apoyo, así como mimos para sentirse seguros; a menudo quieren dormir con sus padres, pues no les gusta estar solos. Y tienden a aprender al ir haciendo.

Segundo grupo

Bebé, del nacimiento al año
- Se sorprende al mínimo sonido.
- Se despierta fácilmente enseguida que oye un nuevo sonido.
- Se distrae con facilidad cuando come si está en un lugar ruidoso.
- Se siente feliz jugando solo siempre y cuando oiga que quien lo cuida habitualmente no está lejos.
- Se siente relajado aunque algún desconocido le coja en brazos si oye que su principal cuidador no está lejos.
- Le encanta la música y la escucha con atención.
- Cuando se siente feliz hace gorgoritos.
- Suele entrar y salir de las rutinas con facilidad.
- Come bien.
- Grita y vocaliza más que la mayoría de niños, especialmente cuando come.

Niño pequeño, de uno a tres años
- Expresa sus pataletas vocalmente: gritos, chillidos, aullidos.

- Trata de llamar la atención de la madre cuando ésta habla por teléfono.
- En un entorno muy ruidoso puede sentirse abrumado o distraído.
- Se percata de sonidos que los demás no oyen de inmediato.
- Suele despertarse al oír un sonido no habitual.
- Canta, tararea y habla pronto.
- Le encanta que le expliquen cuentos, sobre todo si las frases riman.
- Llora cuando oye voces altas, aunque no se dirijan a él o a ella.
- Le encanta la repetición de sonidos y palabras siguiendo ejemplos reconocibles, como los de las canciones y los versos sencillos.
- Suele emitir sonidos mientras come —golpes, canciones o parloteo—, y a esta edad, come mejor en un entorno conocido y ruidoso.

Preescolar, de tres a cinco años

- Suele lloriquear y quejarse.
- Le gusta cantar solo y mantiene largas conversaciones con sus juguetes.
- Dibuja siguiendo un movimiento circular rítmico.
- Le encanta que le lean cuentos, pero tiende a escuchar más que a mirar el libro.
- Demuestra marcadas preferencias musicales y tendrá sus canciones favoritas.
- Es sensible al tono de voz y puede expresar sus sentimientos al respecto (por ejemplo: «Mamá, no me gusta cuando pones voz de enfadada»).
- Puede ser autosuficiente y preferir jugar solo siempre que se sienta respaldado por sonidos conocidos.

- No le gustan las zonas muy ruidosas, sobre todo estancias con eco o que no le resulten familiares.
- Alterna entre ser muy pulcro a veces, y otras veces, un caos.
- Necesita una rutina muy regular a la hora de acostarse para tranquilizarse, pero sigue despertándose con facilidad cuando oye cualquier ruido no habitual.

Si cinco o más características de cada rango de edad describen a su hijo, significa que el sentido dominante del niño es probablemente el oído. Para los niños auditivos, el sonido es su primer punto de búsqueda de información sobre todo en lo que constituye su entorno: personas, lugares, objetos, etc. Se percatan del tono de voz de las personas, les gustan o disgustan determinados lugares según lo ruidosos que sean, les encanta experimentar con sonidos y responden bien a la música. Vocalizan todos sus sentimientos y, cuando son mayores, los verbalizan: si están enfadados, gritan; si están tristes, lloran con fuerza, y si se sienten felices, ríen bulliciosamente. La secuencia de acontecimientos es importante para los niños auditivos, que siempre buscan orden y modelos; les gusta conocer el avance paso a paso de cualquier actividad y quieren saber de antemano la agenda del día. Tienen una mentalidad lógica y matemática.

Tercer grupo

Bebé, del nacimiento al año

- Le encanta mirar a papá y a mamá, y ver qué pasa en la familia.
- Llora cuando no ve a quien lo cuida normalmente.
- Muestra una fuerte preferencia por personas que le re-

sultan conocidas o que tienen características faciales similares a quienes lo cuidan.

- Reconoce a las personas por las características faciales
  que las distinguen (una marca de nacimiento, una pequeña cicatriz, unas cejas tupidas, etc.), o por la ropa que
  visten; lo mismo ocurre con los lugares, reconociéndolos
  por detalles en los que nosotros quizá no nos hubiéra-
  mos fijado nunca (la persiana rota en el exterior de una
  casa, la lamparita de latón de una mesita auxiliar, los co-
  lumpios rojos en el parque donde sólo ha estado una vez,
  etcétera).
- Come mejor cuando ve a alguien comiendo.
- Confía en la uniformidad y en la familiaridad cotidianas
  de su entorno para dormirse (por ejemplo, la ilumina-
  ción siempre tiene que ser de la misma intensidad cuando se acuesta, la puerta abierta o cerrada siempre igual, y
  sus juguetes siempre colocados en el mismo lugar), de lo
  contrario se distrae y le cuesta conciliar el sueño.
- Le gusta jugar solo siempre que vea a su madre.
- Le cuesta tranquilizarse a menos que los estímulos visuales se minimicen (por ejemplo, poniendo una tela
  protectora por encima del cochecito cuando es la hora
  de la siesta).
- Le gustan los colores fuertes y muestra preferencia por
  juguetes, tazas y ropa de esos colores.
- En el cochecito o en la cuna prefiere estar de cara a su
  madre.

Niño pequeño, de uno a tres años
- Empieza a mostrar preferencia por un color favorito.
- Señala cosas, y mamá tiene que mirarlas antes de que el
  pequeño preste atención a cualquier otra cosa.

- Le gusta tener a quienes lo cuidan dentro de su alcance visual.
- Suele no hacer mucho caso cuando algo le llama la atención, pero se enfada si pierde de vista a su madre.
- Se da cuenta de los detalles más sutiles de las características físicas del mundo que le rodea.
- Agrupa los objetos según su tamaño, color u otras categorías, que usted puede identificar o no.
- Juega con los juguetes de uno en uno.
- Los estímulos visuales le distraen con facilidad y le cuesta dormirse a menos que el grado de estimulación se reduzca.
- Le gusta observar antes de entrar en un entorno desconocido.
- Empieza a mostrar preferencias en lo referente a su ropa.

Preescolar, de tres a cinco años

- Tiene un color favorito.
- Es quisquilloso con el aspecto de la comida.
- No le gusta el caos y tiene aseada su habitación o su zona de juegos.
- Pone en fila juguetes similares, agrupándolos según su tamaño, forma, color o según cualquier otro criterio de su propia invención.
- Juega con los juguetes de uno en uno y suele guardarlos cuando ya ha terminado.
- Tiene puntos de vista claros con respecto a lo que deben vestir niños y niñas.
- Muestra fuertes preferencias en el vestido y puede enfadarse si no se le deja escoger lo que se pone.
- Prefiere juguetes de colores vivos.

- Le encanta mirar libros con dibujos de colores y lo hace de forma independiente (aunque aún no sabe leer).
- Tiene habilidad para reconocer modelos.

Si cinco o más características de cada rango de edad describen a su hijo, significa que el sentido dominante del niño es probablemente la vista. Los niños visuales se relacionan ante todo con el mundo a través de lo que ven. Aprenden mirando cómo usted hace las cosas y le imitan; suelen aprender a leer con mayor facilidad que los niños con otros sentidos dominantes y responden bien a las cartulinas didácticas. Se distraen con facilidad con el *input* visual de la televisión, con el ordenador, el gentío, los entornos caóticos y con cualquier cambio que sufran las cosas a las que están acostumbrados. Lo que ven es el mensaje que captan: si ven una cara enfadada, se asustan; una cara feliz les hace también sentirse felices, etc. Suele gustarles el orden y disfrutan organizando los juguetes por color, forma, tamaño o cualquier otro criterio que ellos decidan y que tal vez sea invisible para usted.

Cuarto grupo

Bebé, del nacimiento al año
- Prefiere los entornos tranquilos y silenciosos.
- Se muestra muy especial en cuanto a mantener rutinas regulares en torno a la comida, al sueño y al baño.
- No le gustan los cambios en el sabor de la comida, ni en el sabor de la leche materna debido a los alimentos que la madre toma, ni los cambios de marca de leche.
- Sólo comerá en un entorno calmado.
- No se dormirá hasta que todo esté tranquilo.

- Tiene un solo objeto o juguete favorito.
- Parece profundamente afectado por el estado de humor de la persona que le cuida, mucho más que otros bebés.
- Suele reflejar los sentimientos de los padres respecto a los demás.
- Muestra mayor preferencia por los miembros de la familia que por los amigos.
- Llorará cuando otros bebés lloren, o cuando mamá o papá le miren con cara triste.

Niño pequeño, de uno a tres años

- Muestra preferencias muy fuertes en cuando a sabores y puede ser quisquilloso con la comida.
- Parece extremadamente sensible y se enfada con facilidad.
- Llora si otro niño llora.
- Tiene su «mejor amigo», bien sea real (persona o mascota), ficticio (muñeco o animal de peluche), o bien completamente imaginario.
- Intenta «establecer» sentimientos hacia los demás (por ejemplo, abrazará a su madre cuando ella parece sentirse triste, o le preparará a su padre una taza de café de mentira cuando éste parezca cansado).
- Valora los regalos que le hace la gente que aprecia y, como resultado de ello, crea un vínculo con esos regalos.
- Juega a cuidar de los muñecos y animales de peluche.
- Se viste como sus personajes admirados, bien sea su hermano o hermana mayor, o bien un personaje de dibujos animados.
- Puede mostrarse enmadrado o tímido ante nuevas situaciones.

- Le resulta difícil mantenerse alejado de sus seres queridos.

Preescolar, de tres a cinco años
- Dibuja o garabatea caras, especialmente aquellas que, según él o ella, describen a miembros de la familia, subrayando la expresión de las caras para comunicar emociones.
- Le encanta disfrazarse y representar distintos papeles.
- Le gustan las historias sobre familias, amigos y relaciones personales.
- Le intrigan los animales y los equipara a personas, los cuida y les vincula personalidades y rasgos humanos.
- Es consciente de los sentimientos de los demás y le gusta que todo el mundo se sienta bien.
- Se resiste a los cambios y se adapta lentamente a las nuevas rutinas y entornos.
- Se viste igual que sus amigos o con un estilo que le identifica con alguien concreto o con parte de un grupo.
- Le encantan los peluches y los muñecos y tiene un juguete especial «que no puede perder».
- Es un comedor quisquilloso y se muestra muy especial respecto a las distintas marcas, no le gustan las sobras, no mezcla olores ni sabores, y le cuesta concentrarse en comer cuando está enfadado o muy excitado.
- Puede mostrarse hipersensible a las críticas, se enfada mucho si le regañan o le castigan y monta pataletas si tiene la sensación de que nadie ha hecho caso de sus sentimientos.

Si cinco o más características de cada rango de edad describen a su hijo, significa que el sentido dominante del niño es probablemente el gusto y el olfato. Estos niños captan la información de una manera en apariencia inconsciente, como por intuición, pero parte de lo que captan —olores, por ejemplo— está basado en los sentidos. Todo el mundo emana un olor, y este tipo de niños suelen responder de forma muy marcada a los olores de la gente, lo que puede influir en sus sentimientos sobre las personas (aun cuando esos olores pueden ser tan sutiles que ni usted ni yo los notemos). Estos niños dividen instintivamente a la gente en buena y mala, agradable y desagradable, y pueden resultar bastante intransigentes una vez que han tomado su decisión. Habrá personas que les gusten, las que no les gusten y muy poca cosa más entre medio.

Cuando crea tener una idea bastante precisa sobre el modo sensorial dominante de su hijo, tendrá que identificar su propio modo sensorial y el de su pareja. Igual que descubrir el sentido dominante de su hijo le ayudará a cimentar los conocimientos que tiene de él, identificar su propio sentido le ayudará, asimismo, a comprender mejor cómo opera usted en el mundo. Será más consciente de lo que le lleva a reaccionar positiva o negativamente, y esto le conducirá a descubrir algunos de los desencadenantes que podrían estar provocando conflictos entre usted y su hijo (o, también, entre usted y su pareja). Si, por ejemplo, resulta que usted es una persona visual con una necesidad importante de orden, y su hijo es un niño táctil, con tendencia a generar cierto caos físico por dondequiera que vaya, ser consciente de estas tendencias le facilitará el desarrollo de estrategias que funcionen para ambos, como crear un espacio en el cual su hijo pueda expresarse libremente, dejando el resto de la casa libre de su caos.

Identificar los grupos sensoriales de su hijo, de su pareja y de usted, y comprender luego la importancia que estas orientaciones sensoriales tienen sobre su forma de interactuar, transformará de verdad sus relaciones.

3

Identifique su propio modo sensorial

Una premisa sobrentendida pero enormemente importante de mi estrategia sensorial para trabajar con las familias es que proporciona herramientas a los padres. Y un corolario a esa premisa es que un padre con herramientas es un padre mejor. Cuando nos sentimos cómodos y a gusto con nosotros mismos, somos más pacientes, cariñosos y lúcidos con nuestros hijos. Y si nos sentimos más a gusto, podremos dar más, cuidar más y amar más.

Estamos inundados de información sobre cómo educar a los hijos, y puede llegar a obsesionarnos que consigan el éxito. El resultado final es que muchas veces ejercemos una «paternidad excesiva». Es evidente que debemos establecer límites y guiar a los niños, pero mantener el equilibrio en este clima de paternidad hiperatenta, resulta complicado. Las técnicas que emergen a partir del conocimiento de los cuatro sentidos dominantes y de cómo el sentido dominante afecta no sólo a nuestros hijos, sino también a nosotros mismos, le ayudará a pulir sus interacciones y le permitirá mantenerse a cierta distancia y darle al niño la oportunidad de ser quien es, sin perder en ningún momento la confianza en que el pequeño conserva su seguridad y usted le proporciona la orientación y los límites que necesita. Por otro lado, también se comprenderá mejor a sí mismo: observará cómo su orientación sensorial afecta a su propia conducta y la controlará como origen que es de ciertos problemas en relación con su hijo.

Tenga en cuenta que mi aproximación a la paternidad está concebida para crear un mundo en el que tanto usted como su hijo salgan ganando. Creo que todos los niños necesitan la orientación y los límites que sólo un padre puede darles, junto con abundantes oportunidades para desarrollar su personalidad única. Nuestro trabajo como padres (una tarea que tenemos que cumplir en un plazo de quince años, pues después de ese periodo las conductas son prácticamente inamovibles y mucho más difíciles de influenciar) consiste en preparar a nuestros hijos para alcanzar el éxito. Durante estos años, debemos hacer todo lo posible para que se conviertan en personas cariñosas, confiadas y seguras, con todas las cualidades necesarias para desarrollar al máximo su potencial. Creo que ser un buen padre tiene menos que ver con la disciplina y más con los refuerzos positivos y negativos de la conducta. Es decir, no me propongo cambiar el carácter de un niño ni su estilo sensorial, sino más bien trabajar con ello utilizando refuerzos positivos y negativos para ayudarle a comprender poco a poco, pero sin vacilaciones, que sus acciones tienen consecuencias y que él es el responsable de su conducta. Verá esta filosofía aplicada una y otra vez en los cuatro capítulos dedicados a cada uno de los cuatro modos sensoriales (capítulos cuatro a siete), que describen cómo elaborar sus propias estrategias para ayudar a su hijo a desenvolverse tanto en las situaciones cotidianas como en las distintas etapas del desarrollo que forman parte de la vida de todo niño.

Identifique su modo sensorial

A medida que vaya familiarizándose con los rasgos y características de cada uno de los sentidos, entenderá mejor su propia orientación sensorial y cómo ésta influye en su manera de hacer en la vida. Dicha clarividencia es muy importante para la utilización de esta información sensorial. Cuanto más objetivo sea con respecto a su forma de reaccionar ante las situaciones, a su estilo de comunicar y a su manera de abordar el mundo en general, más conservará la calma cuando trate con su hijo.

Por ejemplo, si su sentido dominante es el tacto y su hija es auditiva, deberá tener en cuenta que la tendencia que tiene a mostrar su impaciencia hablando con brusquedad podría provocar negativamente a su hija auditiva, que a buen seguro será muy sensible al tono de voz que usted emplee. Si utiliza un tono más suave y amable, conseguirá dirigirse con más éxito a su hija. Esta forma de enfocar los problemas de la vida diaria, pensando en los sentidos, es aplicable a muchas situaciones distintas: le resultará más fácil sustraerse al drama de las pataletas de su hijo de dos años; será menos probable que se enfade cuando su hija de tres años se niegue a comer las sobras; será más tolerante al ruido y al caos que parece irradiar su hijo de cuatro años; y sabrá cómo mantener la calma y la frialdad necesarias para garantizarle a su hija que estará sana y salva y feliz en la guardería después de que usted se marche.

Cuando responda al cuestionario que sigue, elija aquellas descripciones que reflejen mejor su conducta y sus reacciones. Igual que podría haberle sucedido cuando trataba de determinar el sentido dominante de su hijo, es posible que se sienta confuso al principio si encuentra rasgos de sí mismo en más de una categoría sensorial. E igual que le recomendé en el caso del niño, tenga en cuenta que descubrir su sentido dominante es un proceso que puede llevarle su tiempo. De hecho, al inicio del proceso es bastante natural tener la sensación de no encajar claramente en una de las distintas categorías. Tal vez no se haya familiarizado suficientemente con las categorías, o tal vez la ansiedad por encontrar un emparejamiento sencillo entre usted y su hijo haga que sus respuestas sean sesgadas y no reflejen de un modo preciso sus inclinaciones naturales. Muchos de mis clientes me cuentan que les resulta más fácil averiguar el sentido dominante de la pareja o del hijo que el suyo propio. Pero no se preocupe. Si cae en la frustración, pase directamente a los siguientes cuatro capítulos, donde describo cómo operan en la vida diaria las distintas orientaciones sensoriales, y vuelva luego al cuestionario. Tarde o temprano, todo el mundo descubre a qué grupo pertenece y aprovecha ese conocimiento. ¡También usted!

Cuestionario para adultos

Cuando responda a las siguientes preguntas, y aun en el caso de creer que podría elegir más de una respuesta, seleccione aquella que *más a menudo* aplique a sus circunstancias.

1. Su casa es:
    a. Cómoda y algo desordenada.
    b. Muy pulcra, con alfombras, cortinas y, probablemente, un equipo de audio estupendo.
    c. Sin rincones ni desorden, y decorada con gran atención al estilo, la armonía y la estética en general.
    d. Llena de recuerdos personales, fotografías de sus seres queridos y recuerdos sentimentales.

2. Para vestir, elige ropa:
   a. Cómoda: calzado deportivo fácil de llevar y adecuado para andar todas las horas que le apetezca, prendas que le dejen respirar, diseñadas para tener facilidad de movimientos, y abrigos que pueda ponerse y quitarse sin mucho esfuerzo.
   b. De líneas muy sencillas, de estilo elegante, casi geométrico.
   c. Que muestre su innato sentido de la moda y la atención que presta a la coordinación de colores y a los accesorios, desde las medias hasta los cinturones, pasando por la joyería o las corbatas.
   d. Que refleje su estado emocional del día, ropa adaptada a su sentido del humor.

3. Demuestra su cariño a los seres queridos:
   a. Diciéndoles siempre hola y adiós con un beso o un abrazo, dándoles una palmadita en el hombro o un cálido apretón de manos, e intentando activamente realizar cosas para ellos que les hagan la vida más placentera.
   b. Hablándoles de forma cariñosa o manteniendo con ellos largas conversaciones telefónicas.
   c. Expresándoles sus sentimientos en cartas o mensajes de correo electrónico, en pequeñas notas que pega en la fiambrera del trabajo, o en tarjetas de felicitación cuidadosamente elegidas que les envía, aunque no sea una fecha señalada y estableciendo un intenso contacto visual cuando están juntos.
   d. Depende de la persona; adapta su estilo según lo que cree que exige cada persona y situación.

4. Cuando estudiaba, aprendía mejor:
   a. De forma experimental, interactiva, utilizando las manos.
   b. Escuchando al profesor o una cinta, o mediante la grabación de una conferencia.
   c. Leyendo, escribiendo y memorizando.
   d. Con narraciones o explicaciones anecdóticas que daban vida a las ideas, al tiempo y a los conceptos.

5. A la hora de comer, le gusta:
   a. Hablar, reír y relacionarse con otra gente; pero cuando las comidas no son actos sociales, tiende a comer con prisas y sin prestar mucha atención a lo que come o a su sabor.
   b. Una atmósfera tranquila, en la que pueda hablar con los distintos comensales individualmente y sin que todo el mundo hable con todo el mundo, y con música lo bastante suave para que no interfiera en la conversación.
   c. Estar en una mesa preparada prestando especial atención a la estética de los platos, copas, cubertería y servilletas y con una comida de aspecto atractivo, pues un ambiente agradable siempre es importante para usted.
   d. Tener una cena íntima que dure mucho tiempo para compartir ese ritual tan especial con algún ser querido, sobre todo si esa persona ama también la comida como usted y está dispuesta a experimentar con nuevos estilos de cocina y nuevos ingredientes.

6. Cuando socializa por las noches, prefiere:
   a. Fiestas alegres y divertidas, salir a bailar.

   b. Actos musicales (siempre que la música no suene muy fuerte).
   c. Lugares de moda, como nuevos bares y discotecas, donde pueda vestirse de un modo especial, ver y ser visto.
   d. Una interacción íntima e individual, conversaciones, cenas en casa de amigos.

7. Su idea de relajarse es:
   a. Hacer mimitos con un ser querido y ver una película.
   b. Salir y charlar con un buen amigo.
   c. Leer una revista o una novela, preferiblemente en un espacio limpio y ordenado.
   d. Cualquier cosa, mientras tenga que ver con amigos o familia.

8. Su entorno de trabajo óptimo es:
   a. Una oficina donde pueda tener mucha camaradería e interacción.
   b. Un espacio que le permita cerrar la puerta y controlar el ruido y la relación con los demás si llegan a ser abrumadores.
   c. Un espacio de trabajo organizado y sin desorden.
   d. Un espacio cálido, amigable y acogedor.

9. Su idea de unas vacaciones perfectas es:
   a. Un viaje con mucha actividad, bien sea pateándose una ciudad, practicando senderismo, escalando montañas, yendo en bicicleta… cualquier cosa que sea muy física y, preferiblemente, también muy social.

b. Un viaje en el que pueda asistir a un concierto, disfrutar de la vida de las calles y charlar con gente que conozca.

c. Un viaje al extranjero, en el que pueda visitar museos, ver paisajes y sumergirse en la visión de un lugar nuevo y distinto.

d. Cualquier viaje o vacaciones que le permitan estar con la familia en un entorno donde puedan hablar, ponerse al corriente de todo y simplemente estar juntos, o que le dé tiempo para estar con su pareja.

10. ¿Cómo describiría su forma de gestionar el tiempo?

a. No es muy organizado, pero le gusta que las cosas se hagan.

b. Establece prioridades y tiene una agenda que intenta seguir.

c. Es muy organizado y le gusta planificar la jornada, la semana, el mes y el año, y sigue un diario con su agenda.

d. Normalmente no planifica mucho con antelación y prefiere ser flexible para acomodarse a las agendas de los demás, lo que significa que a veces le resulta difícil encontrar tiempo para satisfacer sus propias necesidades.

11. Si tuviera que comprarse un coche nuevo, el aspecto más importante de su decisión sería:

a. Utilidad: suele elegir los coches por su tamaño, su capacidad de almacenamiento, número de pasajeros que caben, un panel de instrumentos fácil de interpretar y la potencia del motor.

b. Su ingeniería: prefiere coches diseñados por su agilidad y su silencio, con un aparato de música de calidad y por la colocación de los asientos, espejos y espacios para bebidas.

c. Su diseño estético: el coche tiene que ser bonito, con un diseño atractivo tanto exterior como interior, un color y un aspecto general precioso, aunque ello signifique menos practicidad o comodidades.

d. No muestra preferencias marcadas: podría seguir las sugerencias o preferencias de su pareja, o de alguien a quien admire, suele resultarle complicado tomar una decisión.

12. Sabe que su pareja o amigo está enfadado:
    a. Por su lenguaje corporal.
    b. Por su tono de voz.
    c. Por la expresión de su cara.
    d. Simplemente porque intuye que algo no va bien con él.

13. ¿Qué tipo de comportamiento le molesta más en un niño?
    a. Su manera de saltar sobre usted.
    b. El ruido que hacen, los gritos, los lloros, sus interrupciones.
    c. El caos que generan.
    d. La mala educación, aun sabiendo que no pretenden ser maleducados.

14. Se siente más cómodo demostrando su amor y cariño a sus hijos:
    a. Mimándolos, tocándolos y haciendo cosas con los niños.

b. Implicándolos en actividades, dándoles oportunidades para que aprendan y dominen diversas habilidades.

c. Haciéndoles la comida, limpiando lo que desordenan y asegurándose de que sus necesidades físicas están satisfechas.

d. Dejando que le guíen según lo que deseen, intentando responder a todas sus exigencias y deseos.

El significado de sus respuestas

Si ha respondido mayoritariamente «a», lo más probable es que su sentido dominante sea el tacto. El adulto táctil es práctico, se guía por sus objetivos y le va la acción. Suele ser muy activo físicamente. Podría ser aventurero o deportista y cuando más feliz se siente es al estar en movimiento. Cuando a las personas táctiles no les es posible ir de aquí para allá todo lo que quisieran, se inquietan, pues para ellas permanecer quieto mucho tiempo no es natural. Es entonces cuando se dedican a juguetear con el pelo, a mover los pies o a tamborilear en la mesa con los dedos, a menudo sin darse siquiera cuenta de que lo hacen (a veces, se percatan de ello sólo cuando alguien se queja). El caos y el desorden no incomodan a la persona táctil, ni le importa que en su casa se acumulen las cosas y, aun en el caso de que en un remolino de actividad decida hacer limpieza, es muy probable que en pocas horas haya vuelto a generar caos. Es la persona que entra por la puerta y se saca los zapatos, dejándolos en medio del paso, y a continuación deja el abrigo colgado en la primera silla que encuentra. En lugar de sentarse y relajarse después de una jornada de trabajo, se pondrá a cocinar, a repasar facturas o a ocuparse del jardín, porque lo que más le relaja es tener más actividad. Como padre, el adulto táctil puede ser tanto de trato fácil como impaciente. Por un lado, comprende los ruidos que hace un niño, su caos y el desorden que provoca en la casa, pero por otro, el padre táctil podría ser un poco impaciente y brusco en su forma de interactuar con sus hijos.

Si ha respondido mayoritariamente «b», lo más probable es que su sentido dominante sea el oído. El adulto auditivo es muy analítico y lógico. Puede ser parlanchín cuando está relajado, pero tiende a permanecer silencioso cuando está distraído o estresado. Confía en la música como método de relajación. (Conozco una madre que deambula por su casa con el iPod en los oídos para desconectar del ruido de los niños y de la casa en general.) El padre auditivo puede ser bastante paciente, pues abordará la resolución de los problemas con sus hijos de un modo metódico. Por esta razón, sus hijos sólo confiarán en él o en ella para que los ayude en los deberes, les solucione un problema o tome una decisión. Sin embargo, los adultos auditivos no son muy sensibles a los sentimientos de los demás, puesto que para interactuar con otras personas se basan más en su intelecto que en la experiencia emocional, por lo que es posible que a sus hijos no les resulte útil hacerles confidencias. Pueden ser también algo críticos sin querer serlo. Pero debido a que tienen grandes expectativas para sí mismos, aplican sin querer esos mismos estándares a sus hijos.

Si ha respondido mayoritariamente «c», lo más probable es que su sentido dominante sea la vista. Los adultos visuales son muy ordenados y organizados, tanto con su tiempo, su casa, como en su carrera profesional. Para relajarse se dedican a limpiar la casa, a ordenar, a hacer la colada, etc. Tienen muy claro cómo deberían hacerse las cosas y a menudo tratan de influir en las acciones, en las conductas y en las agendas de los demás (sobre todo cuando las personas implicadas son su pareja y sus hijos). Les gusta tener la casa limpia y ordenada, y dedican una energía considerable a decorar su espacio personal y a elegir ropa para ellos y para sus hijos (y a veces también para su pareja). Son conscientes de que siempre quieren tener el mejor aspecto posible y desean lo mismo para sus hijos. Los adultos visuales son rutinarios y se resisten a los cambios de planes; en consecuencia, les cuesta ser espontáneos, tanto con sus hijos, amigos, como con su pareja.

Si ha respondido mayoritariamente «d», lo más probable es que su sentido dominante sea el gusto/olfato. El adulto gusto/olfativo sigue siendo un ser muy sensible que confía en su intuición para interpretar a la gente. Muy sintonizado con los sentimientos de los demás, capta y refleja dichos sentimientos y los estados de humor de quienes le rodean, sobre todo de sus seres queridos. Su casa es cómoda y refleja las preferencias de todos los que viven en ella. Como padres, los gusto/olfativos suelen anteponer las necesidades de sus hijos a las suyas. Tienen que realizar un esfuerzo consciente para encontrar el tiempo y el espacio que necesitan y no acabar completamente agotados por las exigencias de sus hijos, que podrían aprovecharse de unos padres tan atentos. Pero también son los padres a los que los hijos pueden confiar cualquier cosa, conscientes de que nunca los criticarán.

Cuanto más se familiarice a lo largo de los siguientes capítulos con el sentido dominante de sus hijos, más probable es que sintonice asimismo con su propio sentido dominante. Tenga también en cuenta que todos poseemos un sentido secundario, que suele ser un reflejo del sentido dominante de uno de nuestros progenitores. A veces, esta orientación sensorial podría llegar a ser vista como nuestro sentido dominante, cuando en realidad es algo que hemos desarrollado para poder llevarnos bien con nuestros progenitores o con quienes nos cuidaban. Por ejemplo, si es usted táctil, pero fue criado por una madre visual, es posible que sea tan pulcro como lo era su madre *porque* ella era así y esperaba que usted lo fuese también. Como en el caso de este ejemplo, las conductas aprendidas pueden a veces enmascarar nuestro sentido dominante. Aunque estas conductas suelen ser costumbres que hemos elegido como respuesta a la persona que nos crió, podrían también reflejar las costumbres de nuestra pareja, sobre todo si llevamos mucho tiempo con ella.

El reto del desajuste

Si usted tiene un modo sensorial distinto al de su hijo, se presenta lo que denomino un desajuste. Descubrí este concepto a través de los investigadores de Brown, que lo aplicaban a las distintas percepciones de las madres y a sus diferentes reacciones al llanto del bebé. Había madres que no se preocupaban tanto como otras ante el llanto incesante de su hijo. Me explicaron que las madres que se mostraban tremendamente inquietas ante el llanto normal de su bebé sufrían un «desajuste» con él. He adaptado esta utilización del «desajuste» para referirme a aquellos casos en los que un padre o una madre y su hijo tienen modos sensoriales distintos, dando como resultado un vacío de comunicación o un estilo de conducta distinto en general.

Hay desajustes más molestos que otros. Como ya he mencionado, si es usted visual y su hijo táctil, es probable que la tendencia del niño a generar caos le moleste. Si es usted gusto/olfativo y su hijo táctil, su caos no le molestará tanto. Sin embargo, si es usted gusto/olfativo y su hijo auditivo, no me sorprendería que éste le pareciera frío e hiriera a menudo sus sentimientos con su aparentemente insensible utilización de las palabras, o su facilidad para dejar de prestarle atención. Cuando tenga en cuenta que es muy probable que usted y su hijo tengan sentidos dominantes distintos y, por lo tanto, orientaciones distintas en este mundo, se tomará las cosas menos subjetivamente y será capaz de ejercer la paternidad sin tanta carga emocional.

Veamos un ejemplo: imaginemos que es usted visual, y su hijo de dos años táctil, y que la hora de las comidas siempre ha sido el peor momento del día. Esta noche ha preparado con todo su cariño una cena a base de pasta y verduras, que ha dispuesto de un modo colorista y apetitoso en el plato favorito de su hijo, junto a su nuevo tenedor con un muñequito y una servilleta que hace juego. Tan pronto como el niño ve la comida, mete la mano en el plato, lo mezcla todo y tira parte sobre la mesa. Usted se siente frustrado porque no ha utilizado el tenedor y ha creado un caos hasta dejarlo todo con un aspecto asqueroso, pero él estará encantado porque ha montado un lío que le parece ideal.

¿Es usted capaz de hacer una pausa y no reaccionar ante el caos que su niño táctil ha creado y considerar, en cambio, que jugar con la comida forma parte de su naturaleza y es una parte primordial de su manera de experimentar el mundo? ¿Podría plantearse la preparación y la comida en sí de una manera un poco distinta? Si le dijera que probablemente su hijo comería mejor y se distraería menos cuando le ofreciera alimentos que pudiera comer con los dedos, ¿se convencería de concederle esta libertad, en lugar de intentar fomentar el uso del tenedor antes de que esté preparado para ello?

Veamos otro ejemplo: si su hija de dos años es auditiva y usted es táctil, tal vez se haya dado cuenta de que el parloteo constante de la niña le altera muy fácilmente cuando conduce. A usted le gusta conducir en relativo silencio, pero las constantes preguntas de su hija y su necesidad de conversación le molestan y le distraen de lo que considera un tiempo para prepararse mentalmente para el día que tiene por delante. Tal vez también se dé cuenta de que a veces su respuesta rápida o directa a las preguntas de su hija la hacen llorar. Como persona táctil, es usted eminentemente una persona práctica y su forma de hablar puede ser en exceso directa. Es evidente que no pretende ofenderla, pero su hija auditiva, que es sensible a su tono de voz, no lo sabe: ella necesita sentir su cariño y su ternura a través de la voz.

Cuando tenga presente el modo sensorial dominante de su hijo, conseguirá comprender mejor la motivación que respalda su conducta y, en cuanto la comprenda, estará en condiciones de realizar un sencillo ajuste que aborde el problema subyacente en lugar de castigarle o intentar cambiar su forma de ser y actuar.

A menudo se llega a acuerdos constructivos beneficiosos para ambos. He visto una y otra vez cómo incluso pequeños cambios pueden dar lugar a una diferencia drástica. La vida diaria resulta más fácil y menos tensa, con menos pataletas y peleas. Pero esto exige una actitud abierta y una predisposición por su parte para intentar hacer las cosas de un modo algo distinto. De manera que mientras lee el siguiente conjunto de capítulos, en los que se describe y se da vida con más detalle a los cuatro sentidos dominantes, intente recordar en todo momento su propio modo sensorial. Al final de cada capítulo dedicado a un sentido, encontrará una sección dedicada a los desajustes para el sentido tratado. Utilice esta información para solventar la dinámica con su hijo, o para comprender mejor a su pareja (que podría tener un sentido dominante distinto tanto al de usted como al de su hijo), y su relación con su hijo.

SEGUNDA PARTE

Los cuatro sentidos

4

El niño táctil

Los niños táctiles «viven en su cuerpo», en el sentido más literal de la expresión. Son retozones, tiran cosas, embisten y trepan por todos lados. Se mueven, se agitan y se dejan caer. La felicidad les provoca saltos de alegría, el aburrimiento los induce a un andar con los hombros caídos que puede resultar épico, y el enfado los incita a una pataleta a base de patadas y giros de brazos. Si quiere saber cómo se siente un niño táctil, el lenguaje de su cuerpo se lo dirá sin temor a equivocarse.

Todos conocemos a alguno de esos niños vivaces, activos y agotadores, y tal vez el suyo sea uno de ellos. Es el típico niño que irrumpe en una habitación y se cuelga de sus piernas pidiéndole un abrazo y un apretujón antes de apartarse de golpe y salir en busca de su siguiente conquista, bien sea la extremidad de otro adulto a la que encaramarse, o bien otro niño con quien pelearse o el perro de la familia al que estrujar. O quizás es la niña que desmonta el sillón y vacía el armario de la ropa blanca para construir una cabaña hecha con almohadas y mantas en medio del salón, y después le suplica que se meta dentro con ella. O tal vez es el niño que cuando ve que está preparándole su comida favorita, se contonea de excitación o se pone a bailar. Si, por otro lado, ha preparado para cenar algo que no le gusta, será mejor que se esconda, pues es muy

posible que una cucharada de espinacas a la crema acabe volando hacia usted.

Los niños táctiles son pequeños peleones, llenos de energía y vigor. Bulliciosos y atrevidos, parecen estar en constante
movimiento. Normalmente, no les gusta permanecer mucho
tiempo sentados, pues siempre hay algún juego nuevo o alguna actividad a los que lanzarse con desenfreno. La cantidad de
energía física pura que estos niños liberan en el mundo que
los rodea puede a veces resultar abrumadora y un poco desconcertante para sus padres. Toda esta actividad, sin embargo,
no es simplemente una liberación de energía sin un objetivo
claro, ni un juego sin propósito. Nada más lejos de la realidad.
Desde que es un bebé, el niño táctil da sentido a su mundo
a través del contacto físico y la exploración. Esas vueltas en
círculo por toda la casa, como si fuera un santón, es su forma
de acercarse al mundo, de aprender sobre su entorno y de intentar comunicar sus sentimientos y necesidades.

Son muy prácticos y tratan sus propios sentimientos —y
los de los demás— con una franqueza categórica. A veces no
se dan cuenta de lo poco adecuado que es pronunciar ciertas
cosas en voz alta. Es decir, tienen pocos secretos y son tan sin-
ceros que no saben cómo disimular, así que sueltan lo primero que se les pasa por la cabeza. Esta característica resultaría
encantadora a menos, como es natural, que lo que se les pase
por la cabeza sea enfado o frustración, o se hagan eco de los
sentimientos negativos de usted y repitan algo desagradable
que acaba de decir sobre el vecino, justo en el momento en que
dicho vecino cruza la puerta. Al no ser niños introspectivos ni
sensibles, les preocupa poco cómo sean recibidas sus palabras
y no son conscientes de que acaban de insultar a alguien.

Construir la autoestima del niño táctil es un asunto sencillo: basta con darle un proyecto en el que trabajar o una mi-

sión que cumplir (asegurándose, claro está, de que sea algo que es capaz de conseguir). Son niños a los que les encanta ayudar. Por caóticos que sean y por mucho que dejen a su paso migas, ropa y juguetes, estarán también encantados de prestarse voluntarios para limpiar. Para los niños táctiles, como he enseñado a más de un padre o madre frustrados, la hora de la limpieza suele formar parte de su tiempo de juego.

Éste fue, de hecho, el factor motivador que una madre utilizó para enseñar a ir al baño a su hijo. Ian quería limpiar el inodoro con la escobilla del baño, y su madre, Erica, le dijo: «Si lo utilizas, podrás limpiarlo». ¡A Ian le entusiasmó el proyecto! Dejando de lado el aspecto higiénico del baño, para un niño, este lugar sería algo similar a un espacio de juegos acuáticos. (Naturalmente, si deja que su hijo lo utilice en este sentido, tendrá que limpiarlo y desinfectarlo de antemano.)

A medida que lea más detalles sobre cómo se expresan los niños táctiles, irá comprendiendo qué es lo que los motiva y les enseñará a gestionar y dominar todas sus actividades diarias, desde comer hasta dormir, pasando por vestirse, jugar, aprender y socializar. Ser táctil no significa únicamente utilizar las manos, porque los niños táctiles exploran con todo su cuerpo, y esto incluye la boca y la lengua, además de las manos. Morder, chupar, lamer, introducirse cosas en las orejas y meterse en todo tipo de lugares es el pan de cada día de estos niños. Por ejemplo, si la madre compra un balón medicinal (balón empleado para la gimnasia pasiva y por personas con problemas articulares), el niño le dará patadas, lo tirará, se colocará encima e intentará hacer el pino sobre él: cualquier cosa que su imaginación de niño pequeño invente y que implique la exploración física del balón y su potencial de movimiento y diversión. En cierta ocasión, trabajé con un niño que pasó por una fase de tocar todo aquello que veía. La denominamos «besos de hada». Enseguida que la etiquetamos, supo que se le había concedido permiso para expresarse de aquella manera.

Los elementos básicos del bebé táctil, del nacimiento al año de edad

Cómo expresa el bebé táctil sus necesidades emocionales

Los mimos, el consuelo y las caricias delicadas son esenciales para todos los bebés. De hecho, el contacto físico cariñoso es la primera y más elemental forma de comunicación entre padres e hijos. Piense en los primeros días de su recién nacido y en los silenciosos momentos especiales que pasó acunándolo en sus brazos. Usted y su bebé iniciaron su viaje compartido de esta manera. Manteniendo a su hijo cerca de su cuerpo, le transmitía un torrente de mensajes positivos que le comunicaban el amor que sentía por él y la sensación de que podía sentirse seguro y querido. Aunque esta comunicación física es importante para todos los niños, para el niño táctil señala el principio de toda una vida de navegar por el mundo a través del tacto.

Debido a que los bebés táctiles quieren estar todo el día en brazos y se muestran, además, bastante especiales en cuanto a quién desean que los coja, su bebé táctil tenderá a preferirle a usted por encima de cualquier otra persona, incluso de una canguro encantadora o de un bondadoso abuelo. Confía hasta tal punto en el contacto físico para asentarse, tranquilizarse y orientarse en su entorno, que el contacto físico conocido es el mejor y el más reconfortante. Mientras que un bebé visual se siente seguro, tranquilo y feliz teniendo a su madre al alcance de la vista, y un niño auditivo está tranquilo oyendo la voz materna, no sucede lo mismo con el bebé táctil. Las madres de estos niños sabrán a qué me refiero cuando digo que los bebés táctiles nunca tienen suficiente en lo que a estar en brazos se refiere. Romper la conexión física es difícil para ellos, razón por la cual gritan como locos cuando los dejamos. Este periodo de tenerlo casi constantemente en brazos puede pasar factura a los padres (lo recuerdo por mis primeros tiempos de experiencia como madre).

En consecuencia, muchas madres de bebés táctiles acuden a mí quejándose de que están agotadas al verse obligadas a tenerlos en brazos durante largos periodos. Y esta situación no se limita a los primeros días del bebé. «Me cuesta creer lo mucho que mi hijo necesita estar en mis brazos», me contaba Amy, cuyo hijo de nueve meses, Mark, es el clásico niño táctil. Amy llamó a mi puerta estresada y ansiosa intentando averiguar cómo criar a su hijo, pues daba la impresión de que éste sólo quería instalársele en el regazo o pegársele al pecho. Le preocupaba que fuera un bebé tan pegajoso, que no estuviera desarrollándose como debería y que su aversión a estar en brazos de otras personas fuera señal de una incipiente personalidad reticente.

Además de la preocupación que sentía por Mark, ella estaba sometida a mucha tensión, no sólo física, sino también mental. El peaje físico de cargar con su hijo en brazos tanto tiempo la dejaba cansada, dolorida y sin energías; por otro lado, se sentía irritable e impaciente con su bebé. «De recién nacido era distinto», decía Amy. «No me costaba cargar con él por todas partes metido en su mochilita. Pero cada vez es más grande y pesa más, y estoy realmente dolorida. Necesito un descanso de vez en cuando, y la verdad es que no sé cómo conseguirlo.»

Se sentía atrapada entre dos extremos, pero ninguno de los

dos le parecía correcto: o cargar todo el día con su niño, que cada vez pesaba más, o intentar educarlo a base de no cogerlo en brazos cuando se lo pedía llorando, y en consecuencia, tener que enfrentarse tanto al llanto del bebé como a su propio sentimiento de culpa.

En primer lugar, traté de aliviar la preocupación que Amy sentía por el desarrollo de Mark. La necesidad que su hijo tenía de contacto físico no era una deficiencia de desarrollo, sino que buscaba consuelo a través del tacto, como lo haría cualquier bebé táctil. A los nueve meses de edad, Mark era lo suficientemente mayor para reconocer a su madre y sentir un profundo vínculo de unión con ella, pero aún no lo era bastante para comprender que esa conexión seguiría existiendo aunque no estuvieran en contacto físico. De un modo mucho más acusado que los bebés con otros sentidos dominantes, este niño expresaba el vínculo con su madre y su necesidad de tener una base emocional a través de su deseo constante de contacto físico. (En las páginas que siguen, leerá más detalles sobre cómo Amy abordó estos problemas con su hijo.)

Cómo descubre el mundo el bebé táctil

Los bebés táctiles pasan los primeros meses de su vida inmersos en un proceso de descubrimiento que está muy enraizado en su cuerpo, y que es especialmente importante y profundo. A medida que sus habilidades motoras se desarrollan y van descubriendo lo que puede hacer su cuerpo, ejercitan su sentido dominante, que los guiará y sentará las bases del bebé a lo largo de su crecimiento.

El cuerpo, y en especial las manos, son para el niño táctil el medio que tiene para relacionarse con el mundo. Todos los bebés cogen cosas, claro está, pero no sólo cogen objetos, sino que se agarran también a las personas. Sin embargo, y mucho más que los demás niños, los bebés táctiles tocan y cogen todo lo que tienen a su alcance. Es como si tuvieran una necesidad básica de tocar, fisgonear y pelear por cualquier objeto, como una manera instintiva de intentar comprenderlo. Una advertencia: estos bebés siempre enfocan sus dedos directamente a los ojos de quienes les acercan la cara para darles un beso o hacerles un mimo.

Desde sus primeros experimentos con el lenguaje, los bebés confían en su sentido dominante para que los ayude a controlar tanto la mecánica como el significado del lenguaje. Hay niños que comprenden más fácilmente que otros el lenguaje porque, según creo, algunas de sus preferencias sensoriales los llevan al desarrollo del lenguaje con mayor naturalidad que a otros niños. Un bebé auditivo gritará y balbuceará dirigiéndose a usted, y un bebé visual estará feliz acostado mirándole mientras usted habla con él. Pero los niños táctiles, que se sienten tan cómodos y seguros utilizando el lenguaje del cuerpo para expresarse, suelen ser más tardíos en empezar a hablar. En lugar de aprender las primeras palabras en torno al año de edad y formar las primeras frases hacia los dos años, su bebé podría alarmarle por su incapacidad de pronunciar más que unas pocas palabras, y luego sorprenderle al lanzarse a hablar de repente al cumplir los dos años o muy poco después. Lo mejor con estos niños es aprovechar cualquier oportunidad que se presente para conectar el lenguaje a objetos tangibles. Anime a su bebé a tocarlo todo —sus juguetes, el frutero que hay en la mesa de la cocina, las hojas de los árboles…—, hablando con él y respondiendo a sus balbuceos.

Los niños comprenden el lenguaje antes de ser capaces de articularlo. Cuando su hijo pronuncie sus primeras palabras —normalmente alrededor de su primer cumpleaños—, será también capaz de comprender las órdenes y solicitudes más básicas. Esta transición marcará un hito importante en su desarrollo y en la relación entre ustedes. Si consigue atraer el sentido dominante de su hijo siempre que le sea posible, logrará comunicar más claramente con él y le ayudará a seguir el camino que usted le marque. Por ejemplo, cuando le diga a su hijo táctil que coja la cuchara, entréguesela y dígale que la coja; no se limite a ponérsela delante, creyendo que captará su mensaje. En general, el bebé siempre le comprenderá con mayor facilidad si encuentra usted la manera de comunicarle su mensaje a través de algún medio físico. Los niños táctiles necesitan, además, que se les hable en un lenguaje lo más concreto posible, para de este modo escuchar un mensaje sencillo, directo y expresado en voz alta y clara. Hay padres que me dicen que cuando ponen «cara de póquer», es decir, una cara que no expresa ni emociones ni afecto (sin sonrisas, sin entrecejos fruncidos, sin levantar las cejas), logran comunicar más eficazmente con sus hijos táctiles.

Cómo empieza a jugar e interactuar el bebé táctil

Al pasar el bebé táctil de ser un recién nacido a cumplir los cinco o seis meses de edad, disfruta sobre todo con juegos que impliquen las manos e incluso los pies. Los juguetes porosos, como piezas y pelotitas blandas, le estimularán la curiosidad y captarán su atención. Incluso antes de que sea capaz de sujetar por su cuenta un juguete, responderá a la textura del material si le coloca a su alcance un juguete con bultitos o le pasa con delicadeza por la barriguita un trozo de tela suave hecho una bola.

Cuando crecen y van adquiriendo independencia, los niños táctiles suelen ser muy sociables. Pero antes de llegar a esta etapa, lo único que quieren estas máquinas de estar en brazos es permanecer con usted. En el caso de Amy y su hijo Mark, tratamos de solucionar dos problemas a la vez: aliviar la dolorida espalda y el agotamiento de Amy y encontrar maneras de animar a Mark para que fuese menos pegajoso y más sociable. A los nueve meses de edad, Mark se aguantaba sentado, a veces con apoyo y a veces solo. Decidimos que en lugar de que se sentara en la falda de Amy durante los momentos dedicados al juego, ésta intentaría tenderse en el suelo teniendo al bebé delante de ella. Le sugerí que pusiera cojines en el suelo, tanto para que el bebé gateara sobre ellos, como para que ella pudiera estirarse. De esta manera, ella estaría más cómoda y Mark la sentiría a su lado y mantendría el contacto físico en caso de necesitarlo. Pero también tendría la posibilidad de aventurarse lejos de su madre para explorar y jugar, sabedor de que podía volver hasta donde estaba ella siempre que quisiera.

Amy descubrió que aprovechar el rato que pasaba en el suelo con su bebé le aportaba un par de cambios importantes y bienvenidos. En primer lugar, le sorprendía ver que su bebé gateaba muy feliz entre los cojines y jugaba solo: «Empieza a jugar casi encima de mí, pero siempre hay algo que capta su atención y se va un ratito por su cuenta. Es evidente que necesita comprobar con frecuencia que sigo físicamente allí, pero juega con más independencia, y esto me anima de verdad».

En segundo lugar, a Amy se le alivió la presión que se ejercía a sí misma para solventar el problema que creía que existía entre ella y su hijo. Tal como veo suceder muy a menudo, la buena disposición de Amy de considerar la situación desde la perspectiva de su hijo, combinada con unos pequeños ajustes, aportó enormes recompensas tanto para ella como para el niño. «Me supone una gran diferencia saber que, aunque esté tan pegado a mí, no rechaza el mundo exterior. Se trata simplemente de su forma de actuar para poder explorar», me comentó Amy.

La tranquilicé explicándole que con gran probabilidad su pegajoso bebé acabaría convirtiéndose en un pequeño sociable, siendo de los que atraen a muchos amiguitos en la guardería o en el parvulario, y de los que prosperan en las actividades de grupo, como los deportes de equipo. Los niños táctiles no son solitarios por naturaleza, y una vez que superan su necesidad de estar en contacto con su principal cuidador, siempre se sienten atraídos por la gente. Amy puede esperar con expectación el día en que su hijo empiece a extender su campo de intereses y se aleje del vínculo exclusivo que mantiene con ella, un hecho que se producirá, normalmente, entre los dos y los tres años de edad. La clave está en darle la tranquilidad emocional que necesita respondiendo de forma positiva y apoyando su deseo de contacto físico. Llegará el momento en que será capaz de salir al mundo y jugar en el recreo con sus amigos, disfrutando de su forma tan física y activa de hacer las cosas.

La vida diaria del bebé táctil

El sueño

Los bebés táctiles, como les ocurre a la mayoría de los bebés en un momento u otro, no siempre se van a la cama sin protestar y de un modo voluntario. Separarse de mamá y papá hace que la cuna sea un lugar muy poco atractivo para ellos. El bebé táctil caerá dormido en brazos de su madre y volverá a despertarse, con grandes protestas, cuando lo pongan en la cuna. Quedarse un ratito con su bebé táctil por la noche o a la hora de la siesta, posando la mano en su barriguita o dejándole que se le agarre a un dedo, le ayudará a relajarse y a conciliar el sueño con más facilidad. A este tipo de bebés les va también muy bien estar envueltos, siempre y cuando les quede un brazo o una pierna libres. Si no lo envuelve, procure que la ropa de cama no quede muy tensa cuando lo meta en la cuna, para que pueda moverse o patalear, como tanto le gusta. Recuerde que estos niños se mueven mucho cuando duermen.

Conozco a muchos padres de hijos táctiles que optan por que el niño duerma en la cama con ellos, lo que proporciona un tipo de intimidad física que les encanta a estos bebés, y puede ser una solución positiva tanto para los padres como para los hijos. Pero si no se siente cómodo durmiendo todos juntos, ponga una cuna o un colchoncito en el suelo junto a su cama. Si esta alternativa tampoco es del agrado de usted ni de su familia, podría probar a dedicarle más rato de mimos durante la rutina de la hora de acostarse, de modo que su hijo obtenga la ración de intimidad física que necesita para sentirse seguro y abandonarse por fin al sueño. Hay padres que declaran que el movimiento de balanceo ayuda también a tranquilizar al bebé.

Al ser los bebés táctiles tan activos, tenderán a caer profundamente dormidos y a dormir largo y tendido cuando al fin concilien el sueño. El punto intermedio no existe. Es posible que en un momento dado su hijo esté comiendo o jugando la mar de feliz y, de repente, se gire usted y lo vea derrumbado en su trona, dormido como un tronco. Esto significa que si el bebé está cansado, se dormirá con rapidez. Pero si no lo está, no es necesario ni que se tome la molestia de acostarlo. No lo conseguirá. De cualquier modo, una cosa que puede hacer para fomentarle el sueño es permitir a su bebé táctil un breve periodo de actividad de noche, o a la hora de la siesta, para darle la oportunidad de expresar la última energía que le queda y poder así relajarse y calmarse antes de ir a dormir. Si algo le despierta de su profundo sueño, es posible que necesite un nuevo periodo de relajación antes de volver a dormirse.

La alimentación

La hora de comer es para los bebés táctiles el momento principal para disfrutar del contacto físico que tanto ansían. Durante todo el rato en que usted abraza y alimenta al bebé, estará enviándole multitud de mensajes de amor a través del tacto, mensajes que refuerzan su sensación de seguridad y bienestar cuando está a su cuidado. Mientras mama o toma el biberón, el bebé táctil se acurrucará y necesitará cogerle a usted la mano o tocarle. Este contacto adicional le tranquiliza, le garantiza seguridad y le permite concentrarse en comer.

En torno a los seis meses de edad, empezará a introducirle los alimentos sólidos en la dieta y a darle de comer en la trona. Tranquilos, queridos papás y mamás, pues es muy probable que el bebé táctil muestre intensas preferencias con respecto a la comida y a qué hacer con ella: jugueteará con los alimentos con sus activísimas manos no sólo para comer, sino también por el simple placer de jugar. No tocará las cucharas, pero meterá los dedos en todo tipo de comidas, desde las papillas de cereales hasta el flan. E igual que responderán al sabor y, en especial, a la textura de los alimentos cuando los tengan en la boca, los bebés táctiles querrán palpar la comida antes de probarla. Este hecho puede convertir en un caos la hora de la comida, claro está, pero tenga siempre en cuenta lo que guía tal conducta: desde la perspectiva del bebé táctil, este tipo de contacto con la comida es importante, e incluso una parte necesaria de la experiencia de comer.

Una madre con la que trabajé intentaba enseñarle a su bebé de seis meses a comer con cuchara, pero el pequeño se resistía a ello. Según la madre me explicó: «La cuchara era simplemente otro objeto con el que jugar; no relacionaba la idea de comer con ella». Le sugerí que colocara juguetes interesantes en la bandeja de la trona mientras le daba de comer, y me respondió que ya había intentado distraer a su hijo de esa manera. Cuando le pedí que me describiera los juguetes, me dijo que en su mayoría eran cuentos con dibujos. Le sugerí entonces que lo intentara con juguetes más táctiles, como animalitos con texturas rugosas o libros ilustrados con superficies de distintas texturas.

A las dos semanas, la madre me llamó y me dijo: «He empezado a captar más su atención con juguetes, y así tiene las manos ocupadas mientras le doy de comer. Veo que la hora del desayuno le resulta más divertida. ¡Vaya cambio! Hasta ahora, la hora de comer era una pesadilla».

No se sorprenda si su bebé táctil, incluso ya cerca del año de edad, se niega a utilizar un tenedor o una cuchara. Si es éste su caso, no hay nada malo en que renuncie a los utensilios y utilice los dedos algún tiempo más. El niño le hará saber en su momento cuándo está preparado para tratar de comer con cuchara o tenedor. Hasta entonces, intente relajarse, sabiendo que es muy común que los niños táctiles, aun teniendo bien desarrolladas sus habilidades de motricidad fina, se retrasen en el dominio de los cubiertos.

Cuando estos niños consigan llevarse la comida a la boca, en lugar de limitarse a jugar con ella en el plato, responderán con energía a la textura de los alimentos, mucho más que a su sabor. La consistencia de la comida es muy importante para ellos, pues en general prefieren los alimentos sólidos a los líquidos, y los de textura gruesa y cremosa en vez de fina. Si su bebé táctil es parecido a como era el mío, preferirá los guisantes y las zanahorias en puré en lugar de troceados, y la papilla de frutas bien pasada sin que se encuentren pedacitos. Pero prepárese para comprender sus preferencias individuales, sean las que sean, pues podrían ser perfectamente opuestas a las que le gustaban a mi hijo. Cada niño es distinto.

En cuanto a que el bebé táctil se acostumbre y se encuentre cómodo en la trona, sugiero no sentarle en ella hasta que usted esté a punto de darle de comer y conseguir que la hora de la comida sea breve y llena de cariño. Cualquier tiempo adicional que pase en la reclusión que supone para él la trona podría exacerbar su deseo de liberarse de esa atadura, y convertir la comida en una tarea más complicada de lo que debería ser.

El vestido y los pañales

La textura de los tejidos que viste el bebé táctil y el tamaño de la ropa son muy importantes para él. Pero como no es capaz de comunicar sus preferencias, dependerá de usted intentar averiguarlas, experimentando hasta comprender qué le gusta y qué le hace sentirse inquieto o preocupado. Una probable causa de molestia es cualquier tipo de vestido que limite sus movimientos o le oprima el cuerpo. Por lo tanto, las prendas con puños elásticos le molestarán, puesto que quiere y necesita libertad para mover manos y pies. Si le ve retorciéndose y aparentemente incómodo, sabrá por qué. Los guantes y los patucos excesivamente ceñidos tendrán el mismo efecto. En general, a los bebés táctiles no les gustan las prendas ajustadas y prefieren la ropa amplia y suave al contacto con la piel. De hecho, este tipo de niños prefieren la ropa una talla más grande de la que en realidad necesitan. Querrán que les corten cualquier etiqueta para que nada les rasque la piel, y no les gustará la lana ni cualquier otro tejido que pique. Prefieren el algodón ligero y los forros polares. Es muy posible que el niño táctil sea sensible al detergente que usted utilice para la colada, en cuyo caso tendrá que cambiar de marca, utilizando una que no contenga perfume, ni colorante, ni suavizante. También puede darse el caso de que deba realizar dos aclarados.

Cambiarle los pañales al bebé táctil puede ser todo un reto, pues son niños que se mueven mucho. Sugiero a los padres que, en lugar de tratar de combatir ese movimiento, cambien a su bebé en el suelo, donde no puede rodar ni caerse desde una superficie elevada; dele algún objeto para que juegue con él mientras le cambia el pañal y tenga a mano un recipiente con juguetes de pequeño tamaño para suministrarle diversión.

Salidas

Por mucho que les guste estar en brazos de mamá, a los bebés táctiles también les gusta explorar y, en consecuencia, suelen resistirse a cualquier cosa que limite sus movimientos. Es por esto que desplazarse con ellos supone a menudo otro auténtico reto, pues muchas veces odian ir en el cochecito por dos razones: por la separación física que supone de mamá o papá, y por el límite que le impone a su libertad física. Los bebés táctiles intentan escaparse de él y lloran cuando se sienten confinados mucho rato (tanto en el cochecito, como en la trona, en la sillita del automóvil o en el parque). Los desplazamientos breves en cochecito son los mejores para estos bebés, y sus padres suelen acabar minimizando el tiempo que pasan en él y decantarse por transportarlos en mochila, una solución que además proporciona al bebé el esencial contacto físico y que convierte las salidas en una ocasión más tranquila para todo el mundo.

Evidentemente, la sillita del automóvil presenta para el

niño táctil los mismos inconvenientes que el cochecito. Sentarlo en ella puede ser una odisea más, pues no cesa de retorcerse y moverse, negándose a separarse de usted. En este caso, la planificación resulta muy útil: los bebés táctiles se sienten mejor si uno de sus progenitores o un hermanito puede darle la mano para tranquilizarle a lo largo del viaje.

Los elementos básicos del niño táctil, de uno a tres años de edad

Cómo comunica y gestiona las emociones el niño táctil

Para sentirse emocionalmente asentados, los niños táctiles necesitan criarse con abrazos y caricias y ser consolados con un mimo y un beso si tienen miedo o están inquietos. Cuando empiezan a caminar, son más independientes, se vuelve natural tenerlos menos en brazos y podríamos llegar a olvidar con ello hasta qué punto siguen necesitando el contacto físico con nosotros. Resulta fácil caer en un sistema de comunicación basado más en las palabras y los gestos que en el contacto, sobre todo si nuestra orientación no es predominantemente táctil. Un niño auditivo o visual podría responder bien a este tipo de comunicación. Pero en el caso del niño táctil, una palmadita en la espalda, un apretujón delicado o un mimo breve sentándolo en nuestro regazo le hará sentirse mucho más seguro que una palabra amable.

Sarah, que era visual, vino a verme para que la ayudase a comprender qué hacer con su hijo Andrew, de tres años, un niño muy cariñoso y muy táctil. «Andrew siempre entra en mi habitación y quiere que lo coja en brazos, o si estoy sentada en el sofá tomando una taza de té, quiere sentarse a mi lado. Estemos donde estemos, quiere tocarme. Intenta agarrarme una

pierna cuando camino o cogerme la mano mientras conduz-
co. ¡Me vuelve loca!», me decía Sarah. «Aunque es muy dulce
por su parte, empiezo a sentirme asfixiada y frustrada porque
siempre quiere estar pegado a mí.»

Después de elaborar diversas estrategias para gestionar la
intensidad de la necesidad de cariño y contacto físico de su
hijo, Sarah vino a verme de nuevo para comentarme cómo iba
la cosa:

«En lugar de ponerme a hacer cosas en casa justo al llegar
después del trabajo, he organizado mi agenda, de modo que
me siento un rato con él, o realizamos juntos alguna actividad
que exija mucho contacto, y después ya me dedico a preparar la cena o a limpiar la casa. Pasar este tiempo con mi hijo,
dándole la atención que desea después de haber estado todo el
día ausente, lo ayuda a relajarse y a no tener tanta necesidad
física de mí. Después, ya se siente seguro para permanecer un
rato jugando solo, aunque normalmente suele quedarse en la
misma habitación en la que yo estoy.

»Pese a que no todo ha cambiado, la situación ha mejorado. Sigue queriendo mucho contacto físico, pero como ahora entiendo que lo hace porque necesita seguridad, ya no me
siento tan asfixiada como antes. Soy consciente de que si ha
pasado todo el día alejado de mí, necesita prácticamente una
hora de "estar con mamá", aunque sea sólo para hacernos mimitos y darnos las manos antes de ponerse a jugar solo, así que
lo que hago es contar el tiempo. He salido muy beneficiada
con ello. Enseguida que pude identificar su sentido dominante
y comprender de qué modo éste le afecta en su forma de interactuar con el mundo, dejé de preocuparme por su conducta
pegajosa y empecé a proporcionarle dosis concentradas de lo
que necesitaba. Ahora me doy cuenta de que puedo llenar su
"depósito táctil", por decirlo de alguna manera, y él se siente

más confiado; su forma de ser tan pesadita ha dejado de ser un problema para ambos.»

Una de las primeras tareas del desarrollo del niño a partir del año es la de comenzar a gestionar sus emociones y su conducta cuando se enfrenta a retos. Es un cometido enorme y los progresos suelen ser muy lentos y graduales. Los niños táctiles, que tienen una conexión tan profunda con su cuerpo, necesitan moverse físicamente y permanecer activos para procesar sus sentimientos. Las emociones no suelen abrumar a estos niños eminentemente prácticos. Pero cuando se enfrentan a una situación que les da miedo o los frustra, pueden tener problemas para verbalizar sus sentimientos, y responder, en su lugar, con mala conducta. Esto es más probable que suceda cuando están sobrecargados, es decir, cansados, hambrientos o estimulados en exceso (tal vez por haber ingerido demasiado azúcar), o las tres cosas juntas. Si le da la impresión de que la mala conducta de su hijo está relacionada con una sobrecarga física o emocional, lo mejor es que intente calmarlo y consolarlo dándole golpecitos suaves en el hombro o un cariñoso abrazo. Por otro lado, si la mala conducta es intencionada o el resultado de su forma de ser tan física, la manera más eficaz de acabar con esa conducta es hablándole del modo más sencillo y directo posible: «Deja ahora mismo de saltar sobre el sillón».

Como es natural, siempre es posible que ninguna de estas formas de intervención funcione. Todos hemos sido testigos de las crisis resultantes. ¡Los niños táctiles montan pataletas espectaculares! Es su forma de decirnos que están enfadados, agobiados y que se sienten incapaces de gestionar lo que sea que esté sucediendo. Tenemos que ser prudentes y no esperar mucho autocontrol por parte de estos niños, aunque no quiero decir con ello que no podamos interceder y tratar de ayudarlos para que no sufran la pataleta. Existe, normalmente, una oportunidad, que hay que pillar al vuelo, en la cual cabe la posibilidad de intervenir antes de que estalle la pataleta en toda regla. En general, la pataleta vendrá desencadenada por alguna acción que impida la libertad de movimiento, o por alguna elección del niño táctil, de modo que bajo estas circunstancias habrá que permanecer alerta y detectar los signos reveladores de una explosión inminente. Por ejemplo, usted acaba de decirle a su hijo que no juegue con las flores del jarrón de la mesita de centro, o que es hora de marcharse de la fiesta, o que estaría muy bien que compartiese su juguete con otro niño, y se da cuenta de que su hijo está a punto de explotar. Cuando vea que se resiste, clavándose en el suelo sin moverse cuando usted tira de él o sujetando con fuerza algo que usted le ha pedido que suelte, intente distraerle, a ser posible encargándole algo que le mantenga en movimiento. Dígale, por ejemplo: «¿Me llevarás las llaves hasta que lleguemos al coche?», o bien: «¿Quieres hacer una carrera hasta la puerta?»

En una ocasión, una madre estaba en el supermercado con su hijo táctil, procurando distraerle para que no cogiera las revistas de un expositor mientras ella iba colocando la compra en la cinta transportadora de la caja. Al principio, trató de quitarle las revistas al niño, acción que, claro está, sólo consiguió enojarle más. La madre se dio cuenta de que el pequeño estaba a punto de explotar. Entonces tuvo la brillante idea de probar a distraerle diciéndole que necesitaba su ayuda para descargar el carrito, y así llegarían antes a casa. Naturalmente, aquello ralentizó las cosas un poquito, pero el niño se mostró encantado de tener alguna cosa que hacer, una cosa, además, que significaba poder tocarlo todo, y salieron del supermercado sin que la pataleta estallara.

Pero si la pataleta se hubiera iniciado ya, podría probar a hacerle cosquillas o cualquier otra cosa que fuera un juego, en el sentido más físico. Como último recurso, podría captar su atención marchándose. El niño táctil no querrá estar físicamente separado de su madre o de su padre, y lo más probable es que corra tras usted. Así alejará su centro de atención de lo que hubiera provocado la pataleta, para convertirse en la necesidad de estar a su lado. En cuanto el pequeño consiga atraparle, lo más probable es que se arroje sobre usted en busca de un abrazo de consuelo. Cuando esto suceda, ofrézcale siempre la atención física positiva que anhela, en lugar de negársela.

Cuando el niño estalle en una pataleta, no monte usted la suya a modo de réplica. Si el niño sube el volumen de su respuesta emocional, nosotros tenemos que bajarlo. Para tratar con niños táctiles es imprescindible mantener la calma para calmarlos. Como cabría esperar, las rabietas de estos niños son muy físicas: se tiran al suelo, patalean y agitan los brazos; tiran cosas, vuelcan juguetes y liberan un torbellino generalizado de cólera física. Ante estas situaciones, lo mejor es mitigar su alboroto comunicando con él mediante órdenes breves y sencillas: «Ya basta. Nos vamos». El niño táctil necesita oírle decir con exactitud lo que usted desea que haga. Como último recurso, una vez más, la forma de captar su atención será retirándose de la escena. Si empieza a calmarse, un abrazo prolongado será una forma muy eficaz de ayudarle a procesar los sentimientos. Y aunque no querrá hablar sobre el motivo por el cual se ha puesto a llorar, ni sobre la razón de su enfado, se sentirá «mucho mejor» tan pronto como usted conecte con él dándole su apoyo de una manera física y cariñosa.

Cómo explora el mundo el niño táctil

Los niños táctiles aprenden a través del mundo físico, y por ello, para dar sentido a su entorno, se basan casi por completo en lo que pueden tocar y palpar. Esto significa que los verá cogiendo cosas, tocándolas, tirándolas e incluso saltando sobre ellas: cualquier cosa que los ayude a comprender cómo funciona un objeto. Se acostarán en la hierba y rodarán sobre ella, pisotearán cualquier rincón enfangado que encuentren, saltarán en los charcos, y todo ello con un placer intenso y gran entusiasmo. Vivir con un niño táctil puede ser a veces como compartir nuestro espacio con un tornado en miniatura. No sólo son niños que parecen estar en continuo movimiento, sino que además suelen generar caos dondequiera que vayan. En este mundo hay muchas posibilidades de hacer travesuras, y estos niños no perderán ni una sola oportunidad de desordenarlo y tocarlo todo, bien sea la colada que usted acaba de doblar, o bien las macetas que tanto cuida o el lápiz de labios que sin querer ha dejado a su alcance.

Cuando los bebés táctiles empiezan a caminar, su desarrollo físico les permite hacer muchas más cosas con el cuerpo, de modo que usted verá claros indicios de que aprenden a través de la acción. Después de dar unos primeros pasos de tanteo e ir ganando confianza en su habilidad de desplazarse solos, treparán a todo lo que encuentren... y eso le incluye a usted, pues también forma parte del entorno que intentan dominar. Su hijo le despertará saltándole encima, le tirará del pelo y le agarrará por todas partes.

Siendo tan físicos como son, les encanta ponerse a prueba, y esto quiere decir que a veces abandonan todo tipo de buen juicio y precaución. No son éstas, claro, cualidades que posean en gran medida los niños de esta edad, pero pueden resultar especialmente escasas en los niños táctiles. Por dicha razón, los padres acaban poniendo toda la casa «a prueba de niños». Al empezar a gatear y a caminar, meten los dedos en los enchufes, tiran de los cables eléctricos y disfrutan enfrentándose a una escalera. Busque a su alrededor todas las posibles fuentes de peligro, no sólo cables eléctricos, enchufes y escaleras, sino también los cantos de las mesas, cuchillos, medicamentos, cerillas, sustancias toxicas —productos de limpieza y pintura—, lámparas que podrían tumbarse, etc. Tendrá que cambiar de lugar, tapar o clavar cualquier cosa rompible o peligrosa que quede al alcance de las ansiosas manos y pies de su hijo táctil.

A los niños táctiles parece gustarles de forma innata correr riesgos, y por eso es importante que sus padres utilicen un lenguaje muy claro —declaraciones u órdenes muy sencillas— con respecto a las actividades que están prohibidas, en especial aquellas que pueden resultar peligrosas o destructivas. Por ejemplo, si Johnny se dedica a saltar de un sillón a otro, o está a punto de dar un peligroso salto hasta el suelo desde un aparato de juego del parque, no intente razonar con él o explicarle por qué no quiere que lo haga. Su orden tendrá mayor impacto si simplemente le dice con voz clara y desprovista de emociones: «Para de saltar» o «No saltes». No hay necesidad de explicaciones, que sólo le distraerían y le impedirían captar el mensaje principal.

Utilice sus conocimientos sobre la orientación táctil de su hijo para ayudarle a dominar habilidades cognitivas. Pam, madre de un niño de dos años y medio, Owen, se dio cuenta de que éste señalaba diversas letras con frecuencia y que quería darles un nombre. Intuyendo que le interesaba aprender el alfabeto —a pesar de que era muy pequeño para manifestar ese interés— Pam empezó a practicar un juego con Owen en el que ella le señalaba letras en los buzones de las casas por las que pasaban cuando iban de paseo. Fomentó el interés del niño en este sentido porque se había percatado también de que su hijo se mostraba mucho más abierto a prestar atención cuando estaba en movimiento y mientras ella lo llevaba de la mano. Una vez que Owen reconoció todas las letras de los buzones, se «graduó» identificando las letras, de material esponjoso, de un alfabeto de gran tamaño con el que jugaba; las tiraba al suelo, las apilaba hasta formar una torre con ellas y las pasaba de un montón a otro. Este juego tan activo y físico de Owen con las letras era para él una forma estupenda de procesar información a través de su cuerpo. Y no sólo las aprendió rápidamente, sino que, gracias a las conexiones físicas que realizaba, lo hizo divirtiéndose.

Siga un camino similar si quiere que su hijo táctil aprenda, por ejemplo, el nombre de las diversas partes del cuerpo. Un niño de este grupo necesita tocar su propio brazo para identificarlo como tal, pues mostrarle el dibujo correspondiente no da resultado. Para estos niños tan prácticos y prosaicos, un dibujo que indique un concepto no es lo bastante real. Para que los conceptos tengan significado necesitan una demostración en carne y hueso. Y esto se aplica a la mayoría de aspectos del primer aprendizaje de los niños táctiles.

Cómo juega e interactúa el niño táctil

Los padres de niños táctiles buscarán constantemente actividades en las que sus hijos consigan volcar toda su energía y entusiasmo sensorial. Son niños que disfrutan jugando con las manos, por lo que los trabajos manuales, la plastilina y pintar con los dedos son actividades excelentes para ellos. Resulta interesante observar que, aunque los niños táctiles suelen ensuciarse las manos, también quieren limpiárselas o secárselas con frecuencia; es como si necesitaran limpiar la pizarra antes de iniciar una nueva actividad.

A esta edad, el niño táctil continuará queriendo estar cerca de usted, y en medio de cualquier tipo de actividad —usted *es* la actividad, por lo que al niño se refiere—; por este motivo, no le gustará en absoluto que le pida que se quede a jugar solo en su habitación. Aun en el caso de que la «actividad» sea simplemente usted y una amiga con la que está tomando un café, el niño querrá formar parte de la escena.

A los niños táctiles les gustan los juguetes funcionales; ofrézcale, por lo tanto, réplicas en miniatura de sus propias pertenencias: una escobita y un recogedor pequeños, utensilios de cocina de juguete, un cochecito, un teléfono de juguete, etc. De este modo, su hijo estará entretenido mientras usted se ocupa de otras cosas, y tendrá la sensación de estar haciendo lo mismo que usted hace, además de disfrutar de vez en cuando de oportunidades de interactuar con su padre o con su madre. Si está barriendo, deje que su hijo sujete el recogedor, o si está preparando la cena, permítale que mezcle los ingredientes. Al niño táctil le encanta ayudar, de modo que trate de encontrar maneras que le den la sensación de ser útil. Es una manera de fomentar su autoestima.

Como cabe imaginar, a estos niños les gusta todo tipo de juegos físicos y les encanta el juego imaginativo que implique todo el cuerpo. Uno de los juegos favoritos de mi hijo y mío consistía en imitar a los animales que veíamos en nuestras excursiones al zoo. Este tipo de juego de representación incluía rugir como un león, caminar a cuatro patas como un elefante y relinchar como una cebra. Consúltese a este respecto el maravilloso libro infantil de Eric Carle *Oso pardo, oso pardo, ¿qué ves?*

De acuerdo con su afición por el movimiento, a muchos niños táctiles les gusta bailar. Y pese a que inician movimientos de baile incluso sin música, ésta logra que su baile sea aún más divertido y proporciona a sus emociones una maravillosa válvula de escape física. Esta clase de liberación forma parte esencial de la vida de un niño táctil, que no encuentra mejor forma de expresar sus emociones (sobre todo cuando el habla no está todavía desarrollada), que mostrándose físicamente activo. Si decide usted saltar y bailar con su hijo, cogerse de las manos y balancear los brazos a un lado y otro, hágalo cuanto más mejor: a los niños táctiles les encanta.

Para estos niños, lo interesante de la música es básicamente el ritmo, en lugar de la melodía, la letra, las voces bonitas o los instrumentos. La música rápida y rítmica los excita y disfrutan saltando a su son, aun sin que eso sea exactamente un baile, y los atrae cualquier música de cuatro tiempos y rápida. Como la del grupo australiano The Wiggles, cuyas actuaciones pueden verse en los canales de televisión infantil.

Antes de que Kate identificara a su hija Meg como táctil, le tocaba Mozart, pensando que le gustaría la misma música que a ella le gustaba (e interpretaba, pues era violinista). Meg se animaba cuando en los altavoces sonaba cualquiera de los movimientos vertiginosos de este compositor. De modo que toda la familia creía que de mayor seguiría los pasos de Kate y se dedicaría a la música. Pero la madre se dio cuenta de que durante los movimientos lentos, Meg perdía el interés y dejaba de prestar atención. Comprendió que su hija no escuchaba y ni siquiera prestaba atención a la música de manera consciente; simplemente se movía siguiendo el ritmo. Cuando la música no era una pieza pegadiza y rítmica, no significaba nada para ella.

Los niños táctiles de esta edad necesitan tiempo y espacio para canalizar a diario su energía física. Pero son capaces de pegar o empujar si no liberan la energía acumulada. Esto puede causar problemas en las familias, sobre todo entre hermanos que comparten espacio vital, por lo que los padres deberían tratar de anticiparse a estos conflictos y evitarlos, pensando maneras de satisfacer las necesidades no sólo del niño táctil, sino también del resto de la familia.

Hace poco conocí a una madre y a dos hijas que se enfrentaban al reto de tener orientaciones sensoriales distintas. Natalie era la madre visual de dos hijas: una visual y la otra táctil. La niña mayor, Mira, era visual, y madre e hija siempre habían estado en sincronía. Sin tener otros conocimientos, Natalie simplemente asumía que su fácil relación con Mira era la consecuencia natural e inevitable de un vínculo sano entre madre e hija.

Cuando nació Grace, tres años después de Mira, Natalie se percató de que aquella facilidad de comunicación no era lo estándar. «Mi forma de comunicar con Mira, sin siquiera planteármela, le llega absolutamente siempre. Conecta al instante con lo que yo hago o digo. Pero Grace y yo tenemos una longitud de onda tan distinta que es como si no pudiéramos coincidir en nada.»

A medida que Natalie y yo fuimos hablando, percibí que no sólo le preocupaba su relación con Grace, sino también el conflicto existente entre sus dos hijas, que se manifestaba sobre todo cuando compartían la habitación de juegos. Mira tenía casi cinco años y Grace estaba a punto de cumplir los dos. Y como Grace había pasado de ser un bebé inquieto a una niña que caminaba y no paraba quieta, Mira y ella se peleaban siempre que jugaban juntas. Ambas niñas eran muy imaginativas, aunque sus estilos de juego eran notablemente diferentes. Lo que más le gustaba a Grace era formar una tambaleante torre con todos sus peluches, y luego arrojarse sobre ellos. Mira, con orientación visual, era feliz disfrazándose y pasaba largas horas preparando coloridos disfraces y creando conjuntos que ponerse. Las niñas se peleaban sobre cómo utilizar sus juguetes en la sala de juegos: Mira caía presa del pánico y se sentía frustrada cuando Grace ponía los disfraces en el montón de juguetes, y Grace pataleaba y gritaba cuando Mira intentaba enseñarle cómo organizar sus peluches como si fueran a tomar el té o como si fueran el público de una improvisada representación teatral. La tensión solía llegar al máximo cuando era la hora de ordenar, pues las niñas se peleaban acerbamente sobre cómo, e incluso dónde guardar los juguetes.

Natalie observaba desolada aquellos conflictos: «Resulta difícil verlas pelearse tanto y nunca sé cómo hacerlo para mediar. ¿Cuál es la postura más justa que debo tomar? Mira es la mayor, pero no me parece correcto que sea la que siempre acabe cediendo. Y Grace puede llegar a destrozar sus cosas».

Discutimos los motivos que había detrás de las diferencias de las niñas, y Natalie fue consciente de hasta qué punto se había identificado con Mira, que abordaba la vida de un modo muy similar a como ella lo hacía; comprendió asimismo por qué Grace abordaba el juego de una manera tan física. La niña no pretendía ser destructiva, sino que simplemente exteriorizaba su naturaleza táctil.

Trabajamos entonces con el objetivo de encontrar soluciones razonables. Decidimos que Natalie reorganizaría la sala de juegos, de modo que quedase un espacio en medio de la estancia para jugar libremente, asignando un lado de la habitación a cada niña. En la zona de Mira, dispuso unas estanterías para que su hija visual organizara sus juguetes y disfraces según el color o la clasificación visual que a ella le interesara. En la zona correspondiente a Grace, colocó unos cuantos cojines mullidos para que la pequeña pudiera apilarlos y arrojarse sobre ellos, junto con una cesta grande y sin tapa donde guardaría sus juguetes. Esto permitía a Grace ordenar simplemente tirando todos los juguetes dentro de la cesta, lo que resultó ser una forma divertida para que aquella niña táctil recogiera cuando la hora del juego finalizaba.

«Cambiar los espacios nos ha ayudado mucho», me comentó Natalie varias semanas después. «No me malinterpretes: las niñas siguen peleándose. Pero veo que cada una de ellas tiene su zona y juega a lo suyo, y parecen llevarse mejor cuando juegan juntas.»

Los niños táctiles necesitan desahogarse físicamente, y si no hay oportunidades para hacerlo, intentarán inventarlas. Pelearse con un hermano puede ser una gran válvula de escape para ellos, aunque no necesariamente para el hermano. Si observa este tipo de dinámica con sus hijos, una buena idea es intentar distraer la atención de su hijo táctil, manteniéndolo en movimiento con muchas actividades. Si tiene un hijo táctil que parece aburrirse antes de que encuentre usted cosas para entretenerlo, pregúntese si hay alguien en la casa que esté haciendo alguna cosa físicamente activa. Si, por ejemplo, su hermana mayor está practicando gimnasia viendo un video, al pequeño le encantará imitarla, saltar de un lado para otro y fingir que está haciendo ejercicio. ¿O está quizá papá arreglando el cobertizo? Estupendo, eso es lo que su niño táctil quiere, pues le gusta tener un trabajo que hacer. Papá puede encargarle que lleve las cosas arriba y abajo. Si papá está leyendo el periódico y mamá está doblando la colada, el niño será feliz doblando toallas o emparejando calcetines, una actividad que le mantendrá ocupado y alegre y, además, le enseñará el concepto del emparejamiento.

Recuerde: cuando el niño táctil alborota o se pone en plan destructivo, es señal de que se aburre. Intente pensar maneras de que haga algo o de que al menos se sienta útil. Aunque sea demasiado pequeño para ayudar y no haga más que estorbar, hacerle creer que es su ayudante le evitará que cause problemas y le hará sentirse bien consigo mismo.

La vida diaria del niño táctil

El sueño

El niño táctil necesita agotar su energía —las pilas, por decirlo de algún modo— antes de relajarse lo suficiente para poder dormir. Asegúrese, pues, de que su hijo táctil dispone de suficientes válvulas de escape a lo largo del día para descargar dicha energía. De lo contrario, se encontraría con un niño malhumorado que está tan inquieto y nervioso que le cuesta conciliar el sueño. Cuando se aproxime la hora de ir a dormir, prepárele un periodo muy breve de actividad para ayudarle a relajarse. Incluso más que cuando eran bebés, los niños táctiles de uno a tres años necesitan exprimir hasta la última gota de su energía física antes de estar a punto de iniciar su rutina de la noche, que suele incluir un baño, lavarse los dientes y la explicación de un cuento.

Los niños táctiles siguen poniendo obstáculos a separarse de usted y de lo que supone su contacto físico, sobre todo de noche. Pueden negarse incluso a irse a dormir a menos que se les dedique un rato de mimos antes de acostarlos. Cuando por fin se meten en la cama, suelen quedarse dormidos fácilmente con la ayuda de unos simples golpecitos en la espalda, unas caricias o el contacto físico con usted; acostumbran a relajarse con más facilidad si tienen un muñeco, un peluche o cualquier tipo de objeto eventual que le sustituya a usted en su ausencia y que le proporcione consuelo.

Debido a sus elevados niveles de actividad, estos niños necesitan dormir mucho. Tan pronto como logran conciliar el sueño, es muy probable que duerman muchas horas y profundamente.

La alimentación

A la hora de comer, el niño táctil continuará prefiriendo hacerlo con las manos. A esta edad es seguramente más que capaz de utilizar la cuchara, pero para él nada es mejor que la facilidad y el placer de comer con las manos. Las comidas que se ingieran cómodamente con los dedos le resultarán atractivas por demás.

Como los padres sabemos, todos los pequeños pueden ser quisquillosos con la comida, y es posible que un día les encante el puré de patatas y al siguiente lo aborrezcan, o que se pasen semanas enteras comiendo sólo macarrones. En el caso de los niños táctiles, su actitud quisquillosa respecto a la comida tiene principalmente que ver con la textura y la consistencia de los alimentos, como sucedía cuando eran bebés. Los prefieren con textura y de cierto peso, como las manzanas y las zanahorias crujientes, un puré de patatas cremoso o una pizza con queso fundido, pero suelen esquivar cualquier cosa líquida o las sopas, pues son comidas difíciles de coger y que no suponen ninguna diversión para el tacto.

Estos niños suelen comer a menudo y con ganas, pues su desgaste físico los lleva a necesitar repostar con frecuencia. Para ellos, ingerir alimentos es básicamente echarle más gasolina al depósito. Les gusta comer rápido y acabar lo antes posible para regresar a las actividades que les gustan y, normalmente, no les preocupan los sabores ni los olores. En el caso de niños táctiles, siempre sugiero tener a mano tentempiés nutritivos —mantequilla de cacahuete, plátanos o zanahorias—, para que sus niveles de azúcar en sangre no caigan demasiado, pues si están entusiasmados con algún tipo de juego intenso o deporte, pueden hasta olvidarse de comer, y hará falta recurrir a un antídoto rápido para evitar la pataleta que se verá llegar a un kilómetro de distancia.

Una madre acudió a mí quejándose de que su hijo de dos años de edad no quería quedarse sentado en la mesa para cenar, y si lo ataba a la trona, se pasaba todo el rato moviéndose con inquietud para liberarse. No es necesario decir que apenas probaba bocado, dado que concentraba su energía y atención en intentar escaparse. Le sugerí que utilizara tanto un estímulo positivo como otro negativo: que le dijera claramente, con la mano posada sobre la espalda o la mano del niño, que si se sentaba en la mesa y comía, ella se sentaría con él, pero alertándole de que si se negaba a permanecer quieto sentado y comer, ella se marcharía del comedor. Una semana después, la madre me llamó excitada: «¡Ha funcionado! Al principio fue tocarle e irme. Tuve que salir del comedor unas cuantas veces, lo que fue difícil tanto para él como para mí. Pero al fin comprendió que hablaba en serio. ¡Ahora es muy obediente!»

Ofrecer tanto un estímulo positivo como otro negativo es una forma sencilla y eficaz de comunicar con el niño de esta edad. Significa que estamos dándole opciones a un niño que está empeñado en ejercer algún tipo de control sobre su entorno (su tarea de desarrollo, al fin y al cabo), pero que a la vez le establecemos unos límites, algo que necesita por encima de todo. Recuerde que esta estrategia puede requerir varios intentos, pero si se muestra usted firme y no vacila, el pequeño debería acabar respondiendo como usted desea.

El vestido

Del año a los tres años de edad, nuestros hijos empiezan a desarrollar sus preferencias no sólo respecto a la comida, sino también respecto a la ropa. De hecho, lo que más les gusta a los niños táctiles es andar desnudos, porque así se sienten a gusto; son los niños que acuden a mi centro y se quitan la ropa si nadie se lo impide. No se extrañe, pues, si sorprende a su hijo táctil intentando desnudarse, incluso en lugares públicos. La hija de una conocida mía se despojó de los zapatos, los calcetines y las braguitas en un restaurante mientras su madre y yo comíamos civilizadamente. Como es natural, la mayoría de las veces los niños táctiles van vestidos, y a partir del año de edad muestran intensos sentimientos respecto a lo que llevan puesto, unos sentimientos que tienen que ver con la manera de percibir las prendas sobre su cuerpo. Son niños que, más que por el aspecto, elegirán su ropa favorita basándose en cómo la sientan y en cómo encaje en su cuerpo. Durante estos años de rápido crecimiento, los niños táctiles se mueven y experimentan con su cuerpo casi a diario, y lo que más les gusta (y a lo que mejor responden) son las prendas que les proporcionan libertad para correr, saltar y moverse con comodidad en la vida cotidiana. Por otro lado, también es importante que les guste el contacto del tejido sobre la piel. Como es evidente, desde el punto de vista de los padres, cuanto más fáciles sean de mantener los tejidos, mejor, pues las prendas del niño táctil se ensuciarán mucho.

Aprender a hacer sus necesidades

Aunque aprender a hacer sus necesidades es una cuestión muy individual, los padres suelen iniciar este proceso cuando sus hijos se encuentran entre los dieciocho y los treinta y seis meses de edad. El factor más importante que se ha de tener en cuenta es no presionar al niño antes de que esté preparado para asumir este entrenamiento; es un buen consejo para los padres de cualquier niño, pero muy especialmente para los de los niños táctiles.

En general, este tipo de niños se resisten a los cambios por obligación, y muy en particular a un cambio como el de aprender a hacer sus necesidades en el baño, ya que los afecta de un modo muy íntimo y físico. Por lo tanto, suelen ser los niños que tardan más en liberarse oficialmente de la esclavitud del pañal. Pero esto no es tan malo como parece, puesto que cuando se sienten por fin preparados para ello, los niños táctiles son los más fáciles de enseñar y, una vez entrenados, tienen muy pocos accidentes.

Como la mayoría de los niños, suelen aprender en dos fases. En primer lugar, aprenden a dominar la fase del pipí. En la siguiente fase es donde puede encontrar usted cierta resistencia por parte del niño. Los niños táctiles, al tener esa orientación física tan importante, suelen mostrarse reacios a utilizar el orinal o el inodoro, elementos que le resultan muy extraños y, en consecuencia, les dan miedo. De modo que, aunque superan en el momento adecuado (es decir, más o menos en la misma franja de edad en que lo hacen los demás niños) la primera fase de aprender a hacer sus necesidades, la segunda fase puede exigir algo más de tiempo. A menudo escucho a madres de niños táctiles quejándose de que sus hijos de tres, y hasta de cuatro años de edad, insisten en hacer caca en un pañal, aun llevando ya un tiempo haciendo el pipí en el inodoro. El truco con estos niños está en animarlos a querer dominar esa segunda fase. Es más un caso de persuasión mental, que de entrenamiento físico. Y hay ciertas formas de persuasión más eficaces que otras. Decirle a su hija: «Tu amiga Jenny lo hace en el orinal, ¿no quieres ser como ella?», no funcionará, pues el niño táctil no siente la necesidad de ser igual que los demás niños. Sin embargo, sí le gusta imitar a sus padres, de modo que si no le incomoda que su hijo esté en el baño con usted, es posible que aprenda mucho más rápido, pues querrá hacer lo mismo que usted hace. Por otro lado, como intenta ser igual que usted, querrá utilizar el inodoro en lugar de empezar con el orinal.

Los objetivos son otra forma de fomentar la conducta deseada. A veces resulta eficaz decir cosas como: «Lo siento, cariño, pero no podrás venir con nosotros al partido de fútbol hasta que seas una niña mayor, y las niñas mayores utilizan el lavabo para todo».

Tenga presente, sin embargo, que por mucha persuasión y alicientes que ponga en marcha, nada dará resultado hasta que haya recibido la señal de que su hijo está preparado para el gran cambio.

Los elementos básicos del preescolar táctil, de los tres a los cinco años de edad

La vida emocional del preescolar táctil

A medida que los niños táctiles maduran y empiezan a comprender que son personas independientes, su naturaleza física sigue influyendo en su forma de expresar los sentimientos. Y sean dichos sentimientos positivos o negativos, suelen utilizar el cuerpo para demostrarlos: si están inquietos, patalean; si están enfadados, arremeten empujando, golpeando e incluso mordiendo, y si están felices, intentarán asfixiarle con sus muestras físicas de cariño, dándole abrazos y besos. Estos niños necesitan moverse físicamente para procesar la información, tanto cognitiva como emocional. Si se esfuerzan para dominar un reto relacionado con el aprendizaje, como recitar el abecedario, dan vueltas de un lado para otro o ríen como tontitos cuando intentan recordar la letra que viene a continuación. (Es una actitud equivalente a la del adulto que necesita mover las piernas sin parar cuando se enfrenta a un problema.)

A pesar de su cada vez mayor libertad e independencia, los nuevos amigos que hacen en el colegio y todas las actividades en las que ahora participan, los niños táctiles continúan deseando la atención física de sus padres. Sigue encantándoles que los mimen, todavía responden bien a las señales físicas cuando usted quiere captar su atención y aún disfrutan de los elogios cuando se trata de comunicarles un mensaje práctico. Y cuando mamá está disponible, siguen pegándose a ella.

A los cuatro o cinco años de edad, la «mala conducta» del niño táctil suele malinterpretarse, aunque lo que en realidad hace es ser tan físicamente expresivo como siempre lo ha sido. Pero ahora que es mayor, su forma brusca y puramente física de relacionarse con el mundo puede resultar complicada para quienes le rodean. Sigue siendo la misma persona práctica que experimenta sus emociones de una manera directa. Sin embargo, cuando los sentimientos le abruman, su manera de expresarlos —a través de su cuerpo— quizá le cree dificultades, sobre todo cuando ello implica hacer daño a otros niños.

Un padre vino a verme para pedirme consejo sobre el hijo mediano de la familia, Frank, de cinco años de edad. Eran tres hermanos: la mayor se llamaba Genevieve, de ocho años, un ángel de niña visual, que se portaba bien, era educada, tranquila y siempre estaba contenta; después venía Frank, un niño claramente táctil y regido por lo físico; y por último, Sam, de cuatro años de edad, auditivo. Los tres niños llegaban siempre tarde a los sitios debido a Frank, cuya conducta resultaba cada vez más perturbadora. El niño empezaba el día resistiéndose a vestirse y tenía, además, una especie de poder mágico para que todo el mundo a su alrededor se peleara y discutiera. Se había vuelto tan desobediente y rebelde que rompía los juguetes de sus hermanos, por lo que Sam se ponía histérico. Como resultado de todo ello, las mañanas terminaban con los gritos de los padres que lo reñían por los problemas que causaba (una estrategia que nunca fue muy eficaz para cambiar su conducta), y con el consabido disgusto de la madre que se marchaba al trabajo llorando. El padre, que era pediatra, no apoyaba a mamá y se centraba en conseguir salir airoso de casa.

Después de un par de visitas a la casa de la familia para comprender mejor su dinámica familiar, sospeché que cabía la posibilidad de que la conducta física de Frank no fuese intencionadamente nociva. Pero era evidente que su modo de actuar, brutal y físico, afectaba a mucha gente: a su hermana mayor le fastidiaban sus continuos empujones y su hermano menor se encogía de miedo en cuanto lo veía.

Sin embargo, en lugar de establecer como objetivo intentar cambiar el carácter de Frank, sugerí tratar al supuesto niño problemático de una manera más positiva. Recurriendo a su sentido de la responsabilidad y a su espíritu práctico, le sugerí a la madre que le diera más responsabilidades. Mi primera tarea consistió en ayudarla a pensar en cómo tener a todos los niños en la puerta, dispuestos para ir al colegio, sin tanto caos y confusión. Le aconsejé que le atribuyera a Frank el papel de chico mayor: él sería el encargado de ayudar a su hermano menor a prepararse para ir a la guardería. Mientras que hasta ahora la madre despertaba a los niños destapándolos y encendiéndoles la luz de la habitación, le sugerí también que fuera Frank el responsable de despertar a Genevieve y a Sam, de vestir a su hermano y de asegurarse de que desayunaba y se ponía los zapatos. Y referente a él mismo, el día empezaría despertándose con un abrazo de su madre antes de salir de la cama.

A los niños táctiles les encanta tomar las riendas, y Frank

se adaptó en muy pocos días a su nuevo papel. Después de desayunar, controlaba que todos los platos se dejaran en el fregadero y de que todo el mundo tuviera su mochila a punto y estuviera calzado para salir de casa. La madre de Frank estaba asombrada con los resultados obtenidos al cabo de una semana. Las lágrimas, los gritos y el caos general habían desaparecido. Y un beneficio aún mayor era la transformación de Frank: había pasado de ser un niño frustrado y salvaje a cultivar su independencia y a sentirse orgulloso de su nueva responsabilidad.

Hasta ese momento, la madre de Frank se había apoyado excesivamente en el estímulo negativo. Pero al intensificar el positivo, dándole a Frank una válvula de escape a su energía y una forma de demostrar lo responsable que era, el niño respondió mucho mejor a las solicitudes de su madre, y le daba grandes abrazos, en lugar de empujarla y hacerla llorar.

El estilo de aprendizaje del preescolar táctil

Estos niños responden muy bien a las lecciones que incorporan objetos tangibles. Para enseñarles a contar, por ejemplo, puede utilizar un juego de piezas que le demuestren al niño que una pieza más otra pieza equivale a dos piezas. El niño las cogerá y las palpará, gracias a lo cual los números abstractos se convertirán en algo más concreto. Encontrar en casa objetos que comiencen con la misma letra —silla, sal y sombrero; perro, plato y pera— es un método estupendo para que el niño táctil aprenda el alfabeto adjuntando una realidad física a las letras.

Recuerdo a Jackson, un niño de cinco años, vivaracho e inteligente, que participó en mi investigación. Lo conocí cuando su madre, Mariam, se puso en contacto conmigo preocupada por el rendimiento de su hijo en el parvulario. A Jackson le encantaba ir al colegio, abrazaba a su maestra por las mañanas cuando llegaba y había hecho muchísimos amigos desde el inicio del curso. Pero le costaba mucho aprender a reconocer y a escribir las letras.

«Sé por su maestra que va retrasado respecto a los demás niños y veo cómo se frustra cuando intenta hacer los ejercicios en casa», me explicó su madre. «Se pone en un estado tal, que no puede permanecer sentado sin moverse ni un minuto. No estoy muy segura de hasta qué punto es capaz de escuchar o entender lo que le enseñan.»

Las palabras de Mariam fueron la clave de, al menos, parte del rompecabezas: «hasta qué punto es capaz de escuchar», o bien «no puede permanecer sentado sin moverse ni un minuto». A partir de su comentario, así como de otros indicios que observé durante la sesión, me convencí de que el sentido dominante de Mariam era el auditivo, y de que las necesidades y preferencias de un niño táctil (ya habíamos determinado que Jackson era táctil) resultaban desconocidas para ella. Para un niño táctil como Jackson, escuchar a una maestra o a su madre, o mirar un libro, no suele ser tan eficaz como «sentir», literalmente, el aprendizaje, algo que es imposible realizar sentado y sin moverse. Los niños táctiles tienden a agitarse mucho en su asiento, a mover continuamente las piernas o a tamborilear en la mesa con los dedos; es decir, alguna parte de su cuerpo tiene que estar en movimiento mientras están concentrados. Tal como dice la psicóloga infantil Gretchen Schmelzer: «Para este tipo de niños, el acto de mover las piernas sin parar es lo que le permite procesar la información. Posee un camino neuronal distinto al niño que, por ejemplo, ha de escuchar el sonido de una letra para que tenga sentido para él».

Los niños táctiles suelen concentrarse creando una válvula

de escape física para la frustración que sienten cuando intentan dominar los desafíos cognitivos. Por consiguiente, lo que a la madre de Jackson le parecía falta de concentración durante las clases (y quizá también a la maestra), era en realidad lo contrario: la forma de concentrarse del niño para conseguir unir las letras y formar una palabra, o para escribir los números del uno al diez.

Juntas, Mariam y yo concebimos unos ejercicios, para que ella los realizara en casa con Jackson, hechos a medida de las necesidades concretas de aprendizaje del niño. Cuando Jackson trabajara con números, utilizaría objetos pequeños —piedras y conchas de la playa o botones gruesos— para aprender a contar, y sólo entonces escribiría los números en un papel. Cuando les tocara el turno a las letras y a la lectura, Mariam y su hijo «representarían» las letras con unos gestos especiales. La madre tenía que intentar que los ejercicios fueran breves y que Jackson pasara a la siguiente tarea a su propio ritmo, pues mostraba preferencia por cambiar rápidamente de un tema a otro. La madre se aseguraría de comunicar con su hijo del modo en que él se sintiera más cómodo: cuando ella requiriera su atención, le posaría la mano en el hombro; cuando quisiera elogiarlo por su trabajo, le daría un abrazo o un beso en la frente. Jackson se puso al nivel de sus compañeros de clase, y tanto él como Mariam disfrutaron mucho de sus sesiones de aprendizaje.

«Ahora me doy cuenta de que estaba haciendo supuestos sobre la conducta de Jackson basándome en mi propia manera de ver las cosas», me comentó Mariam. «Aprende de un modo distinto a como aprendí yo de pequeña, pero eso no quiere decir que sea menos válido.»

Igual que Jackson, muchos niños táctiles querrán pasar con rapidez de un tema al siguiente, como si buscaran una y otra vez empezar de cero. Se trata, simplemente, de que son niños que no están hechos para permanecer sentados quietos o para concentrarse en una sola cosa durante largos periodos. No le sorprenda ver a su hijo táctil abandonar su trabajo de pintura en plena pincelada para ponerse a hacer figuritas de barro, dejar a continuación el barro y pasar a apilar las piezas de un juego de construcción. Y en relación con los trabajos concretos que más le gustan, todos aquellos que tengan que ver con texturas y sensaciones distintas, le resultarán especialmente atractivos. Los niños táctiles disfrutarán realizando esculturas de barro o plastilina, o creando *collages* que utilicen distintos materiales textiles y objetos de la vida diaria, como pañuelos de papel, legumbres secas, pasta, plumas, cintas y cuentas.

La vida social del preescolar táctil

Los niños táctiles tienen éxito en grupos de amigos. Los niños que van a la guardería o al parvulario, y los que participan en diversas actividades de grupo al salir del colegio, o durante los fines de semana, disfrutan de estas oportunidades para hacer nuevos amigos y socializar. Les encantan además los juegos competitivos, de manera que están los primeros de la fila cuando llaman al recreo y en el centro del meollo en un partido de fútbol. Y no olvide lo mucho que les gusta que les den trabajo. A veces, eso les resulta más gratificante incluso que los deportes u otro tipo de juegos. Extrovertidos y ansiosos por implicarse, los niños táctiles suelen hallarse entre los primeros en prestarse voluntarios para ayudar, por lo que los verá a menudo llevando equipamiento de un lado para otro durante la media parte de los partidos, o repartiendo el material de la clase después de volver del recreo.

El padre que espera que un hijo táctil se tranquilice cuando alcance la «madura» edad de cuatro o cinco años se sentirá defraudado. Es mejor canalizar esa energía que intentar aplastarla, y una forma estupenda de hacerlo es animándole a practicar deportes organizados. Independientemente de que sea jugando en equipo o recibiendo clases, tal vez de natación o de tenis, el deporte es una válvula de escape magnífica para la necesidad de permanecer en movimiento y agotarse físicamente, que tienen los niños táctiles, y para satisfacer sus ganas de relacionarse con otros niños.

Los niños táctiles, sobre todo los chicos de esta edad, parecen buscarse entre ellos de forma natural y se benefician de tener amigos que comparten su manera de ser física y sus elevados niveles de energía. En cuanto se identifican entre ellos, se entretienen haciendo carreras arriba y abajo del patio, rodando colina abajo, viendo quién puede trepar más rápido a los aparatos del colegio o simplemente haciendo cualquier cosa que requiera mucha energía y movimiento. Pero si no tienen amigos con quienes jugar, le buscarán a usted para entretenerse.

Trabajé con una madre que estaba agotada por la, aparentemente, interminable necesidad de actividad física de su hijo táctil cuando no estaba en el colegio. Stephen, el niño de cinco años de Mary Ellen, era hijo único. Además, la familia acababa de trasladarse y todavía no habían conocido a otros niños del vecindario. Por ello, Stephen le suplicaba constantemente a Mary Ellen y a su marido, Michael, que corrieran por el jardín con él antes de cenar y durante los fines de semana. «Me encanta jugar con mi hijo, pero me agota muy pronto», me explicaba la madre. «No para.» Cuando los visité, observé que tenían un muro de escalada estupendo a punto de montar, pero como habían estado tan ocupados con el traslado, aún no habían tenido tiempo para instalarlo. Determinamos que ella y Michael se fijarían como prioridad montarlo para poder invitar a los niños del vecindario a jugar. Así fue como enseguida Stephen tuvo un buen grupito de amigos del barrio jugando en su casa cuando no había colegio, y dejó de necesitar que Mary Ellen y Michael fuesen sus compañeros de juegos. Tuvo suerte, además, pues uno de los niños del vecindario era también un niño táctil cargado de energía.

La vida diaria del preescolar táctil

El sueño

Después de todo un día saltando de una actividad a otra, al preescolar táctil le costará bajar el ritmo lo suficiente para darse cuenta de que está cansado y aceptar la idea de que tiene que irse a dormir. Conseguir que estos niños se metan entre las sábanas y apagarles la luz llevará su tiempo. Pueden seguir su rutina de irse a la cama, ponerse el pijama y cepillarse los dientes, y usted pensar que están dispuestos a acostarse, pero cuando vuelve a verlos, los encuentra saltando sobre su cama… o sobre la de usted. Asegurarse de que tengan suficiente actividad física durante el día ayudará a evitar el problema de conservar demasiada energía acumulada a la hora de irse a dormir. A veces, no obstante, por muy activos que hayan estado, les queda combustible. Una buena forma de calmar a estos niños antes de acostarse es animarlos a dar unas cuantas vueltas corriendo por la casa o por el jardín. Sí, ¡correr! Mientras que la mayoría de niños necesitan un momento de tranquilidad antes de caer dormidos, los niños táctiles precisan agotar hasta la última pizca de energía para relajarse y dormir. ¡Recuerde que ha de agotar esas pilas!

La alimentación

Cuando su hijo táctil llegue a la edad preescolar, se irá adaptando a la utilización de los cubiertos, pero es probable que aún quiera comer con la mayor rapidez posible para volver a sus cosas. Una de las formas más eficaces de conseguir que el impaciente niño táctil se implique más con la comida es llevarlo a la cocina y permitirle colaborar en la preparación. Y no quiero limitar esta actividad a las niñas. Los niños táctiles de ambos sexos gravitan hacia el centro de la actividad, donde quiera que estén, tanto en casa, como en el colegio o en el recreo, y les encanta tener un trabajo que hacer. En la cocina, los trabajos podrían ir desde mezclar ingredientes en un cuenco hasta escurrir la lechuga en la centrifugadora para ensalada, pasando por aplicar los moldes de hacer galletas sobre la masa y obtener unas cuantas formas. Cocinar atrae a los niños táctiles en un par de aspectos: participar en cualquier cosa que implique actividad física es, evidentemente, estupendo para ellos, y hacerlo codo con codo con usted es todavía mejor.

Implicarse en la preparación de las comidas proporciona además al niño un sentimiento de propiedad sobre su comida, y facilita que la coma bien cuando luego se sirva en la mesa. Si se trata de un niño táctil que sigue siendo quisquilloso a esta edad con los alimentos, animarle a trabajar con usted en la cocina le ayudará a considerarlos desde un punto de vista más positivo cuando los tenga en el plato. Naturalmente, puede que exteriorice momentos de regresión en los que quiera comer y tocar la comida con las manos. Utilizar el cuchillo, el tenedor y la cuchara, limpiarse la boca con la servilleta y permanecer quieto en la silla hasta que la familia al completo haya terminado de comer serán auténticos desafíos para el niño táctil. Son demasiadas cosas que hacer cuando lo que en realidad quiere es engullir la comida y pasar a la siguiente actividad. Procure tener paciencia en su intento de introducir la educación en la mesa.

El vestido

Cuando el niño sea un poco más independiente y quiera ejercer más control sobre su vida diaria, elegir la ropa que vaya a ponerse se convertirá en una de esas tareas que desea hacer solo. Vestirse implicará sacar prenda tras prenda del armario y de los cajones en busca de la ropa más cómoda y suelta que consiga encontrar. Las prendas favoritas del niño táctil no le parecerán a usted nada especial (de hecho, sus pantalones preferidos podrían ser unos de chándal rotos), pero para este tipo de niños, cuanto más gastados estén, mejor, porque así se sienten confortables, familiarizados y logran moverse con facilidad. Son niños que enseguida que llegan a casa se desnudan o se quitan la ropa interior. La ropa no les gusta, y lo que quieren es sentirse libres y sin trabas. De modo que cuando les elija la ropa, piense siempre en su comodidad y su libertad: pantalones con cintura elástica que puedan subirse y bajarse sin problemas, sin botones ni cremalleras con los que pelearse, por ejemplo.

Los desajustes con el niño táctil

Los desajustes entre padres e hijos contienen un potencial increíble en lo que a echar a perder la armonía de la vida diaria se refiere. Pero conocer nuestro sentido dominante y el de nuestro hijo, y llevar a cabo unos pocos cambios relativamente sencillos que tengan en cuenta estas diferencias, puede hacer desaparecer la discordancia y preparar el terreno para que la paz y la tranquilidad reinen de nuevo en la familia. No se trata de magia, aunque a veces lo parezca. A continuación se describen algunos de los escollos más típicos que se producen cuando los padres están desajustados respecto a un niño táctil, junto con diversos consejos prácticos sobre cómo minimizar el impacto de estos desajustes. Sin embargo, comenzaré hablando de una concordancia, en lugar de un desajuste, pues la combinación de padres e hijos táctiles podría resultar problemática en aspectos que no cabría esperar.

Niño táctil con padre o madre táctiles

Como padre o madre táctiles, seguramente tenderán a dedicar muchas horas felices a criar y mimar a su bebé táctil, que es ni más ni menos lo que éste quiere y necesita. Pero si su pareja es también táctil, es posible que esté un poco frustrada e incluso resentida porque usted dirige todo su cariño físico hacia el bebé y no hacia él o ella. Si un padre táctil, que necesita el contacto físico tanto como una madre táctil, se siente abandonado, una forma estupenda de implicarlo (y de satisfacer a la vez sus propias necesidades táctiles), será encargarlo del eructo, del biberón o de los pañales.

Ayudar a su pareja a involucrarse en el cuidado del bebé —sea su pareja táctil o no— es importante en otro sentido: si usted no descansa lo suficiente de la constante necesidad de su bebé de estar en brazos o de sus exigencias de recibir mimos e ir acompañado de un lado para otro, tarde o temprano se abrumará. Corre el riesgo de agotar sus energías, su paciencia y sus reservas emocionales, elementos todos ellos esenciales para ser buenos padres. Los bebés y los niños táctiles pueden pasar factura a sus padres, y por ello, es muy importante cuidarse mucho durante estos años tan exigentes. Si abusa y enferma, no sólo usted pagará las consecuencias, sino toda su familia.

Cuando el bebé crezca y pase a ser un niño, su fuerza y su carácter físicos pueden convertirse en un problema para usted ya que, siendo táctil, le gusta ofrecer calidez y cariño, mientras que el bebé está probando otras maneras de expresarse a través de su cuerpo. A un niño táctil le encantará poner a prueba su fuerza y fanfarronear, hecho que en ocasiones implica desagradables exhibiciones de agresividad física. Claro está que el niño táctil seguirá queriendo y necesitando cariño, pero podría también querer dar empujones, puñetazos, saltos e incluso morder y dar puntapiés, acciones todas ellas naturales en esta fase. Aunque es necesario poner freno a la agresividad, una mínima cantidad de juego brusco resultará inevitable. No pierda de vista el hecho de que ésa es la manera que su hijo, tan decididamente físico, tiene de aprender y expresarse. Intente buscarle momentos en que pueda relajarse.

Sin ser conscientes de qué hacen o por qué, a veces los padres reaccionan de un modo exagerado a la conducta de su hijo táctil. Esto es más probable que suceda con adultos táctiles que experimentaron mucha disciplina siendo niños. Si durante sus primeros años estuvieron considerados niños físicamente agresivos o destructivos, sus padres podrían haberles sometido a castigos duros en exceso para conseguir su sumisión, y podrían a su vez estar haciendo ahora lo mismo con sus hijos. Ser consciente de sus propias experiencias y de cómo le estarían afectando en su forma de tratar a sus hijos le ayudará a no repetir esos errores.

Niño táctil con padre o madre auditivos

Como padre o madre auditivos, lo más seguro es que utilizarán las palabras, el ritmo y el tono de voz de una forma creativa, sutil y a menudo matizada que quizás a su hijo táctil le costaría captar. La mejor manera de hablarle a un niño táctil es con un lenguaje directo, sencillo y concreto, y nada de palabras sofisticadas, ni frases complicadas ni grandes dosis de expresividad o emoción.

Por otro lado, el padre auditivo tenderá a hablar en exceso, ofreciendo explicaciones y detalles de los que el niño táctil desconectará. El pequeño no tiene ninguna necesidad de una larga canción o un baile que le explique por qué tiene que pasar por el supermercado antes de ir a su clase de gimnasia, o por qué no es buena idea adoptar a un perrito desconocido. Limítese a describir lo que el niño ha de hacer mediante frases cortas y enunciativas.

Debido a esta diferencia en el estilo de hablar, un padre auditivo podría sentirse herido por su hijo, que habla directo y va al grano. Un niño táctil no querrá comentar cómo le ha ido el día, ni explicarle lo que ha hecho en el parque; simplemente querrá un mimo o un abrazo de bienvenida al llegar a casa y, a continuación, emprenderá camino hacia su siguiente misión. Para fomentar la comunicación y la conexión, cabe la posibilidad de establecer un horario regular que dedicar a los mimos. Su hijo táctil dará probablemente rienda suelta a sus sentimientos y compartirá con usted los acontecimientos del día si se siente a gusto y confortable en su regazo.

Hay padres auditivos tan sensibles al ruido, que el jaleo que provocan sus alborotadores hijos cuando juegan con otros niños les predispone a negarse a recibir amiguitos en casa. Su hijo táctil es muy sociable, y es importante dejarle socializar en casa, además de hacerlo en parques y otros lugares.

Niño táctil con padre o madre visuales

Como es obvio, el aspecto más importante en el que el padre o la madre visuales chocarán con su hijo táctil será en el aspecto de las cosas, sobre todo en el de la casa. El niño táctil suele enredarlo todo, juega con cuanto tiene a su alcance y genera lo que a los ojos del padre visual, amante del orden, parecen confusión y caos. En cuanto consiga comprender y aceptar que su hijo táctil ha de tocar las cosas para entender su mundo, y que tocando, no puede evitar generar mucho lío, se le ocurrirá pensar en cómo crear «zonas libres», en las que el niño juegue a su antojo sin que ello afecte en exceso a su tan desarrollado sentido estético.

Una madre visual, Karen, estaba pasándolo mal con su hija menor táctil, Claire. Dada su condición de persona visual, Karen era nerviosa y especial, y necesitaba mantener su casa siempre limpia y aseada, sobre todo la cocina. Pero su hija de dos años era caótica: seguía a su madre por toda la casa, dejando a su paso un rastro de juguetes. Y tan pronto como la madre acababa de recoger lo que Claire dejaba a su paso, ésta creaba un nuevo enredo. Karen vino a verme preocupada por lo nerviosa que le ponía aquella situación, aunque no quería perder los nervios con su hija. Le molestaba en especial el desorden que Claire creaba en la cocina, mientras ella preparaba la cena. Le sugerí que hiciera dos cosas: la primera, instalar pequeñas áreas de juego por toda la casa, donde Claire pudiera desordenar tranquilamente, pero en una zona relativamente pequeña; la segunda, referida al tiempo que pasaban juntas en la cocina, consistió en recomendarle que instalara una cocina de juguete (la formó con una caja grande de cartón), y que le diera a Claire cacharritos para jugar. Así, la niña estaría ocupada mientras Karen preparaba la cena, limitando el enredo al espacio de la caja. Madre e hija estuvieron encantadas con la solución.

Niño táctil con padre o madre gusto/olfativos

Como padre o madre gusto/olfativos, sabrán por instinto que su hijo táctil necesita consuelo físico, tranquilidad y oportunidades para expresar su energía física. Teniendo en cuenta que usted tenderá a concentrarse mucho en las necesidades de su hijo, es probable que preste atención al niño táctil (tan poco verbal), capte sus pistas y responda a sus necesidades antes de que sean urgentes. De este modo, estamos ante una combinación que suele ser íntima y armoniosa, y que generará un vínculo en el que confiará plenamente su hijo táctil.

Sin embargo, si el padre o la madre gusto/olfativos no imponen límites claros y determinantes al niño táctil, éste los dominará. Como bien recordará, cuando mi hijo Tom era pequeño y fuimos a visitar a mi padre, el niño me empujó literalmente para quitarme de en medio porque quería a mi padre sólo para él. Aprendí a prohibir ese tipo de conducta, pero una madre gusto/olfativa podría haber permitido que su respuesta empática a su hijo hubiese salido ganando, y no haber respondido con firmeza a una conducta inaceptable como aquélla. Los padres gusto/olfativos tienen que recordar que deben emitir mensajes claros, y emitirlos inmediatamente después de que se produzca cualquier tipo de mala conducta. Si espera hasta más tarde, para no montar una escena o no incomodar a su hijo, el pequeño se habrá olvidado de lo que hizo en su momento.

Aunque los padres gusto/olfativos (como todos los padres) quieren que su hijo sea feliz, los niños táctiles pueden ser muy agresivos, en lo que a sus exigencias se refiere, e imponerse a los padres, siempre deseosos de satisfacerlos. Por lo tanto, es importante que estos padres mantengan sus propios límites y no se dejen vencer ni permitan que la insistencia de su hijo altere sus prioridades.

Los niños táctiles confían en su propio cuerpo para que los guíe a través de todas las fases del desarrollo, desde los primeros meses en brazos de su madre, pasando por los primeros pasos para alejarse de ella, hasta llegar a sus primeros días de parvulario, y lo que siga. Les gusta dar y recibir amor y elogios a través del tacto. Viven el riesgo, corriendo —literalmente— hacia nuevas experiencias y captándolas con sus hábiles manos. Aprenden buscando ejemplos concretos y reales que ilustren los conceptos e ideas... y muchas veces montando auténticos caos. Entrar en el mundo del niño táctil es entrar en un lugar donde tocar importa más que ver u oír; ésta es una sensación que resultará muy familiar a los adultos táctiles. Hay que recordar a los restantes adultos que debemos comunicar lo máximo posible con el niño a través del tacto para conectar de un modo efectivo con él.

5

El niño auditivo

Los bebés auditivos viven la vida siguiendo un ritmo y una banda sonora propios. Sintonizados a cada momento con el mundo invisible del sonido, que abarca (para principiantes) ritmo, volumen, tono e inflexión, absorben una cantidad enorme de información sensorial que pasa de largo para aquellos que tienen otros sentidos dominantes. Y aun así, cuando los niños auditivos crecen parecen desarrollar una habilidad para oír lo que quieren oír y desconectar de lo que no les interesa, un hecho que puede dejar perplejo o molestar mucho a los padres. Por ejemplo, muchas veces estos niños no responden a las solicitudes o peticiones de sus padres si éstos las expresan con un tono de voz brusco o enfadado.

Encontrará al niño auditivo acurrucado junto a la radio, soñando despierto la mar de feliz u hojeando un libro cerca de una ventana abierta, dejando que entren por ella los sonidos del vecindario; tendrá una relación imperecedera con la música y, sobre todo en sus primeros años, utilizará canciones para expresar sus emociones. Como verá más adelante, un reproductor de CD o un iPod pueden llegar a convertirse en el mejor amigo del niño auditivo, en especial al hacerse mayor. Estos dispositivos no sólo le permitirán disfrutar de la música que le guste, sino que los utilizará además para bloquear cualquier sonido ambiental que le distraiga o le incomode.

Estos niños no sólo captan el sonido, sino que también lo producen, de modo que reconocerá al niño auditivo en cuanto lo escuche. Es el bebé que no para de hacer ruiditos, charla y parlotea utilizando su propio lenguaje mucho antes de que aprenda las primeras palabras; jamás deja de gritar cuando está excitado, de gimotear cuando está triste o de chillar como un salvaje cuando se siente frustrado. Es el pequeño que aprende solito a poner en marcha el equipo de música para cantar a todo pulmón al ritmo de sus canciones favoritas, y si consigue unos cuantos cacharros para marcar el ritmo de la música, mucho mejor. Es también el niño que pasa todo el viaje en coche, desde que sale del colegio hasta que llega a casa, explicándole con detalle su jornada, y siempre tiene más de una historia que contar.

Para comprender el mundo de un niño auditivo, debemos sintonizar, igual que él lo hace de forma natural, con el poder del sonido, con los modelos que generan estos sonidos y con los mensajes que existen en nuestra voz, en la música y en la ruidosa mezcolanza de nuestro entorno diario.

Los elementos básicos del bebé auditivo, del nacimiento al año de edad

Cómo expresa el bebé auditivo sus necesidades emocionales

La principal tarea emocional de cualquier bebé consiste en unirse y vincularse a su padre, a su madre o a la principal persona que cuida de él. Como cabe esperar, el niño auditivo establece lazos a través del sonido, y más concretamente a través de la voz consoladora de su madre o de quien lo cuida. Cuando esta voz está ausente o se produce un cambio repentino en su tono o volumen, el bebé auditivo se sorprenderá, se asustará y llorará de miedo o para protestar.

Desde el momento de su nacimiento, los bebés reconocen el sonido único de la voz de su madre, pues se han acostumbrado a ella en el vientre materno. De hecho, un estudio llevado a cabo en 2001 por la doctora en psicología Alexandra Lamont, de la Universidad de Leicester, demostró que el bebé responde reconociendo tanto la voz de la madre como la música que ha oído durante el embarazo estando en el útero.*

En estos primeros días y noches de susurrar y arrullar al bebé, sentará usted las bases de una unión perdurable a su voz, que el pequeño utilizará para consolidarse y tranquilizarse. Y aunque es cierto que todos los bebés se muestran muy atentos a las voces de sus padres, el recién nacido auditivo es particularmente sensible, y es más probable que capte mejor que otro bebé cualquier matiz o cambio en el tono de esas voces. Cuando los padres se encuentren dentro del alcance auditivo del bebé, deberían siempre intentar hablar con voz cálida, agradable y cariñosa.

Los bebés auditivos necesitan escuchar la voz de sus seres más próximos —padres o cuidadores— para sentirse seguros y estar tranquilos. Del mismo modo que los niños táctiles buscan el contacto físico con sus padres para aumentar su sensación de seguridad, los niños auditivos confían en las voces que les resultan familiares para orientarse en su entorno. El

---

* Whitwell, Giselle E., R. M. T., ed., «The Importance of Prenatal Sound and Music», *Journal of Prenatal & Perinatal Psychology and Health*. Obtenido el 15 de abril de 2004 de http://www.birthpsychology.com/lifebore/soundindex.html).

sonido de la voz de la madre o el padre transmite al hijo auditivo el mensaje de que se encuentra en un lugar seguro donde es querido y atendido. Y esto es cierto aunque no se le hable directamente; el simple hecho de oír su voz, le consuela.

Trabajé con una madre, Ashley, que llevó a mi consulta a su hijo Harry cuando éste tenía unos seis meses de edad y presentaba problemas para conciliar el sueño. Durante la primera visita, me comentó el parto. Por diversas cuestiones médicas, había tenido que dar a luz tres semanas antes del plazo mediante cesárea. Ashley recibió tanta anestesia para someterse a la intervención que no tuvo en brazos a su hijo recién nacido hasta casi tres horas después del nacimiento, me contó. Cuando finalmente estuvo lúcida y despierta para cogerlo, los médicos y las enfermeras le explicaron que, hasta el momento, el bebé se había negado a abrir los ojos. Pero enseguida que escuchó la voz de Ashley, el bebé los abrió de golpe. Cuando ella me explicó la historia de que Harry no había abierto los ojos hasta escuchar el sonido de su voz, supe al instante que tenía que ser un bebé auditivo y que había necesitado escuchar aquella voz familiar para comprender que estaba seguro y podía adentrarse en este nuevo mundo. Naturalmente, hubo otros indicios que apoyaron esta clasificación, pero la intensa historia de su nacimiento capta el poder del reflejo auditivo en este grupo de niños.

Una forma de identificar a los bebés auditivos es observando su comportamiento cuando su mamá telefonea. Estos bebés están tan conectados con su madre a través del sonido de su voz, que muchas veces se ponen pegajosos y exigentes cuando escuchan cómo ella habla por teléfono. Intuyen que su madre habla con alguien que no son ellos y se sienten separados de la conexión mágica que les une a ella. Una queja que escucho con frecuencia es: «¡Mi hija no me deja hablar por teléfono! Se pone a gimotear o a llorar cada vez que intento mantener una conversación».

El bebé auditivo está tan sintonizado con los distintos matices de tono y timbre de voz, que bastante antes de comprender las palabras aprende muchas cosas sobre sí mismo y sobre el mundo a través de las voces de quienes le rodean. Piense en cómo solemos hablar a las mascotas: utilizamos nuestro tono de voz para indicar lo que queremos decirles, sin esperar que el animal comprenda nuestras palabras. De un modo similar, el bebé no comprenderá las palabras, pero sí captará el tono, por lo que es sumamente importante utilizar la voz de un modo expresivo. Una voz monocorde y carente de emociones no servirá para comunicar a este niño el amor que usted siente por él. Cuando le hablemos a un bebé auditivo, es mejor utilizar una voz exagerada o cantarina.

Y mientras que una voz amable y cariñosa le relajará y tranquilizará, una voz fuerte y enojada tendrá el efecto contrario. Más que en el caso de otros niños, las voces enojadas inquietan fácilmente al bebé auditivo, que es muy sensible a la gente que habla de manera brusca. Es un niño al que no es necesario gritarle para que le influya la agitación que esconde nuestra voz. Incidentes comunes como los padres que discuten en la habitación contigua, mamá que mantiene una acalorada conversación telefónica, los hermanos que se pelean por un juguete y otros casos, que nada tienen que ver con él o ella, pueden inquietar y agitar al bebé auditivo.

Cómo descubre el mundo el bebé auditivo

No es de extrañar que el aprendizaje del bebé auditivo se base en los sonidos. Aprende a experimentar con sonidos, lo que equivale a hacer mucho ruido, y a hablar antes que los bebés de cualquier otro grupo sensorial; su balbuceo es una preparación para ese aprendizaje. Por otro lado, y gracias a su habilidad para captar las pistas del lenguaje, aun estando en una fase preverbal, responde antes que otros bebés a las indicaciones de los padres. Balbucea constantemente preparándose para aprender a hablar, y adquiere conocimientos sobre los objetos de su mundo tirándolos, dejándolos caer o haciéndolos sonar entre ellos. Pero mientras que un niño táctil podría hacer algo similar con una pelota o una muñeca, la diferencia está en la motivación: el bebé táctil tira objetos, los deja caer y los hace sonar para conocer su naturaleza física; el niño auditivo lleva a cabo las mismas acciones para escuchar los distintos sonidos que puede obtener de ellas, pues el sonido es su clave para procesar la información del entorno.

El bebé auditivo responderá con ímpetu y entusiasmo a juegos y actividades que tengan que ver con sonidos y música. Los juguetes que emitan cualquier tipo de ruido, tintineen o chirríen le encantarán, e igual sucederá con los libros provistos de botones para pulsar y que también emiten sonidos. Se derretirá por las muñecas que hablan (con un poco de ayuda por parte de papá y mamá); cantar y dar palmas al ritmo de la música provocará la sonrisa y el movimiento de este bebé, y tan pronto como se mantenga en pie, bailará como un loco. Esta actividad no sólo es un juego, sino que formará parte de su desarrollo cognitivo. Es más que probable que demuestre tener mucha memoria para determinadas piezas musicales o canciones.

Cómo empieza a jugar e interactuar el bebé auditivo

Al bebé auditivo le encanta la música, sobre todo los sonidos rítmicos, melódicos y repetitivos. Por otro lado, los sonidos bruscos, desiguales y discordantes, como el sonido de los cacharros de la cocina, las puertas que se cierran de golpe o las voces altas, le incomodan y le inquietan. Como el bebé no es capaz de alejarse del sonido o «desconectar» sus oídos, y el ruido tiene una capacidad de penetración que llega a resultar muy estresante, podría inquietarse en entornos con mucho ruido, bien proceda de otros bebés, niños o adultos, o bien del entorno en sí. Si observa que su bebé auditivo se toca las orejitas, quiere decir que el sonido empieza a abrumarle.

El bebé auditivo estará normalmente feliz jugando solo, siempre y cuando escuche la voz de sus padres. Aunque nadie le preste atención, el sonido de esa voz familiar le hará sentirse seguro y querido. La interacción con desconocidos variará, pero se inclinará por aquellas voces que resulten similares a las de su madre, independientemente de quién sea esa voz.

La vida diaria del bebé auditivo

El sueño

Debido a su elevada sensibilidad auditiva, estos niños confían en modelos conocidos de sonido para tener sensación de seguridad, sobre todo cuando se preparan para ir a dormir. Los sonidos fuertes o desconocidos, o los cambios en los ruidos habituales que los rodean, pueden desencadenar su reflejo de sobresalto y ponerlos en alerta máxima. Podrían llorar mucho a modo de respuesta, y si estuvieran dormidos, despertarse o agitarse de tal manera que les resultara imposible conciliar el sueño.

Esta sensibilidad al sonido siempre es especialmente aguda a la hora de acostarse y a la hora de la siesta. Sin embargo, se manifiesta de forma distinta en cada niño. Una madre me contó: «Tengo tres hijos auditivos. Los dos primeros dormían en cualquier sitio donde hubiera un nivel bajo de ruido de fondo, lo que era una bendición. Significaba que yo podía doblar la colada o dedicarme a la costura mientras miraba la tele, y al mismo tiempo ellos dormían allí mismo y yo los vigilaba. Pero con la pequeña es diferente. No puede haber ningún ruido en la habitación, pues se despierta enseguida, aunque esté profundamente dormida».

Pese a que hay bebés auditivos que exigen silencio total para dormir, muchos otros, como los dos primeros hijos de esta madre, llegan a acostumbrarse a hacerlo con un sonido de fondo, como el de la televisión o la radio. Podrían despertarse, sin embargo, si ese sonido se interrumpe. Por este motivo, es importante que tome usted conciencia de los ruidos que introduce en la rutina de la siesta o de la hora de acostarse de su hijo: la música, la televisión, cantar o incluso hablar como ruido de fondo se convertirán en parte de una especie de «sonido identificable» en el que el bebé confíe para relajarse, dormirse y permanecer dormido. Cuando haya desarrollado un tipo concreto de sonido para la hora de dormir, intente aferrarse a él, pues su hijo querrá que sea constante, noche tras noche. Cualquier cambio en ese tipo de ruido podría interrumpir su rutina de sueño.

Cualquier clase de sonido fuerte e hiriente, que se produzca en la habitación contigua aunque ni usted lo perciba, puede resultar también perturbador. Esto es lo que le sucedió exactamente al hijo de una mujer que conocí al principio de mi investigación.

Tina, madre de tres hijos, entró en contacto conmigo porque tenía problemas para que su nuevo bebé conciliara el sueño. Cada vez que lo dejaba en la cuna, se quedaba dormido un rato muy breve y luego se despertaba y se echaba a llorar.

Evidentemente, el bebé estaba cansado e inquieto. Tina no conseguía establecerle un ritmo de sueño y no entendía por qué siempre se despertaba.

Al principio, no estábamos muy seguras del sentido dominante del bebé. Pero cuando fui a visitarla a su casa y me describió un día típico de la familia y cómo se comportaba el bebé a lo largo de la jornada, le identifiqué enseguida como auditivo. Cuando Tina lo dejaba en la cuna para echar la siesta, iba a continuación a la cocina, que era la estancia contigua a la habitación de su hijo, para trabajar allí lo máximo posible mientras el pequeñín dormía. Se ponía a lavar platos o a cocinar, pero el bebé enseguida se agitaba. Como la madre no tenía una conexión fuerte con el sentido del oído, no se le había ocurrido que el sonido de los cacharros en la cocina fuera el origen del problema. Pero el hecho de que el bebé se inquietara cuando ella estaba en la cocina me sugirió que el pequeño sintonizaba mucho con los sonidos, y que el ruido que la madre hacía desencadenaba su reflejo de sobresalto, lo que a su vez le despertaba y le provocaba el llanto. Por lo tanto, se quejaba de la única manera que sabía: con una protesta enérgica y «audible». El llanto de protesta es típico de los bebés auditivos. Cuando un sonido brusco pone en marcha el reflejo del sobresalto, se produce una liberación de adrenalina que aumenta el latido cardiaco y puede generar angustia en el bebé… y en la madre exasperada también.

Identificado el problema, Tina realizó unos pequeños ajustes para evitar despertar al bebé justo después de que se quedase dormido. Le sugerí que esperase a lavar los platos (los principales culpables) hasta que el bebé hubiese caído en un sueño más profundo, y no al principio de la siesta. Aunque esto suponía cierto inconveniente para Tina, era una solución mejor que trasladar al bebé a una habitación más alejada de la cocina, pues eso también habría supuesto una molestia para el niño. Para conciliar el sueño, necesitaba el consuelo de escuchar a su madre y saber que estaba cerca.

La situación mejoró cuando Tina desarrolló una rutina que le permitía realizar la mayoría de sus tareas cuando el bebé gozaba ya de un sueño lo bastante profundo para que el ruido ocasional de un cacharro no le molestara. Madre e hijo volvieron a sintonizar y ambos fueron mucho más felices.

En otro caso, Emma vino a visitarme poco después de que su familia se trasladara a vivir a una nueva casa y empezara a tener problemas con su cuarto hijo, Christopher, que tenía entonces casi tres años y medio. La casa era muy grande y estaba bien equipada; en ella había dormitorios espaciosos y tranquilos situados en un ala distinta a la zona común de la familia y del personal de servicio, que incluía un par de niñeras que se ocupaban de los niños. Después del traslado, Christopher, que siempre había dormido bien y sin problemas, se resistía a cualquier intento por parte de Emma o de las niñeras de acostarlo en su cuna. La madre no comprendía cuál era el motivo, pues le parecía que la nueva habitación de su hijo tenía un entorno más silencioso y tranquilo que el antiguo cuarto. Cuando le pregunté sobre las diferencias del lugar donde Christopher dormía ahora, ella me explicó que en la casa anterior, el niño dormía en una habitación pequeña junto al salón, expuesta a todos los ruidos y alborotos de la familia. En la actual casa, Emma había instalado al pequeño en una habitación separada, para que no lo molestaran los sonidos de sus alborotadores hermanos y de las mascotas, eso sin mencionar el constante torrente de amigos y primos que siempre andaban jugando por la casa. Le sugerí que el cambio repentino a un entorno tan silencioso podía ser precisamente lo que inquietara a Christopher. De modo que intentamos un experimento: el niño echaría la siesta en la despensa de la casa, que era muy grande y estaba junto al salón, como su antigua habitación. ¡Bingo, durmió sin ninguna dificultad! Para realizar el traslado al nuevo dormitorio (Emma no quería que durmiese siempre en la despensa), la madre grabó los sonidos rutinarios de la casa y le ponía la cinta cuando lo acostaba. A la segunda semana, Christopher se sentía felizmente refugiado en su nueva habitación y dormía la noche entera. En este caso, abordar la sensibilidad auditiva del niño significó comprender que una ausencia de sonido puede resultar tan problemática como un exceso del mismo.

En un ejemplo similar, una madre estaba muy preocupada por el efecto que causaría a su hija de ocho meses el que ella volviera a trabajar. Melissa había elaborado un plan para dejar a su hija Angeline en casa de su madre cuando fuera camino de la oficina. Como Melissa sabía que la niña era un bebé auditivo y que tendría dificultades a la hora de la siesta, lo planificó todo de antemano: un día grabó los sonidos que se oían en la habitación de Angeline, incluyendo el paso regular de trenes por las vías que había detrás de la casa, y le llevó la cinta a su madre para que se la pusiera, de modo que la niña tuviera una banda sonora de fondo que le resultase familiar a pesar de las nuevas vivencias diarias lejos de su casa.

Pero no todos los bebés auditivos necesitan escuchar música o sonidos para dormirse. Algunos de ellos exigen el silencio más absoluto. Trudy, la madre de Ava —de un año de edad—, no sabía qué hacer para consolar o calmar a su hija, porque ésta se ponía muy nerviosa cuando la madre quería darle de mamar, se sobresaltaba fácilmente y a menudo caía en estados superficiales de sueño de los que se despertaba a menudo. En cuanto determinamos que Ava era auditiva, le pregunté a Trudy detalles sobre la habitación de su hija y descubrí que daba a una calle transitada, en la que abundaban los sonidos de tráfico y los de niños jugando. Le sugerí que instalara en la habitación de la niña cosas que amortiguaran el sonido, como una alfombra mullida en el suelo, cortinas gruesas en las ventanas, cojines y peluches en un asiento junto a la ventana, todo ello con la intención de crear un entorno nuevo y más cálido en la habitación, donde antes resonaba el ruido. Trudy instaló también en la habitación de Ava un instrumento que emitía un sonido de fondo que amortiguaba el crujido que emitía el parquet cuando alguien pasaba por el pasillo, e instauró además algunos cambios en su vida diaria. Por ejemplo, ir con Ava en coche a hacer recados siempre había sido un problema porque la niña se quejaba y se movía mucho. Resultó que Trudy, una persona visual, solía conducir en silencio, feliz con ver las escenas que se desarrollaban ante ella. Pero Ava necesitaba escuchar la voz de su madre. De modo que ésta cogió a partir de entonces la costumbre de charlar con la pequeña mientras iban en coche, sobre todo al inicio del viaje. Ava se tranquilizó mucho como resultado de ello. Darle de mamar también mejoró en cuanto la madre captó las señales que le mandaba el sentido dominante de su hija para comprender lo que ésta necesitaba. Anteriormente, Ava dejaba de mamar antes de haber ingerido la leche suficiente, pero desde que Trudy adoptó el sistema de tararear una melodía mientras la amamantaba, la niña mamaba sin interrupción hasta quedar saciada.

La alimentación

Si se ha dado cuenta de que cuando le da de mamar al bebé, cualquier tipo de distracción —un ruido inesperado, alguien que entra en la habitación, el teléfono que suena— le induce a dejar de mamar y a mirar hacia el sonido, es muy probable que tenga un hijo auditivo. Incluso algo tan simple como el chirriar de la mecedora en la que se sienta usted para alimentarlo podría interferir en su capacidad de relajarse y comer. Teniendo en cuenta hasta qué punto afecta y distrae el ruido a los niños auditivos, lo mejor es darles de comer en un espacio tranquilo e íntimo y con la puerta cerrada. Tal vez descubra, como le sucedió a Trudy, que cantarle dulcemente a su hijo le ayuda a relajarse mientras come. De hecho, hay bebés auditivos que prácticamente canturrean para sus adentros cuando se alimentan. Al parecer, es una forma de tranquilizarse a sí mismos que emplearían de un modo instintivo para concentrarse mejor y entrar en un ámbito de relajación.

Tal vez pueda parecer una paradoja, pero mientras que por un lado los niños auditivos son extremadamente sensibles a los sonidos, por otro lado tienden también a generar mucho ruido. Siendo todavía bebés, emiten numerosos ruidos con la boca, y no sólo ese canturreo que realizan al comer, sino también gorgoritos, gritos, chillidos y balbuceos, dependiendo de su estado de humor. A medida que adquieren mayor movilidad y desarrollan sus habilidades motoras, experimentan haciendo ruido de cualquier forma imaginable, desde entrechocar cacharros de cocina, hasta lanzar juguetes desde la cuna, pasando por salpicar como locos con el agua cuando están en la bañera.

Cuando el bebé auditivo crece y la alimentación pasa de la lactancia materna o del biberón en brazos de su madre a ingerir comida sólida, sentándose en una trona, la hora de comer se vuelve bulliciosa. Igual que le sucede al niño táctil, el niño auditivo querrá experimentar con la comida. Pero en lugar de tocarla con los dedos, como hace el niño táctil, querrá comprobar el ruido que sea capaz de conseguir con lo que quiera que tenga en el plato o, más probablemente, con el plato en sí. Las cucharas, los vasos y los platos se convierten en objetos emisores de sonido en sus manos, y querrá entrechocarlos y tirarlos al suelo para ver qué tipo de sonido producen. Jugará también con la comida con el mismo objetivo, dándoles vueltas a los cereales en el plato y relamiéndose después de cada trago de leche. Este tipo de bebés tendrán una respuesta vocal a todo, incluyendo la comida. Su puré de patatas favorito les hará chillar de excitación y los melocotones que no soportan les producirán un ataque de gritos.

El vestido y los pañales

Cuando tenga que cambiar y vestir al bebé auditivo, cántele mientras le pone el pijama o un pañal limpio, para minimizar sus protestas y sus movimientos. Cuando se haga mayor, le ayudará a gestionar mejor sus tareas y transiciones diarias si le incorpora canciones y sonidos, aunque nunca es demasiado temprano para introducir esta costumbre en sus rutinas. El bebé estará tan extasiado con la canción que le cante (y aquí no importa tener buena voz), que le pondrá los zapatos o le pasará por la cabeza ese jersey tan incómodo sin que le dé tiempo a alborotarse. Trabajé con una familia en la que a la madre le costaba mucho vestir a su hijo. El pequeño se retorcía y se movía nervioso, y la madre tenía miedo de que se le cayera del cambiador. Cuando comprendimos que era auditivo, le sugerí a la madre que pusiera alguna pieza de música relajante mientras lo cambiaba. Ahora pone en marcha la música al empezar a cambiarle el pañal, y el bebé está tranquilo y feliz, extasiado y distraído por las melodías que tan familiares le resultan a la hora de vestirse.

Los elementos básicos del niño auditivo, de uno a tres años de edad

Cómo comunica y gestiona las emociones el niño auditivo

El mundo del niño auditivo está dominado por los sonidos. Desde el momento en que escucha la voz de sus padres, el sonido tiene el poder de relajarlo, excitarlo, enseñarle nuevas habilidades y expandir sus conocimientos, así como también el de abrumarlo, bien cuando es brusco y desconocido, o bien cuando simplemente hay demasiados ruidos para experimentarlos a la vez. Para oír a través de los oídos de los niños auditivos, debemos captar el estrépito de sonidos que existe en nuestro entorno.

Cuando este tipo de niños abandonan la etapa de bebé, siguen confiando en las pistas emocionales que captan en las voces que los rodean. A una edad temprana muestran unas habilidades verbales potentes y sofisticadas, y en cuanto empiezan a hablar, es posible descifrar sin dificultades cuál es su estado de ánimo a partir del tono de voz, aun sin comprender lo que dicen.

Con el tiempo, el niño auditivo es cada vez más capaz de expresar en voz alta sus sentimientos y preferencias, dando lugar a que el hogar sea siempre bastante ruidoso. Aunque les gusta hacer mucho ruido en la cocina, esta estancia puede resultar un lugar estresante para ellos, sobre todo si su cocina es como la de mi casa, donde las paredes y el suelo de baldosas facilitan que reverberen todos los sonidos que emito cuando limpio y preparo las comidas. El tintineo de los vasos, el zumbido de las batidoras y el entrechocar de ollas y sartenes son el tipo de sonidos repentinos que ponen nerviosos a los niños auditivos. Cuando usted esté en la cocina limpiando o preparando la comida, su pequeño estará mejor en otra estancia.

Naturalmente, la cocina no es más que uno de los muchos escenarios capaces de estimular en exceso a los niños auditivos, que no logran desconectar de los sonidos de su entorno del modo en que consiguen hacerlo muchos adultos y otros niños, pues lo captan todo: la música, la gente que habla y grita, el zumbido de las máquinas... Como resultado de ello, hay determinados lugares públicos —restaurantes grandes y llenos de gente, grandes centros comerciales o supermercados, cines— que perturban a estos niños y a veces les provocan pataletas.

No obstante, si hay poco ruido también puede ser un contratiempo. Una madre con la que trabajé estaba preocupada porque su hija Sophie, de tres años y medio, miraba demasiado la televisión. Después de visitar su casa y sintonizar con el entorno inmediato de la niña, le sugerí a la madre que era probable que Sophie, al ser auditiva, estuviera utilizando el televisor para añadir un sonido de fondo a la habitación que, de lo contrario, era silenciosa. De modo que Ann le compró a su hija un pequeño reproductor de CD y varios CD de música infantil que ponía siempre que Sophie estaba en su cuarto de juegos. Ann descubrió rápidamente que la niña no echaba en absoluto en falta la televisión, pues sucedía que simplemente le gustaba el sonido de los programas y no prestaba mucho interés a su contenido visual. Con el sonido de la música de fondo, la pequeña se entretenía con sus muñecas y ni una sola vez volvió a pedirle a su sorprendida madre que pusiera la televisión.

Veamos otra situación: Jack, que acababa de cumplir tres años, se quejaba siempre a su padre de que se aburría. Parecía tan infeliz al volver a casa después de pasar el día en la guardería, que a veces tenía una pataleta sólo cruzar la puerta. Cuando el padre reflexionó sobre la experiencia de su hijo desde una perspectiva auditiva, se dio cuenta de que su casa era muy silenciosa. No sólo no había música, ya que ni él ni su esposa sentían un interés especial por ella, sino que además, desde que nació el bebé siempre le decía a Jack que bajara la voz y se estuviera callado para no despertar a su hermana. Tan pronto como se percató de lo hambriento que debía de estar su hijo de recibir algún tipo de estímulo auditivo, él y su esposa le compraron un reproductor de CD para que lo tuviera en su habitación y varios CD de música infantil. A partir de entonces, Jack se moría de ganas de volver a casa para ponerse a escuchar sus canciones favoritas.

La música también puéde resultar útil como distracción para que el niño auditivo no coja una pataleta, o se calme más rápidamente de la que ya sufre. Una madre me explicaba: «John tenía unas pataletas espectaculares, lanzaba puntapiés y chillaba. Y no escuchaba nada de lo que yo le dijera para calmarlo. No me quedaba más remedio que encerrarlo solo en su habitación hasta que se tranquilizaba, aunque podía tardar un buen rato en conseguirlo. Cuando empecé a actuar para tratar de atraer su sentido auditivo, tuve que seguir encerrándolo en su habitación, pero le ponía, además, música lo suficiente alta para que la oyera, a pesar de la pataleta. Pasados unos minutos, se calmaba porque se tendía en la cama y escuchaba la música. Y pasados diez minutos más, salía él solito y pedía perdón sin tener que decirle que lo hiciera».

Aunque estos niños son bastante equilibrados en lo que a su estado de humor se refiere, puede ocurrir que, como todos los niños, sean muy revoltosos, o incluso cojan una pataleta si están cansados, hambrientos o se encuentran mal. Pero también cogerían rabietas cuando se vieran superados por un exceso de estimulación auditiva. Si su hijo está cansado, hambriento o enfermo, la situación no mejorará hasta que solucione usted el problema inmediato, aunque si el problema no es ninguno de ésos y el niño sigue inquieto, gimoteando o chillando a todo pulmón, significa que está pidiéndole ayuda, aun cuando ni él mismo comprenda el problema ni disponga de las palabras necesarias para describirlo. Compruebe si existe la posibilidad de que esté teniendo una mala reacción a un exceso de ruido en el entorno cercano. ¿Puede hacer alguna cosa para disminuir el nivel de ruido? A veces basta con trasladar al pequeño unos minutos a un lugar más tranquilo. A menudo, una conversación rápida y centrada ayuda a aliviar o evitar la pataleta, y poner en marcha un iPod con su música favorita puede asimismo actuar a modo de salvavidas.

A los niños auditivos les gusta mucho que les lean desde que son bebés hasta bien entrada la fase preescolar. Escuchar la voz de su madre, o de cualquier otra persona a la que se sientan unidos, les resulta muy reconfortante y los ayuda a asentarse emocionalmente. Necesitan pistas auditivas que les den seguridad, igual que los niños táctiles necesitan abrazos de consuelo o una mano en el hombro que los guíe, sobre todo en momentos de estrés, como separarse de su padre o de su madre. Citaré un ejemplo: trabajé con una madre y con su hija de dos años y medio, Serena. La madre se dedicaba a la moda y viajaba mucho, y la niña se angustiaba de tal modo con las ausencias de su madre, que ésta vino a verme para que la ayudara a encontrar la manera de conseguir que los viajes fueran menos dolorosos, tanto para una como para la otra. Le pregunté qué era lo que Serena echaba más de menos cuando ella estaba de viaje, si es que había algo concreto. Y me respondió de inmediato: «Que le lea cuentos antes de ir a dormir». Le sugerí que cuando volviera a viajar, se llevara algún libro de Serena y se lo leyera por teléfono a la hora de dormir. En otro caso con unas circunstancias similares, una madre que tenía que viajar por motivos de trabajo varios días al mes, se grabó leyéndole cuentos a su hija auditiva. Ambas niñas se quedaban en casa con sus padres, pero echaban de menos a sus mamás. No obstante, a partir del momento en que una de ellas escuchó las cintas y la otra recibió la llamada telefónica por la noche, se sintieron conectadas a sus respectivas madres, aunque éstas estuvieran de viaje, y se fueron a dormir más felices y tranquilas.

Como todos los niños, los pequeños auditivos tendrán ataques de ansiedad provocados por la separación. Si a su hijo le cuesta separarse de usted cuando lo deja en la guardería, en una fiesta o en cualquier otra actividad, intente ponerle su música favorita en el coche cuando vayan de camino hacia allí. La música tendrá un efecto relajante y le ayudará a gestionar cualquier sentimiento difícil que surja antes de despedirse de usted.

Hubo un caso en que una madre llegó al extremo de pedirle a la maestra de la guardería de su hijo que cuando el pequeño llegara al centro, le pusiese la misma música que él solía escuchar. He sugerido también a padres de hijos auditivos que les recuerden a éstos lo siguiente: «Siempre puedes decirle a la maestra que me llame por teléfono». Tal vez lo único que necesiten para tranquilizarse sea escuchar por un momento la voz de sus padres.

Cuando se trata de realizar la transición de una actividad a otra, incluyendo entre éstas despertarse por las mañanas, vestirse, sentarse a comer, ordenar después de jugar, prepararse para ir a dormir, etc., el niño auditivo se beneficiará de escuchar una voz firme y tranquilizadora. La música, por encima de todo, puede ser de gran ayuda para que pase de una actividad a otra. Si usted le dice simplemente: «Vamos, ponte los zapatos», y espera que el niño auditivo le obedezca, se verá defraudado. Pero si le pone su canción favorita de «la hora de ponerse los zapatos», es muy probable que lo haga sin decirle nada más. No sólo la música en sí le resulta agradable, sino que el hecho de que sea una señal clara sobre cuál va a ser la siguiente actividad atrae la temprana preferencia del niño auditivo por una sensación de orden y secuencia.

Esta táctica de utilizar pistas auditivas para guiar al niño a través de los diversos cambios del día le ayudará también cuando lo deje al cuidado de otra persona. Imagínese que usted y su pareja quieren ir al cine por la noche y va a venir la canguro. Podría pedirle a su hijo que le ayude a elegir la «canción de la canguro» para darle la bienvenida cuando ella llegue.

Intente también hablarle a su hijo sobre la divertida velada que compartirá con la canguro, y explicarle que usted regresará enseguida. Pero tenga cuidado, porque si siente ansiedad al pensar en cómo reaccionará su hijo cuando se quede con la canguro, el pequeño auditivo lo captará en el tono de voz que usted emplee, independientemente de las palabras que utilice con él o ella, pues los niños auditivos muestran una capacidad muy notable para descifrar el significado de los matices en la voz de las personas.

El tono empleado es muy importante para el niño auditivo, tanto o más incluso que el contenido de lo que se dice. Aun no hablándole directamente a su hijo, si el pequeño le percibe una voz tensa o agitada, probablemente responderá del mismo modo.

Una mujer con la que trabajé, una madre soltera llamada Janey, descubrió que eso era lo que le sucedía con su hijo, Paul, que tendría unos dieciséis meses cuando los conocí. Janey dirigía su propio negocio desde casa, pues quería pasar el máximo tiempo posible con Paul. Cuando nos conocimos, el comportamiento del niño le complicaba hacer frente al trabajo que realizaba en casa.

«Por las tardes, llevo a Paul al despacho», me explicó Janey. «Vengo haciéndolo desde que era un bebé. Dormía en un capazo mientras yo trabajaba. Ahora, va a la guardería por las mañanas, pero después de comer sigue quedándose conmigo.»

Janey, una persona táctil, disfrutaba teniendo a su hijo cerca de ella mientras trabajaba y solía sentarlo en su regazo mientras leía documentos o trabajaba en su correo electrónico. Pero con el tiempo, su hijo empezó a mostrarse cada vez más inquieto por las tardes. Se inquietaba, gritaba e incluso mostraba signos de pataletas.

«No para quieto, llora y se pone pesado. Juego unos minutos con él, pero de inmediato que vuelvo a mi trabajo o cojo el teléfono para hacer una llamada, solloza, tira los juguetes y monta un verdadero escándalo.»

Janey quería que su hijo estuviese con ella. Pero también necesitaba concentrarse en su trabajo. Empezaba a dudar, no obstante, de poder hacer ambas cosas a la vez. «Está llegando a un punto en el que tengo la sensación de que debería hacer un gran cambio, tal vez contratar a una canguro para que se ocupe de él y yo logre trabajar», me explicó. «La verdad es que no puedo permitírmelo, y tampoco quiero hacerlo, en realidad. Pero algo tiene que cambiar.» La situación la tenía cada vez más exasperada.

Pasé una tarde con Janey y su hijo en mi clínica y me quedaron unas cuantas cosas claras. Definitivamente, Paul era un niño auditivo. Era también un niño verbal, con mucho vocabulario y un gran deseo de participar en la conversación entre Janey y yo. Tarareaba para sus adentros con frecuencia cuando jugaba solo. Además, cuando sin querer se me cayó el bolso al suelo causando mucho ruido, el pequeño se quedó tan sorprendido que dio incluso un salto y se tapó los oídos.

Cuando los visité en su casa, me di cuenta de que a veces Paul parecía tranquilo y feliz y se quedaba jugando solo mientras Janey trabajaba. Los gritos y las pataletas del niño se correspondían con una circunstancia muy concreta: se portaba mal cuando su madre estaba al teléfono. Durante las conversaciones telefónicas, él lloraba, estaba inquieto y tiraba los juguetes por todas partes. Si Janey se pasaba toda la tarde al teléfono, Paul lloraba prácticamente todo el rato.

Al explicarle esta conexión a Janey, se quedó mirándome boquiabierta. «¡Tienes razón! La verdad es que no lo había pensado, pero parte del problema es que siempre intento calmarlo cuando estoy hablando con los clientes. Por eso estoy tan frustrada con esta situación.»

Le expliqué además a Janey que, siendo Paul auditivo, era extremadamente sensible a su tono de voz. Ella se dirigía a su hijo utilizando un tono suave, tierno y agradable. Pero cuando hablaba con los clientes por teléfono, observé que su voz era más tensa y más cortante, y que a menudo sonaba muy seria. Este cambio debía de resultar drástico para su hijo auditivo, le ponía nervioso e incómodo y daba como resultado sus pataletas. Como persona auditiva que soy, me resultó muy fácil imaginarme el efecto que aquel cambio vocal tenía en su hijo, algo que nunca se le había ocurrido a Janey, que no era sensible a las voces en este sentido. Por otro lado, cuando ella escribía en el ordenador o se dedicaba al papeleo en su despacho, emitía sonidos tranquilos y repetitivos que, de hecho, tranquilizaban al pequeño.

Llegamos al acuerdo de que ella reorganizaría su trabajo de tal modo que dedicaría las mañanas a realizar sus llamadas telefónicas y dejaría el trabajo con el ordenador y el papeleo para las tardes que pasaba con Paul.

«¡Vaya cambio!», me dijo Janey transcurridas unas semanas. «Desde que telefoneo menos por las tardes, Paul ha mejorado mucho su comportamiento. Y, de hecho, saco más trabajo adelante de esta manera, pues ya no tengo que preocuparme por sus gritos mientras hablo por teléfono. Me alegro de haber comprendido hasta qué punto le afecta mi tono de voz y lo utilizaré para mejorar nuestra comunicación. Comprender cómo tu hijo interpreta lo que dices y haces es una herramienta muy potente.»

Cómo explora el mundo el niño auditivo

El lenguaje juega un papel crítico en la forma de descubrir y explorar el mundo del niño auditivo. Son niños que están ansiosos por expandir su capacidad de habla para con ello comunicar sus necesidades de maneras más sofisticadas. Descubrirá usted que el lenguaje es la clave para comunicarles lo que se espera de ellos. Cuanto más crece, más confía el niño auditivo en que las palabras le guíen, le enseñen y le aclaren cosas acerca de sus actividades o sobre lo que esperan de su conducta.

Los niños auditivos suelen ser muy precisos en sus comunicaciones habladas, y esperan lo mismo de los demás, por lo que es necesario ir con cuidado con lo que se dice en su presencia. Si lo que les comunicamos es inconsistente, y sobre todo si hay mentiras inocentes de por medio, el niño auditivo se dará cuenta, lo recordará y captará o bien los cambios en nuestra historia, o bien que no decimos la verdad. Si le aseguramos que al salir del colegio pasaremos por la biblioteca, o le daremos un helado cuando termine la cena, se aferrará a nuestra promesa y, ante cualquier indicio de incumplimiento, repetirá con gran exactitud las palabras de nuestra promesa. Si cambia usted el plan para salir a cenar y le dice a su pequeño auditivo una mentira inocente del estilo «La pizzería está cerrada hoy, no podemos ir», no le extrañe en absoluto que se la pille.

A medida que el niño auditivo va adquiriendo movilidad, explora su mundo detectando el tipo de oportunidades que le permiten hacer más ruido o ruidos de distinto tipo. Sigue siendo sensible a los sonidos que los demás emiten, y cuanto más domina el lenguaje, más atención presta a las palabras que pronuncia la gente. De modo que controlen lo que dicen, papá y mamá: los niños auditivos son muy precoces en lo que se refiere a memorizar lo que decimos y poseen la habilidad necesaria para repetirlo todo. Además, es como si tuvieran una afición especial por captar (y repetir) las expresiones más incorrectas que salen de nuestra boca. En numerosas ocasiones, muchos padres me han preguntado por qué su niño pequeño, que es poco más que un bebé, utiliza ya palabrotas. Y ello se debe a que cuando utilizamos ese lenguaje, solemos hacerlo con tonos de voz que transmiten mucha emoción y dramatismo, algo que capta enseguida el niño auditivo. Evidentemente, el pequeño desconoce el significado de esas palabras, pero la carga emotiva que llevan encima asegura que las recordará y las utilizará.

Los niños de esta edad no tienen un sentido claro o coherente del tiempo y, por ello, es necesario recordarles constantemente cuál es el plan del día o de la semana. El niño auditivo, amante del orden y de la rutina, responderá bien a la descripción verbal de los acontecimientos programados para la jornada. Y teniendo en cuenta que el ritmo y la música le llegan con facilidad, intente recitarle una lista con las actividades del día en forma de canción o incluso como una serie de frases con rima.

Cuando los niños auditivos se resisten a una orden, es muy posible que su respuesta negativa tenga más que ver con el tono de voz utilizado para dársela, que con la orden en sí. De modo que cuando una madre se me queja de que su hijo «no escucha» cuando ella le dice que vaya a cenar, se vista o cualquier otra cosa, le sugiero que intente decírselo empleando un tono de voz más amable, y observe qué sucede. He visto buenos resultados en muchísimos casos. Los padres que se esfuerzan por hablar utilizando un tono tranquilo y regular descubren que sus hijos responden bien, escuchan y siguen las órdenes dadas, en lugar de aparentemente ignorarlas.

Tuve un caso en que conocí a una madre frustrada de una niña de tres años y medio, Blair, que se negaba obstinadamente a prestar atención a cualquiera de las exigencias de su madre. «Cuando está jugando en su habitación y quiero que venga a la cocina, me ignora siempre, por muchas veces que se lo diga. Al final, acabo gritándole a todo pulmón: "¡Ven a cenar ahora mismo o te quedas sin comer!", momento en el cual se pone histérica y rompe a llorar. Pero no sé qué otra cosa hacer para conseguir que me escuche.» Cuando percibí el desconcierto y la culpabilidad en la voz de aquella madre, me cercioré de que no lograba comprender la necesidad que su hija tenía de un estilo de comunicación diferente.

«En lugar de gritarle desde la cocina», le sugerí, «¿has intentado ir a su cuarto, agacharte a su lado y decirle cariñosamente: "Blair, ahora es hora de cenar. Ve a la mesa, por favor"?»

«¿Y crees que sería tan sencillo?», me preguntó la madre.

«Sí», le garanticé.

Y lo fue. Naturalmente, la madre tardó un tiempo en convencerse de que el esfuerzo de salir de la cocina le merecería la pena. Pero así que lo probó y se desplazó hasta la habitación de su hija para hablarle con un tono más amable, la mejora fue inmediata.

A veces, la aparente obstinación del niño auditivo tiene que ver con el hecho de que capta demasiados sonidos a la vez. Si usted no es una persona auditiva, es posible que no entienda hasta qué punto este hecho puede distraer a su hijo. Una madre con la que trabajé, por ejemplo, creía que su hijo simplemente se mostraba desafiante con ella, pero descubrió que si apagaba el televisor mientras hablaba con el niño, éste le hacía caso y le prestaba mucha más atención.

Debido a la destreza lingüística relativamente sofisticada de estos niños, que les da la habilidad de repetir cosas en voz alta, y a su sensibilidad al tipo de ritmo y repetición característicos de la música, empiezan pronto a trabajar con el alfabeto y los números. Una madre me contó que su hija auditiva, Jillian, aprendió tanto el abecedario como a contar hasta diez recitando las letras y los números como si fuese una cancioncilla rítmica. A estos niños les encanta repetir en voz alta cualquier lista de números, palabras o letras. Para ellos, la repetición es un juego divertido que, además, los ayuda a aprender con más facilidad. El niño auditivo muestra, por otro lado, una tendencia cada vez mayor a clasificar las cosas por color, forma y tamaño. Esta capacidad tiene que ver con su habilidad para reconocer modelos; igual que son capaces de reconocer modelos musicales, son capaces de reconocer también modelos visuales.

Cómo juega e interactúa el niño auditivo

Igual que sucedía cuando eran bebés, los niños auditivos se distraen mucho con cualquier juego que esté relacionado con sonidos. Los instrumentos musicales de juguete, como tambores o teclados, darán al pequeño la oportunidad de crear su propia música, pero prepare los oídos, pues serán sus juguetes favoritos. Los juegos de palabras con rima, que abarcan tanto el ritmo como el lenguaje, apasionan a estos niños, lo mismo que los libros que incorporan sonidos en el relato, o aquellos que los invitan a que imiten los sonidos que emiten los animales. Para un niño auditivo, todos los juguetes pueden y deberían hablar en voz alta. Observará cómo organiza conversaciones entre un círculo de animales de peluche o entre dos soldaditos de juguete, y cómo se entretiene con estas charlas representando los diversos papeles. Actividades como las construcciones con piezas, los rompecabezas, colorear y dibujar son salidas estupendas para su creciente sentido de la organización, el orden y la estructura. También le gustará bailar, el kárate y la gimnasia, todas ellas actividades físicas relacionadas con el ritmo y la rutina.

En reuniones sociales, el pequeño auditivo disfrutará jugando solo. Y en algunos casos, se resistirá a jugar con otros niños, sobre todo en grupo. Muchas veces, este fenómeno tiene que ver con su tendencia a evitar situaciones caóticas y demasiado ruidosas. Es posible que se sienta más inclinado a jugar con un solo niño en un entorno tranquilo y recogido, en el que el nivel de ruido y de actividad general sean bajos.

Si hay algún sonido ambiental que le desagrade —exceso o escasez de sonido—, intentará realizar cambios que le ofrezcan cierto tipo de control sobre los niveles de ruido. Cuando los lleve a cabo, quizá parezca que se comporta de una manera algo peculiar (por ejemplo, si arrastra cojines y mantas hasta su habitación de juegos, o si coloca todos sus peluches en la cabecera de la cama antes de acostarse). Es más que probable que lo que esté haciendo sea tratar de ajustar la calidad de sonido de esas estancias, ya sea disminuyendo el eco de un espacio vacío, o ya sea amortiguando el sonido procedente de la habitación contigua.

La vida diaria del niño auditivo

El sueño

Incluso más que para otros niños, dormir es esencial para el sentido del equilibrio, la armonía y la energía del niño auditivo. Imagínese, por un momento, todo el esfuerzo que exige escuchar con atención y comprenderá por qué estos niños suelen estar agotados al final de la jornada. Después de muchas horas de absorber estimulación auditiva procedente de todo lo que son capaces de escuchar, eso sin mencionar la cantidad de ruido que generan por sí solos, necesitan una buena noche de sueño no sólo para recargar las pilas para el día siguiente, sino también como un modo de desconectar de tanto *input* sensorial. Pero como tienden a despertarse con facilidad, es posible que para conseguir el suficiente descanso necesiten estar más tiempo en la cama que otros niños de su edad.

Los niños auditivos funcionan mejor si se aferran a un horario regular y se acuestan todas las noches a la misma hora, aunque permitiéndoseles antes cierto tiempo para relajarse. Para ello, léale un cuento a su hijo o, simplemente, limítese a dejarle hablar sobre lo que ha hecho a lo largo del día. Justo antes de que se sientan lo bastante agotados para caer en un sueño profundo, estos niños pueden tener mucha cuerda, charlar sin parar y estar muy animados, pero esa efusividad no suele durar mucho tiempo. Como una madre me contó: «Siempre predigo cuándo David está totalmente agotado de su jornada: se pone a charlar como un loco. ¡Es como si tuviera que expresar todo lo que le pasa por la cabeza para poderse dormir!»

Debido al hecho de que, para orientarse, el niño auditivo está siempre inspeccionando su entorno en busca de sonidos, dormirá mejor y más profundamente cuando esté rodeado de sonidos que le resulten familiares... incluso los ronquidos de papá. Asimismo se sentirá más cómodo y seguro, y por lo tanto dormirá más relajado, en una habitación donde oiga cierto ruido de fondo, en lugar de descansar en una habitación en completo silencio, alejado de sonidos reconfortantes. Cuando duerma fuera de casa, en un hotel o en casa de los abuelos, estará más tranquilo y se irá a dormir con más facilidad si tiene el consuelo de escuchar música que le resulte familiar o de que le lean un cuento.

El niño auditivo comparte bien la habitación con un hermano o hermana, y los sonidos que emitan éstos antes de acostarse le resultarán reconfortantes. Para dormir, preferirá una habitación ocupada a una vacía, siempre y cuando el ruido no sea demasiado fuerte. Pero si hay demasiado ruido en el dormitorio, permanecerá despierto y ávido por oírlo todo. Una madre, cuyo hijo se despertaba a menudo debido a los frecuentes truenos típicos del clima de Queensland, donde vivían, creía que resolvería el problema si lo acostaba en la cama con ella hasta que se quedara profundamente dormido, y luego trasladarlo a su cama. Pero si oía un nuevo trueno, el pequeño se despertaba, se ponía a llorar y volvía a la cama de la madre. De modo que ésta instaló un equipo de música en la habitación del niño y le puso música clásica a un volumen que amortiguara el sonido del trueno, pero sin que lo mantuviera despierto, y dio resultado. La hora del baño también era un gran problema, de modo que la misma mamá optó por poner un CD y explicarle a su hijo: «La primera canción es para entrar en la bañera; las tres canciones siguientes son para bañarse y la última es para salir de la bañera». Este sencillo juego funcionó estupendamente para mejorar la rutina del baño y abrir camino a la hora de ir a dormir. Los Beatles y The Wiggles son populares entre los niños. Si se decanta por esta solución, tenga en cuenta que a los niños auditivos les gusta la variedad, y por lo tanto, debería tener una canción para el baño, otra para vestirse, otra para ir a dormir, otra para ir en coche, etc. Suelo recomendar a los padres que elijan música que también les guste a ellos, pues de lo contrario, escuchar siempre las mismas canciones puede resultar pesado.

La alimentación

Las comidas pueden seguir siendo un asunto ruidoso para el niño auditivo. Desde su puesto privilegiado en la trona, continuará haciendo ruido, como cuando era bebé, con cualquier cosa que pase por sus manos —una cuchara, un plato o un vaso—, sólo que ahora es más fuerte y más hábil y, probablemente, tiene mejor puntería. Cabe esperar que estos niños disfruten tirando utensilios al suelo o haciendo chocar su plato y su vaso contra la bandeja. A medida que su hijo vaya creciendo y usted aumente sus expectativas respecto a su comportamiento, es fácil olvidar que estos casos no son simples travesuras, sino que está todavía tratando de exprimir la máxima obtención de sonido de cada momento. Pero esto no significa que tenga usted que ceder. Existen técnicas que le ayudarán a minimizar el ruido y el caos.

Una madre se enfrentaba a los desafíos típicos de dar de comer a un pequeño bullicioso. Su hijo, Judah, que era auditivo, tiraba los alimentos al suelo o sobre la mesa y no comía en absoluto. Pero la madre descubrió que si le hablaba mientras comía, el niño se lo acababa todo sin más, y ese rato transcurría con tranquilidad, pero si dejaba de darle conversación, el pequeño empezaba a tirar la comida y a no comer. En cuanto la madre, que era una persona visual, silenciosa y ordenada, comprobó lo eficaz que era establecer una conexión auditiva y verbal con su hijo, dispuso de una técnica susceptible de ser adaptada a múltiples situaciones y la utilizó a menudo, aunque fuera en contra de su tendencia a pasar la jornada en relativo silencio.

El niño auditivo necesita estar entretenido, aunque no importa tanto *qué* le diga, como que le hable y lo haga sin parar.

El vestido

La tarea diaria de vestir al niño a partir del momento en que empieza a andar —una verdadera hazaña para la mayoría de los padres— no suele ser una dificultad para los padres de niños auditivos. A diferencia de los niños visuales, a quienes les encanta la ropa y muestran claras preferencias respecto a los colores que quieren lucir, o de los niños táctiles, que son extremadamente especiales sobre la percepción de los tejidos y las prendas sobre su piel, los niños auditivos no suelen demostrar claras predilecciones en lo que a la ropa se refiere. Y si las tienen, es probable que les gusten las prendas hechas con tejidos que generen algo de ruido, como el susurro del tafetán o el sonido de la pana al rozarse. Les atraerán también los accesorios que emitan ruido, como unos cascabeles cosidos a unas manoplas o un pequeño silbato que cuelgue de un abrigo.

Si un niño auditivo ofrece dificultades para vestirse por la mañana, hablarle mientras lo hace servirá para facilitar el proceso. Mientras va sacándole la ropa del armario, explíquele lo que se pondrá, adónde irá y qué hará. Este recurso ayudará al niño a tranquilizarse y a concentrarse en la tarea de vestirse,

tanto porque le gusta que le hablen, como porque la información que le proporciona sobre lo que sucederá a lo largo del
día le motiva. Ponerle o cantarle su canción favorita y titularla
«la canción de vestirse» es otra técnica que también le ayudará a dominar esta tarea diaria. Considere estas rutinas y la
conversación continua con su hijo como parte de su misión
para tratar de que se prepare a afrontar el día que tiene por
delante.

Aprender a hacer sus necesidades

Los niños auditivos aprenden rápidamente a controlar sus
esfínteres. La enseñanza metódica con muchas explicaciones
verbales sobre cómo, cuándo y por qué, los ayuda a comprender qué queremos que hagan, dándoles la confianza y los conocimientos necesarios para seguir nuestras instrucciones.
Verá, una vez más, que el pequeño auditivo responde a rutinas
como, por ejemplo, la de sentarse siempre en el orinal después
de una comida, antes de salir de casa o antes de acostarse. Sus
avances serán firmes y regulares, con más errores al principio
y menos a medida que vaya pasando el tiempo. Cuando tenga
un «accidente», es muy importante no suspirar, ni refunfuñar,
ni reñirle, pues podría interrumpir sus avances y llevarlo a una
regresión. Obtendrá resultados mucho mejores si le explica,
empleando un tono animado y alegre, que tiene que intentar
llegar al orinal a tiempo.

Para que el proceso sea divertido para el niño, póngale o
cántele una «canción de ir al baño» o léale un «cuento del orinal» mientras intenta hacer sus necesidades. La música y los
cuentos no sólo son divertidos, sino que además resultan tran-
quilizadores en el caso de que el suyo sea uno de esos niños
auditivos que se asusta al oír el ruido de la cadena del inodoro.

Colocar una alfombrilla de baño en el suelo, delante del inodoro, contribuirá a absorber los ecos que se produzcan en el baño, que podrían también incomodarle. Sea consciente, en general, de los muchos tipos de ruidos que se generan en esa estancia y que tal vez sean problemáticos para su hijo, y haga lo posible para minimizarlos o distraerle para que no los escuche. Estos métodos le ayudarán a superar cualquier resistencia que pudiera tener a estar en el baño. Y si todos estos esfuerzos no resultan suficientes, es posible que se sienta más cómodo durante cierto tiempo utilizando el orinal en su habitación, o en otra estancia de la casa, donde oiga los sonidos que le resultan familiares.

Los elementos básicos del preescolar auditivo, de los tres a los cinco años de edad

La vida emocional del preescolar auditivo

Ahora que el niño auditivo empieza a adquirir más independencia, mostrará mayor inclinación a controlar su entorno auditivo, sobre todo si se encuentra en una situación en la que se vea rodeado de un exceso de sonidos. Los lugares públicos grandes, ruidosos y llenos de gente serán un desafío para estos niños, que se sentirán atacados por un coro de sonidos que no les resultan familiares. Los supermercados, por ejemplo, son lugares especialmente difíciles para ellos, pues el nivel de ruido que hay en ellos les resulta abrumador. El estruendo generado por la gente que habla en voz alta, el zumbido de los fluorescentes, el rechinar de los carritos de la compra, el repiqueteo de las pisadas, los gritos de otros niños, etc., producen un conjunto de ruidos que supone una estimulación excesiva para el niño auditivo. También puede estresarlos jugar en el colegio con un grupo grande de niños, o incluso con hermanos que sean ruidosos y alborotadores. No es que estos niños no puedan pasar un rato en el supermercado, el centro comercial, el patio del colegio o en un acto deportivo. Claro que pueden. Pero no aguantarán tanto como otros niños en este tipo de entorno sin cansarse y ponerse de mal humor. Muchas veces, la única forma de calmarlos consiste simplemente en alejarlos de los ambientes que los estimulan en exceso. Cuando la situación es demasiado ruidosa, los niños auditivos necesitan un pequeño descanso, un ratito de relajación en una parte tranquila de la casa o en el exterior, donde los sonidos de la naturaleza producen en ellos un efecto relajante.

Cuando están estresados, suelen expresarse replegándose en el interior de su concha o con una pataleta a base de gritos. Cuando el comportamiento de un niño auditivo se descontrole o resulte inaceptable, los padres obtendrán una respuesta muy directa e inmediata si se niegan a hablarles o a escucharlos. Usted podría decirles algo como: «No pienso hablar contigo hasta que te calmes».

A esta edad, los padres se darán cuenta de otra característica de conducta que es común en este grupo de niños cuando se sienten abrumados: muestran su desagrado emitiendo un sonido audible tipo «mmppp», y a continuación se cruzan de brazos a modo de protesta, sin pronunciar una palabra más. Incapaces de silenciar el mundo que los rodea, lo dicen todo con su propio silencio.

Estos niños utilizan el sonido (y de vez en cuando, como acabo de explicar, el silencio) como un modo de expresar sus sentimientos y su estado de humor, y también como una forma de gestionar sus sentimientos. Encontrará al niño auditivo cantando en voz baja como una manera de consolarse después de haberse hecho un rasguño en la rodilla o de haberse dado un golpe en un dedo del pie; asimismo le cantará a usted cuando esté excitado o como una forma de decirle que le quiere. Cuando está feliz, querrá escuchar música alegre y animada. Pero si está de mal humor, y usted le pone ese tipo de música, tal vez para intentar animarlo, se mostrará irritado, pues la música no encajará con el estado de ánimo que tiene en aquel momento. Los niños auditivos suelen hacer mucho ruido, y prestar atención a los sonidos que emiten dará a los padres una visión de la vida emocional de sus hijos.

Para los padres, la mejor manera de gestionar o dirigir el comportamiento de su hijo es aprendiendo a escuchar mejor y estando atentos tanto a lo que dicen los niños, como al tono general y al talante de su conversación. Los niños auditivos tienden a ser muy comunicativos cuando están contentos. Si están callados, lo más probable es que pase algo. En estos casos, los padres ayudarán a sus hijos auditivos preguntándoles cómo se sienten y en qué piensan. A diferencia de otros niños, éstos son capaces de expresar lo que les pasa por la cabeza, por lo que merece la pena preguntarles. Y cuando respondan, los padres deberían intentar escuchar sin interrumpirlos. Tener la sensación de ser escuchados es extremadamente importante para estos niños.

Marie y su esposo, Ryan, acudieron a verme preocupados por su hija, Vivian. Ésta era una niña espabilada y curiosa, de cinco años de edad, con la que estaban muy contentos los maestros, quienes a menudo comentaban a sus padres lo bien que se portaba en el colegio. Pero en casa, la conducta de Vivian era un problema para la familia.

Vivian era la hermana mayor de un bebé de seis meses, Julian, y se había mostrado de entrada entusiasmada con la idea de tener un hermanito. Antes de la llegada al mundo de éste, cantaba canciones sobre el bebé y pasaba horas acunando una muñeca entre los brazos, susurrándole y canturreándole al oído. Pero cuando Julian fue una realidad, la reacción de Vivian fue desigual. Le gustaba sentarse y jugar cerca de la cuna del bebé y contarle cuentos cuando la familia se reunía en el salón después de cenar. Pero había veces que se portaba mal: si el bebé lloraba, le gritaba, y cogía unas pataletas tremendas cuando sus padres le daban de comer, lo cambiaban o lo ponían a dormir.

«Parecía estar celosa de Julian, algo que hasta cierto punto esperábamos», me explicó Marie. «Al fin y al cabo, había sido hija única cuatro años. Pero siempre intentamos anticiparnos a esta reacción prestándole la atención suficiente, aun dedicándole mucho tiempo a Julian.»

Marie y Ryan confiaban en que la mala conducta de Vivian disminuyera con el tiempo pero, por desgracia, no había sido así. A medida que el bebé fue creciendo, la actitud de la niña se deterioró todavía más. La hora de las comidas era un desastre, me explicaron. Cuando Julian fue lo bastante mayor para sentarse en la trona y sumarse a la cena familiar, ella se negó a sentarse a la mesa. La hora de poner a dormir a Julian era otra pesadilla, pues cuando los padres intentaban hacerle dormir, Vivian gritaba y se portaba mal. Muchas mañanas, y pese a lo mucho que le gustaba el colegio, ella se negaba a vestirse para ir al parvulario y, sin quitarse el pijama, se dejaba caer en el suelo de su habitación, rodeada de sus peluches, y les susurraba en tono conspirador, mientras por otro lado gritaba a su madre cuando ésta le pedía que espabilase.

Después de reunirme con Marie y Ryan, fui a visitarlos a su casa para observar las situaciones que me habían descrito. La observación de la dinámica de la familia me dejó algunas cosas claras. Tanto Marie como su marido eran personas táctiles:

activos, llenos de energía, adultos decididos y muy afectivos físicamente tanto entre ellos como con sus hijos. Solían comunicar entre ellos y con la niña a través de una especie de «taquigrafía física»: se daban golpecitos en el hombro cuando uno de ellos requería la atención del otro, se saludaban cuando llegaban a la mesa para desayunar (y también saludaban a Vivian) con un pellizco cariñoso en la nuca, y cuando estaban excitados o felices o querían expresar un cumplido, lo hacían con abrazos y besos para todo el mundo.

En cuanto a los niños, ambos eran auditivos. Julian, de seis meses, balbuceaba sin parar y tiraba al suelo cualquier juguete o utensilio que cayera en sus manos con la esperanza de generar el máximo jaleo posible. Esa conducta ponía nerviosa a su hermana mayor, a quien no le gustaba sentarse a comer con su hermano. Cuando estuve en su casa, el bebé se dedicó a golpearlo todo con la cuchara y a aullar porque quería más guisantes, y comprendí que a Vivian le resultaba imposible relajarse y disfrutar de su comida. Además, me di cuenta de que a la niña le costaba captar la atención de sus padres. Tiempo atrás, antes de que naciera Julian, Vivian estaba acostumbrada a ser el centro de atención durante la cena. Según Marie me contó, la niña solía pasar las cenas charlando alegremente y contándoles a sus padres hasta el último detalle de la jornada. Ahora, en cambio, Julian distraía por completo a Marie y a Ryan, algo que sucedería con cualquier padre que tuviese un bebé tan ruidoso como aquél. Cuando comenté mis observaciones con la pareja y les insinué que era posible que Vivian se sintiese excluida, el rostro de ambos se iluminó.

«No me había molestado en comentártelo porque no me pareció importante», me dijo Ryan, «pero cuando la niña está enfadada, una de las cosas que dice mucho es "No me escucháis". Jamás se me pasó por la cabeza que sería tan importante. He intentado con todas mis fuerzas, lo hemos intentado los dos, prestarle a Vivian tanta atención como le prestamos a Julian».

Les pedí a ambos que me dieran unos cuantos ejemplos de cómo le prestaban a Vivian esa atención. «Me gusta sentarme con ella sobre mis rodillas y ver juntos la televisión», dijo Ryan. «Y los dos intentamos darle muchos besos y abrazos, ya que siempre estamos con el bebé encima», añadió Marie.

Les expliqué que los mensajes que enviaban a la niña eran los correctos, pero que no utilizaban el medio adecuado, porque para un niño auditivo, los besos y los abrazos no comunican cariño y elogios del modo tan contundente como lo hacen las palabras. Los padres de Vivian comunicaban con ella de la manera más natural que sabían, pero el estilo de comunicación de su hija operaba de un modo muy distinto al de ellos. Si querían que la niña se sintiese especialmente querida y elogiada, necesitaban comunicarle esos sentimientos en forma de palabras. Para que ella se sintiese especial, tenían que explicarle que era especial.

Hablamos también de cómo conseguir que los hermanos coexistieran en paz. Tener dos hijos auditivos —ambos extremadamente sensibles al ruido— presentaba un desafío interesante y, en mi opinión, algunas soluciones controlables. Julian hacía mucho ruido a la hora de comer, lo que ponía nerviosa a su hermana; además, gritaba y montaba mucho jaleo a la hora de la siesta y a la hora de ir a dormir, de manera que los gritos y el llanto del bebé asimismo la ponían nerviosa, y la niña respondía haciendo ruido a su vez, gritando a sus padres o subiendo el volumen del televisor. El ruido que ella generaba sólo servía para inquietar aún más a su hermano, así que ambos estaban inmersos en un círculo vicioso que había que romper implementando nuevas costumbres para todo el mundo.

Les sugerí a Marie y a Ryan que dieran de comer al bebé antes de cenar ellos con su hija, y que lo tuvieran sentado en una sillita cercana mientras los tres comían. De esta manera, la hora de la comida sería más tranquila, y los padres podrían prestar más atención a su hija.

Para solucionar los demás problemas, que en su mayoría tenían que ver con la reacción de Vivian al llanto del bebé a la hora de acostarse y por las mañanas, propuse a los padres que intentaran reclutar a Vivian para convertirla en ayudante de la rutina familiar mientras se preparaban para salir. Por ejemplo, la niña elegiría canciones que le pondría en el reproductor de CD al bebé o se las cantaría cuando se iba a dormir (música suave y relajante), o cuando lo vestían por las mañanas (música animada y alegre). Si Vivian conseguía tener la sensación de que participaba en los cuidados del bebé y si, dentro de ciertos límites, controlaba los sonidos de su entorno inmediato, tendría menos necesidad de generar ruidos para competir con su hermano a modo de protesta. En lugar de que Julian y Vivian intentaran superarse mutuamente con ruidos antagónicos, quise que los padres trataran de establecer algún tipo de armonía entre ambos niños.

Marie me llamó unas semanas después para informarme de sus avances: «Funciona de verdad», me dijo aliviada. «Darle de comer antes al bebé ha mejorado mucho las cenas. La situación es más tranquila y placentera para todos, sobre todo para Vivian, porque podemos dedicar más tiempo a hablar con ella. Y la niña está ayudándome mucho con el bebé. Le encanta hablarle y cantarle. Cuando la situación se nos va de las manos, intento pensar en cómo tranquilizarlos a los dos con sonidos, bien sea música, o bien leyendo juntos un cuento o, simplemente, hablándoles en voz baja.»

El estilo de aprendizaje del preescolar auditivo

Cuando estos niños crecen, sus habilidades de comunicación —tanto en lo que se refiere al habla como a la escucha— se vuelven más complejas y sofisticadas. Su entorno diario se torna más complicado a medida que van al colegio, quedan para jugar con los amigos o participan en diversas actividades recreativas. La exposición a un mundo más grande y más público, lleno de sonidos que tienen que interpretarse y dominarse, supondrá un reto enorme para los niños auditivos que, en todo momento, seguirán confiando en el sonido como su principal guía para la experimentación.

Los niños de entre tres y cinco años, que cada vez llevan a cabo más actividades relacionadas con amigos, deportes y colegio, tienen a menudo una vida con agendas muy apretadas. Pero el niño auditivo se muestra disconforme a menudo con la idea que tienen los demás de la gestión del tiempo y de las agendas, lo que puede volver locos a los padres. Este tipo de niños quiere imponer su tendencia a vivir la jornada siguiendo su propio ritmo (por lo general haciéndose los remolones) y estableciendo su propio horario. Tal vez este fenómeno resulte desconcertante y fastidioso para los padres, que pasan muchas horas de frustración intentando convencer a sus hijos de que sigan las rutinas de las mañanas o las de la hora de irse a dormir. Como vimos con los niños auditivos pequeños, esta característica está relacionada con la dificultad que les supone realizar la transición de una actividad a otra.

Incluso con cuatro o cinco años, estos niños siguen beneficiándose de pistas auditivas de confianza, como podrían ser la música pregrabada o las canciones que sus padres crean para señalar el momento de cada actividad. Las transiciones de la jornada del niño auditivo serán más eficaces si escucha canciones como la de «la hora de ir al colegio» o «la hora de lavarse los dientes», que simplemente diciéndole que haga las cosas. Como ahora ya es lo bastante mayor para mostrar sus preferencias musicales, una forma de aumentar su cooperación sería hacerle participar en la selección de canciones que se utilizarán a lo largo del día. Le gustará seleccionar o crear las canciones adecuadas que le acompañen mientras se viste para ir al colegio, o mientras realiza tareas tan sencillas como guardar la ropa en sus cajones, darle de comer al gato o prepararse para ir a dormir. Y los elogios siempre son bienvenidos. Frases cortas y sencillas («Buen trabajo» cuando guarda la ropa sin que usted se lo diga, por ejemplo) son precisamente las que le gusta escuchar.

Por otro lado, el niño auditivo es capaz de desconectar de preguntas y exigencias, aun cuando se le repitan varias veces, si éstas no se realizan empleando un tono cálido y amistoso. No es que sea expresamente desobediente, sino que capta con tanta facilidad los tonos negativos, hostiles o enfadados (aunque la persona que habla intente esconder sus sentimientos), que desarrolla desde una edad muy temprana la habilidad de desconectar a modo de mecanismo de defensa y sin darse apenas cuenta de que lo hace.

Cuando el niño auditivo empieza a ir al colegio (sea al parvulario o a la guardería), puede darse el caso de que algún maestro se queje de que no presta atención. Si el aula es ruidosa, cabe la posibilidad de que el niño desconecte utilizando ese mecanismo de defensa. Una madre me contó una solución que fue bien con su hijo, Michael. Éste iba al colegio Montessori, que debido al énfasis que pone en la libertad de expresión suele ser muy ruidoso. Michael se quejaba siempre a su madre: «¡Allí hay mucho ruido! ¡No puedo pensar!» La madre le sugirió que cuando el ruido de las voces de sus compañeros de clase le molestara, tarareara para sus adentros su canción favorita de irse a dormir. Tan pronto como Michael puso en práctica este tipo de relajación, que servía para bloquear parte de los sonidos, notó que controlaba su entorno y se sintió más a gusto.

Repito, una de las mejores herramientas que un padre puede manejar es una grabadora, sobre todo cuando el niño auditivo se hace mayor. Con un casete, un reproductor de CD o un iPod, el niño dispondrá de su propia música y amortiguará cualquier sonido que no desee escuchar.

Los niños auditivos aprenden bien y suelen obtener buenos resultados en el colegio. Su comportamiento tranquilo y, por lo general, atento, facilita que sea aceptado en clase y los ayuda a cumplir las expectativas de los maestros. El niño auditivo se sentará cómodamente, permanecerá quieto y mostrando interés durante la hora del cuento, jugará amistosamente y sin provocar problemas con sus compañeros en el recreo y será el primer voluntario para ponerse a cantar. Podría crearse dificultades por charlar demasiado en clase, pues la tentación de susurrar un comentario a su vecino, o incluso la de gritar cualquier frase al amigo que está en el extremo opuesto del aula, suele ser demasiado fuerte para que logre resistirse a ella.

Como sus aptitudes de escucha son tan intensas, estos niños suelen seguir bien las instrucciones. Prefieren aprender escuchando antes que captar la información de un libro o de cualquier tipo de ayuda visual, como las cartulinas con dibujos explicativos. Cuando aprenden el abecedario y los números, por ejemplo, responderán muy bien a pistas auditivas, como leerles en voz alta o pedirles que hagan coincidir el sonido de una determinada letra con la letra en sí. Como se ha comentado anteriormente, el ritmo también los ayuda, por lo que muchos niños auditivos aprenden el abecedario canturreándolo en voz alta. Asimismo aprenden bien en un entorno en el que los maestros hablen constantemente a los alumnos, explicándoles con claridad las lecciones y dándoles instrucciones precisas sobre cómo hacer los deberes. Bajo estas circunstancias, se sentirán a gusto y estarán ansiosos por aprender cosas nuevas.

El niño auditivo, tan diligente en cuanto a absorber lo que dicen los demás, suele tener un vocabulario extenso y unas habilidades lingüísticas excelentes, en general. Podría mostrar interés, y probablemente una verdadera afinidad, por otros idiomas. Estos niños son buenos comunicadores y tienen un talento natural no sólo para expresarse, sino también, y gracias a su sensibilidad a los matices del tono de voz, para escuchar entre líneas lo que dicen los demás.

Sean cuales fueran las circunstancias, a estos niños les encanta hablar, y los oirá llegar incluso antes de verlos, pues siempre irán charlando con sus muñecas, con su hermano pequeño o solos. Mantienen una especie de comentario en directo a lo largo del día, y necesitan, además, una gran respuesta verbal por parte de sus padres para saber que éstos los escuchan. Las quejas por no sentirse escuchado son típicas del niño auditivo cuando tiene la sensación de no estar recibiendo la atención suficiente. Para padres que no son de naturaleza auditiva y que se enfrentan a tantas exigencias con respecto a su tiempo y a sus energías, esta protesta podría caer en saco roto.

Hay niños auditivos que son muy quejicas. Una madre y yo descubrimos una técnica que consiste en utilizar una grabadora para registrar las quejas del niño. Cuando el hijo de aquella madre se escuchó emitiendo unos sonidos que recordaban al de la tiza chirriando en la pizarra, se concienció de sus gemidos y de que debía corregir él solo esa conducta. Otra madre, enfrentada a un niño quejica, utilizó pistas auditivas: «Cuando me hablas de esta manera, me duelen los oídos».

Otro caso fue el de una madre que tenía dificultades en conseguir que su hijo de cuatro años le prestara atención cuando ella le hablaba. Le preocupaba sobre todo que desconectase de lo que le decía cuando intentaba enseñarle que mirara a ambos lados de la calle antes de cruzarla. Aunque lo llevaba cogido de la mano, naturalmente, quería que se diese cuenta de cuándo había tráfico y que cobrase conciencia del peligro que ello significaba. En lugar de gritarle: «¡Vigila con los coches!», optó por recordarle que tenía que mirar y decirle a continuación: «¿Has oído que viene un coche?» Decidió recurrir al sentido del oído del niño para redirigir su conducta y conseguir que le prestara atención.

La vida social del preescolar auditivo

Al niño auditivo le gusta la actividad física que incorpora música y ritmo. Suele preferir la clase de baile a los partidos de futbol, así como actuar en el musical del colegio en vez de ayudar a preparar el escenario y los disfraces. En el recreo, le verá saltar a la cuerda, jugar a la pata coja y, en general, decantarse por juegos que le exijan moverse siguiendo cierto ritmo.

A estos niños sigue gustándoles escuchar música, dondequiera que la encuentren. A medida que maduren, sus preferencias musicales se afinarán. Pero por individuales que sean sus elecciones, presentan ciertas rasgos en común: prefieren música de composición sencilla y melódica y, normalmente, no les gusta nada que sea muy orquestada o complicada; la música de sonidos discordantes, chillones o exagerados los pone nerviosos. De modo que Mozart los atraerá mucho más que Wagner, y las alegres canciones pop o las baladas emotivas les gustarán más que el *rock and roll*, no sólo a esta edad, sino también cuando sean mayores.

El preescolar es aún bastante sensible a los entornos ruidosos, lo que puede convertir en un auténtico reto ocasiones como las fiestas de cumpleaños. Es frecuente que todavía desarrolle cierto miedo o aversión a asistir a reuniones sociales con muchos niños debido a la intensidad del bullicio que generan jugando todos en la misma habitación. Tenga en cuenta que, en este caso, su hijo podría enfrentarse a un verdadero conflicto: seguramente querrá asistir a la fiesta de su amiguito de clase, pero será incapaz de gestionar físicamente el nivel de sonido que haya allí. Esto era lo que le sucedía a Gaby, una niña de cuatro años con la que trabajé. Cuando acudía a fiestas, solía sentirse abrumada hasta el punto de acabar casi llorando en un rincón. Sasha, la madre de Gaby, estaba exasperada por aquella conducta y tenía la sensación de que su hija debía «afrontarlo». Pero como le preocupaba que Gaby tratara de evitar las celebraciones, o no tuviera amigos o no supiera desarrollar correctamente sus habilidades sociales, insistía en que la niña asistiera a las fiestas y, una vez allí, procuraba alejarla del rincón y animarla a jugar. Pero cuando Sasha se dio cuenta de que la niña lo pasaba mal porque, al ser auditiva, le ponía nerviosa el volumen de ruido de la habitación, manejó el problema de otra manera. Cuando veía que Gaby se recluía en sí misma, le sugería amablemente salir un ratito fuera a charlar (aunque no se trataba de castigarla, ni de comentar por qué estaba inquieta), para darle un respiro del ruido. Pasados unos minutos, la niña quería volver voluntariamente a la fiesta, y enseguida aprendió a tomar por sí misma la iniciativa. Cuando se notaba abrumada, arrastraba a su madre fuera, pues comprendió cómo podía arreglárselas para sentirse cómoda, y pedía un momento de descanso cuando lo necesitaba.

En general, el preescolar auditivo seguirá siendo feliz jugando solo. Cuando juegue con otros niños, preferirá hacerlo con un solo amiguito en lugar de practicar un ruidoso juego en grupo. Estos niños suelen tener una personalidad bien asentada, y a medida que su vida social vaya expandiéndose y diversificándose, estarán a la altura, aunque siempre marchando al ritmo que marque su propio tamborilero.

La vida diaria del preescolar auditivo

El sueño

Relajarse antes de irse a dormir es un paso importante para este tipo de niños, que continúan necesitando una buena dosis de sueño para funcionar debidamente. Cuando están demasiado cansados, usted lo notará en el tono de voz —alto y claro— que emplean. Expresarán sus sentimientos de un modo muy vocal, mediante gritos o pataletas a base de chillidos. Por tentador que resulte actuar con cierta irresponsabilidad con respecto a la hora de acostarse de estos niños, no compensa en absoluto la conveniencia a corto plazo que supondría cambiarles el horario, para satisfacer las necesidades paternas de ese momento concreto. A diferencia de otros niños, que en comparación superan con facilidad los cambios en el horario de sueño, el niño auditivo necesita rutina y regularidad.

Igual que cuando era más pequeño, una música relajante para irse a dormir le favorecerá su transición al sueño; pero si usted elige una música alegre y animada, será como darle una inyección de adrenalina.

Hay algunas estrategias que ayudarán a que el niño auditivo se acueste sin contratiempos: disminuir el nivel de sonido de su entorno inmediato alrededor de una hora antes de irse a dormir facilitará que se empiece a relajar, y tocar o cantar sus canciones favoritas —para cepillarse los dientes, para ponerse el pijama, etc.— favorecerá que se prepare para irse a la cama de un modo que le resulte conocido y reconfortante. Asimismo no querrá dormirse solo en una habitación vacía y en silencio. Por ello, leerle o hablarle dulcemente mientras se duerme le tranquilizará y le consolará, igual que ponerle música muy bajita. Llenarle los oídos de sonidos suaves, delicados y conocidos es la clave para conseguir que la hora de acostarse sea una rutina que transcurra sin dificultades.

La alimentación

Los hábitos alimenticios del niño auditivo no cambian cuando se hace mayor. Sigue distrayéndose fácilmente con los sonidos, por lo que nunca comerá bien delante del televisor, porque aleja su concentración de la comida. Si le ordena que coma «ahora» el resultado probable será que desconectará de usted, sobre todo si capta en su voz un tono de impaciencia o enfado. Estos niños comerán a gusto si se los anima a mantener una conversación sobre lo que han hecho a lo largo del día: con quién han jugado en el recreo, qué han hecho en clase, dónde han ido con la canguro al salir del colegio…

El vestido

Lo mismo que sucede con la alimentación, la conducta del niño auditivo en cuanto a elegir sus prendas y a vestirse tiene menos que ver con la ropa en sí, que con la manera en que interactúen ustedes dos. Apele al sentido de la rutina de su hijo para que este ritual matutino sea rápido y sencillo. Por ejemplo, comente con él o ella el orden de los acontecimientos del día mientras le prepara la ropa para que se vista: «Primero vamos a vestirnos, después nos peinaremos, luego iremos a desayunar y a continuación papá te llevará en coche al colegio». A los niños auditivos les encantan las secuencias —forman parte de su mentalidad inherentemente matemática—, de modo que este tipo de conversación los anima mientras los ayudamos a vestirse.

Los desajustes con el niño auditivo

El niño auditivo presenta interesantes desafíos cuando existen desajustes con padres que tengan un sentido dominante distinto al suyo. Pero, antes que nada, abordemos los problemas que pueden producirse cuando un padre o madre auditivos tienen un hijo auditivo.

Niño auditivo con padre o madre auditivos

Esta combinación puede resultar explosiva a veces, pues tanto los padres como los hijos suelen ser simultáneamente muy verbales e hipersensibles al sonido. Si la madre es una charlatana, siempre está al teléfono y anda parloteando sin parar, como les sucede a muchas personas auditivas, quizás el niño auditivo se sentiría dejado de lado o ignorado. Y el ruido que los padres auditivos suelen hacer resultaría abrumador para un bebé o un niño pequeño. Como usted recordará, el reflejo del sobresalto del bebé auditivo es muy sensible, por lo que cuando hay mucho ruido en el ambiente, se siente ansioso e inquieto. Cuando es mayor, el niño quizá se limite a desconectar. De la misma manera, cabe la posibilidad de que un padre auditivo se repliegue en sí mismo sin darse cuenta de ello. Por ejemplo, si un bebé o un niño pequeño auditivo es especialmente quejica, la madre podría «detener ese ruido» neutralizándolo. O, si el ruido la distrajera, se le podrían cruzar los cables cortocircuitarse y gritarle al bebé o al niño quejica, empeorando a buen seguro una situación ya mala de por sí.

La música suave, las voces delicadas y la paciencia contribuyen a que el nivel de sonido vuelva a estar bajo control. Regalarle a un niño de esta edad un iPod o un reproductor de CD servirá para darle el control que necesita ejercer sobre su entorno.

Y dado que a la gente auditiva le gusta controlar el sonido de dicho entorno, se puede encender una batalla de voluntades en la que tanto padres e hijos compitan para afirmar sus preferencias: música fuerte o silencio, melodías animadas o clásicas, etc. Siempre es posible, sin embargo, llegar a un acuerdo. La madre auditiva de una recién nacida aprovechó la sensibilidad auditiva de su bebé: cada vez que se sentaba para darle de mamar, ponía su culebrón favorito, lo que la relajaba tanto a ella como al bebé. ¿Por qué? Porque el bebé se había acostumbrado a la banda sonora del programa y la asociaba con un rato maravilloso que pasaba con su madre.

Niño auditivo con padre o madre táctiles

Los padres táctiles podrían ignorar o no tomarse en serio la sensibilidad al sonido del hijo auditivo, simplemente porque no se les ocurre que exista un problema en ello. Recordará usted un ejemplo, citado anteriormente, de una madre que no comprendía por qué su tercer hijo no conseguía dormir la siesta por muy cansado que estuviera. La madre no había relacionado el ruido de su rutina diaria —lavar los platos, pasar el aspirador y otras tareas— con la interrupción total del sueño del pequeño. Aunque sus dos hijos mayores habían dormido a pesar de aquellos ruidos del hogar (eran visual y táctil, respectivamente), el nuevo bebé era auditivo. Pensar en sus hijos desde esta perspectiva la ayudó a comprender por qué el bebé se comportaba de un modo tan distinto a sus hermanos, aunque el entorno fuera el mismo para todos ellos.

Los padres táctiles tienden a hablar en voz alta y potente, algo que el niño auditivo podría malinterpretar como hostil. El tono de voz puede, asimismo, conducir a malentendidos. Inconscientes de cómo los interpreta un niño tan sensible a los matices, los padres táctiles hablan a menudo con frases cortas y secas, hiriendo los sentimientos del niño auditivo sin siquiera comprender por qué éste parece tan infeliz. Una madre táctil utilizaba la expresión «¡Basta!» como una manera de acabar con las discusiones con su hija auditiva de tres años. Decía, por ejemplo: «De postre, puedes tomar un polo o una bola pequeña de helado». Si su hija le respondía diciéndole: «Lo que quiero es tarta de manzana», la respuesta era siempre: «¡Basta!», y la pequeña se echaba siempre a llorar. Un día, la niña le dijo por fin a su madre: «No digas "¡Basta!" ¡Es feo!» Tuvo la valentía suficiente para plantarle cara a su madre y el ingenio necesario para hacerle comprender sus necesidades, pero no es el caso de todos los niños, por lo que los padres deberían tratar de aprender a escuchar las cosas a través de los oídos de sus hijos.

Como padre o madre táctiles, si intentan afinar la manera de hablarle a su hijo, se darán cuenta de que cuando suben el tono de voz, el niño tenderá a retraerse o a portarse mal. Un tono de voz suave, amable y regular y un lenguaje firme, aunque no hiriente, es el que funcionará mejor con un niño auditivo.

Niño auditivo con padre o madre visuales

Como padre o madre visuales, tendrán tendencia a que sus días transcurran tranquilamente, concentrados en realizar su trabajo, organizando la jornada, haciendo planes, ordenando la casa. Un padre o una madre callados y poco habladores pueden resultar desconcertantes para un niño auditivo, que necesita oír consuelo, directrices y elogios... en palabras.

Pero es importante el tipo de palabras que se utilicen. Cuando los padres visuales hablan con sus hijos suelen confiar en las pistas visuales. Si usted dice: «¿Ves a qué me refiero?», no es tan eficaz como: «¿Oyes lo que te digo?» Tal vez parezca una distinción sutil, pero puede marcar la diferencia.

Los padres visuales, a causa de su pasión por el orden y su fuerte sentido de la estética, están a veces muy centrados en el aspecto externo de las cosas. Por ello, el desorden natural de los niños pequeños puede resultar problemático para estas personas. Con un niño auditivo, el padre visual tendrá que ajustar sus estándares de pulcritud porque, créalo o no, una habitación limpia y ordenada suena diferente (tiene mucho más eco), que una habitación desordenada. Si un niño auditivo tiene por costumbre esparcir ropa, juguetes, mantas y almohadas por todas partes, tal vez sea una señal de que se encuentra en una habitación con demasiadas superficies duras y pocos elementos amortiguadores del sonido. Como es natural, cuando el niño monta ese lío no sabe lo que hace; simplemente percibe que cuando está desordenada, la habitación le resulta más confortable. Por lo tanto, unos pocos cambios en la habitación —cojines en las sillas, alfombras en el suelo, más cojines en la cama o cortinas en las ventanas— supondrían para él una gran diferencia.

La confianza del padre visual en lo que capta a través de

los ojos significa que a menudo no se dará cuenta de lo que su hijo auditivo capta a través de los oídos. El resultante fallo de comunicación puede pasar factura tanto a padres como a hijos. Por ejemplo, trabajé con una madre que había invertido mucho tiempo y energías para tener una casa maravillosamente bonita. Desde las arañas de cristal que colgaban del techo hasta las persianas de madera de las ventanas, pasando por los suelos de mármol pulido, la casa era un auténtico escaparate. Pero era también, aunque ella no lo supiera, una cámara de resonancia que volvía loca a su hija de dos años, motivo por el cual la pequeña se mostraba siempre muy irritable. Para aquella niña auditiva, el sonido de los tacones de su madre al andar resultaba casi insoportable. La madre no tenía ni idea de dónde residía el problema y estaba fuera de sí debido a tanta inquietud y frustración. Cuando visité su casa y oí cómo las superficies duras magnificaban los sonidos, le expliqué lo desagradable que era para su hija aquel entorno sonoro. Estrategias sencillas, como pedirle a la gente que se quitara los zapatos al entrar en casa y comprar algunas alfombras, sirvieron para amortiguar el sonido y tranquilizar a la niña.

Niño auditivo con padre o madre gusto/olfativos

Los niños auditivos suelen llevarse bastante bien con padres gusto/olfativos. Éstos suelen dar mucha importancia a la comodidad, por lo que su casa está amueblada con sillas y sofás tapizados y confortables, alfombras mullidas, muchas almohadas y cojines y cualquier superficie disponible cubierta con algún tejido. Este tipo de objetos y muebles absorberá el sonido y ayudará al niño auditivo a sentirse seguro y a salvo. En éste y en otros sentidos, los padres gusto/olfativos y los niños auditivos son, en general, bastante compatibles.

Diferirán en lo relacionado con la gestión del tiempo. Porque los niños auditivos funcionan bien cuando su jornada es ordenada y está bien planificada, aunque tal vez tengan dificultades en la transición de una actividad a otra; normalmente les gusta aferrarse a una agenda. Por otro lado, los padres gusto/olfativos suelen fallar en la planificación de los acontecimientos del día. La espontaneidad de estos padres podría parecerle impulsiva a un niño auditivo y, en consecuencia, provocarle inquietud o ansiedad.

El padre o la madre gusto/olfativos necesitan protegerse contra la tendencia a «cuidar con exceso» a su hijo. Al primer chillido o grito, estos padres correrán al rescate de su hijo, antes de que sea evidente que el sonido que emite el niño indica en realidad algún tipo de necesidad o angustia. Tal vez el niño auditivo esté simplemente emitiendo un sonido porque le gusta, y el padre que corre a intentar consolar al bebé o al niño pequeño quizá sofoque el medio que éstos utilizan para explorar su propia persona y su mundo, e interrumpa lo que a menudo no es más que un tipo de juego.

Los padres gusto/olfativos podrían tener tendencia a hablar de sentimientos y a preguntarle constantemente a su hijo auditivo cómo se encuentra. A lo mejor esta clase de pregunta resulta desconcertante para un niño auditivo, que es más práctico y concreto, y no suele pensar mucho en sentimientos. Estos padres suelen ser muy expresivos emocionalmente —en su tono de voz, en su expresión facial y en su lenguaje corporal—, lo que quizá resulte abrumador o confuso para un niño auditivo. Trabajé con una pequeña, cuyos padres estaban divorciados, que no quería ir a casa de su padre los fines de semana cuando él tenía su custodia. Al preguntarle a la niña por el motivo, me contó que su papá no se alegraba de verla, algo que me pareció desconcertante porque sabía que el padre la adoraba. Resultó que estaba tan afligido por el poco tiempo que pasaba con ella que se emocionaba excesivamente cuando estaban juntos. La semana antes de ver yo a la niña por primera vez, él se había sofocado y echado a llorar cuando la niña le enseñó un dibujo que había hecho para él, por ejemplo. Con sólo cinco años de edad, la pequeña confundió aquellas lágrimas y el sonido ahogado de la voz de su padre —al que respondió con fuerza al ser auditiva—, e interpretó que el dibujo no le había gustado y lo había decepcionado. Cuando el padre comprendió de qué modo afectaban sus reacciones a su hija, se esforzó en convertir sus sentimientos en palabras positivas, en utilizar un tono de voz animado y en reprimir los signos más evidentes de sus emociones, con el resultado de que la relación mejoró de forma espectacular.

Me gusta denominar a los niños auditivos «ciudadanos sólidos» porque les encanta el orden, la rutina, la regularidad, la sensación de que una actividad sigue a la otra en una secuencia predecible. Saben escuchar, responden bien a las instrucciones verbales claras y les gusta portarse bien… y ser elogiados por ello. Su tendencia a desconectar de vez en cuando es más bien una autoprotección que un desafío. De modo que cuando guíe a su hijo auditivo a través de los emocionantes retos de esta fase, tenga en cuenta que el mundo del sonido es su primer punto de referencia. Si logra imaginarse el mundo como lo experimenta él o ella desde su punto de vista —o, más bien dicho, desde sus sensibles oídos—, comprenderá mucho mejor su conducta y elucubrará estrategias para conformarla. Escuche tanto a su hijo como a todo lo que le rodea.

6

El niño visual

Los niños visuales disfrutan con los colores, las formas y el movimiento. Tremendamente observadores, se estimulan —a menudo en exceso— con la inmensa cantidad de información que cambia sin cesar ante sus ojos. Desde que se despiertan por la mañana hasta que consiguen cerrar los ojos por la noche, confían en sus ojos para que los guíen a lo largo de la jornada, para que busquen lo conocido (la cara sonriente de mamá y papá) y lo novedoso (una nueva bicicleta roja aparcada en la acera), aunque un exceso de imágenes interesantes y nuevas a la vista puede inquietarlos y ponerlos nerviosos. Estos niños coleccionan mentalmente las imágenes que se convierten en su medio para captar el mundo, y lo que absorben tiene el poder de consolarlos, enseñarles, excitarlos, asustarlos y enfadarlos. Ante su paisaje visual, experimentan un espectro completo de emociones. Centrados sobre todo en sus padres o en quienes principalmente los cuidan, siguen con la vista a estas personas tan importantes para ellos y prestan mucha atención a todo lo que hay en su entorno inmediato. El niño visual le vigila a usted muy de cerca, así como todo lo que tiene a su alrededor.

De recién nacidos, los niños con orientación visual son a menudo etiquetados como «bebés buenos», y no es porque sean innatamente más fáciles que otros bebés, sino porque sus padres satisfacen sus necesidades visuales sin ser conscientes de estar haciéndolo. Como son bebés que no alborotan si ven que su madre, o quien los cuida, está cerca, y eso es lo que suele suceder durante el primer periodo de su vida, son tranquilos y felices, pues obtienen el tipo de consuelo que mejor les sienta.

Al niño visual le gusta el orden, y organizará su habitación o su espacio de juego con gran atención y cuidado. Cuando van a mi consulta niños visuales, disponen enseguida los peluches formando filas, o colocan coches y trenes en ordenada formación. Su habilidad para generar orden no sólo les resulta placentera, sino que además los ayuda a gestionar sus emociones. Si, por ejemplo, un niño visual ha tenido un día difícil en el colegio o simplemente una jornada larga llena de actividad, reorganizar sus muñecas o sus cuentos en las estanterías de su habitación le supondrá una manera de controlar su estrés y de relajarse. Es un proceso que lo reconforta y una forma de consolarse. Vivimos en un mundo muy visual y tal vez infravaloremos el impacto de la embestida visual que a diario ataca nuestros ojos y los de nuestros hijos: el caos de luces, publicidad, televisión e Internet. En general, un niño poco puede hacer para modificar este paisaje visual. Pero al disponer las cosas de tal modo que satisfagan sus propios gustos, el niño visual tiene la sensación de que impone su sentido del orden en su pequeño pedazo de mundo. El control que ejerce sobre el aspecto de su entorno es como el que el niño auditivo intenta ejercer sobre el nivel de sonido.

Los niños visuales también expresan su sentido del orden en el juego, ya que juegan con los juguetes de uno en uno, los colocan en hilera, los agrupan según distintos vínculos visuales de unión (los coches rojos en una zona, los azules en otra, por ejemplo). A medida que crecen, sus sistemas de organización serán más amplios y complicados.

En sus relaciones, se inclinan hacia las personas parecidas a sus seres queridos: su canguro favorita tiene el pelo largo como mamá, su mejor amiga es rubia y de ojos azules como su hermana. Incluso de pequeños, se percatan de las características físicas de la gente y responden a ellas con energía y de un modo aparentemente irracional en determinadas ocasiones. Sin venir a cuento, consideran que ser pelirrojo equivale a dar miedo. Tal vez alguien pelirrojo los miró en una ocasión de un modo amedrentador, y esa experiencia los lleva a calificar por igual a toda la gente con ese rasgo en común. Estese tranquilo, sin embargo, pues su hijo visual superará este tipo de prejuicios. El aspecto de la gente, no obstante, siempre será importante. (De hecho, detecto a una madre visual a un kilómetro de distancia. Son las mamás cuyos hijos siempre van bien peinados y vestidos con mucho esmero, limpios y aseados, con cada cabello en su lugar, y su atuendo, desde la cinta del pelo o el cinturón hasta los zapatos y los calcetines, está perfectamente coordinado.)

Los padres que no son visuales se quedarán perplejos o incluso les molestará el intenso interés por el aspecto físico que muestra su hijo visual. Por ejemplo, es probable que para este tipo de niños sea muy importante qué fiambrera o qué mochila lleva al colegio, qué ropa se pone o de qué plato come. Una madre me decía: «Ninguno de mis otros hijos es así. ¿Por qué tendría que hacer una excepción con Tommy?» Bien, naturalmente, no tiene *obligación* de hacerla con Tommy, pero si él se siente mucho más cómodo consigo mismo llevando una mochila con el dibujo de Batman como la de su mejor amigo, ¿por qué no la va a hacer? La recompensa de satisfacer a su hijo en cuestiones de escasa importancia (para usted, aunque no para él) puede ser considerable.

En el colegio, los niños visuales aprenden bien mirando con atención los libros o la pizarra, las cartulinas explicativas o los ordenadores. Memorizar las letras, los números y las palabras les resulta fácil gracias a su habilidad para «ver» mentalmente todos esos datos. Tal vez estén considerados como niños algo controladores, pues inevitablemente tratan de reafirmar su sentido del orden en la clase, en el recreo, en el grupo de juego o dondequiera que se encuentren. Superada la edad preescolar, suelen ser pensadores muy organizados y rendir bien en el colegio, sobre todo en un entorno tradicional, donde las expectativas están muy claras y los temas se presentan con un formato visual.

Encontrará al niño visual encorvado sobre un bloc de dibujo, profundamente concentrado en hacer un dibujo tras otro; será el primero en darse cuenta de si su madre ha ido a la peluquería, y no se cortará ni un pelo en decirle si le gusta o no el resultado; será el que se aferrará a su pierna cuando empiece a ir a la guardería y examinará el aula entera en busca de un rostro que le resulte familiar antes de aventurarse a sonreír; será el preescolar cuyos libros y juguetes están cuidadosamente guardados, organizados por colores o por cualquier criterio de su elección, y cuyo armario estará más organizado que el de usted.

Pasar tiempo junto a un niño visual es ver los puntos de referencia ordinarios y cotidianos bajo un punto de vista novedoso, porque el pequeño nos señala constantemente detalles que nosotros, que percibimos el mundo de manera distinta, podríamos muy fácilmente pasar por alto.

Los elementos básicos del bebé visual, del nacimiento al año de edad

Cómo expresa el bebé visual sus necesidades emocionales

Los bebés visuales reconocen a sus padres sobre todo por la cara y el cuerpo, y querrán ver a quien los cuida en todo momento. Cuando no lo consiguen, se sienten incómodos. Si se aleja usted de su campo visual, el bebé llorará a modo de protesta. A diferencia de los niños táctiles, que quieren estar constantemente en brazos, el bebé visual se sentirá feliz en su cochecito o en la trona siempre que vea a mamá o a papá. Reconfortado con su presencia, el bebé se entretendrá observando la actividad que se produce a su alrededor, bien sea mirando cómo mamá prepara las verduras para la cena, o bien viendo cómo papá se pelea con un montón de facturas, o bien mirando con los ojos abiertos de par en par cómo su hermana mayor se calza y se pone el abrigo para irse al colegio. El bebé visual ansía el contacto visual directo, por lo que se inquietaría si sus padres y hermanos no interrumpen regularmente lo que estén haciendo para dedicar un momento a conectar con él, sonriéndole y mirándole de cerca.

Como estos niños necesitan ver de forma constante a quien lo cuida, significa que usted tendrá que recurrir a la creatividad para satisfacer sus necesidades emocionales durante el transcurso de las actividades diarias. Por ejemplo, tendrá que pensar en qué tipo de distracción visual le ofrece al bebé cuando esté en la sillita del coche, puesto que durante el primer año de vida, dada la orientación de la sillita, el bebé le mira de frente. Tal vez podría pegar en la superficie que esté mirando una fotografía de usted y su hijo. No le aconsejo que ponga un espejo, pues tal vez resultaría peligroso. En caso de accidente, el cristal podría romperse y lesionar a su hijo.

Cuando pasee por el parque o por una zona bulliciosa de la ciudad, el bebé visual estará extasiado con la actividad que le rodea, bien sean los árboles, las flores y los jardines llenos de niños corriendo, o bien sean las tiendas y los compradores en un centro comercial. La estimulación que suponen todas esas novedades le mantendrán los ojos abiertos por puro interés. Pero para relajarse y sentirse lo bastante seguro para disfrutar, el bebé visual necesitará también ver a la persona que lo cuida siempre que lo necesite. Ser consciente de un hecho tan simple como éste le permitirá realizar ajustes que marquen una gran diferencia en la vida diaria, como le sucedió a Terry, una madre que conocí en el transcurso de mi investigación.

Frustada, Terry vino a verme, pues no comprendía por qué a su bebé, Stephanie, no le gustaba en absoluto estar en el cochecito. Como ella era una persona muy sociable y sí le gustaba frecuentar la cafetería del barrio, confiaba en que Stephanie permaneciera tranquilamente sentada en su cochecito (como habían hecho sus otros hijos), y le permitiera disfrutar de un rato para tomar café con sus amigas. Pero la niña no paraba de quejarse, por muchas y distintas cosas que Terry intentara para que se callara, y sólo se tranquilizaba cuando su madre dejaba de hablar con sus amigas y le prestaba atención. Terry estaba cada vez más inquieta debido a las exigencias de su hija, y creía que el problema estaba en que Stephanie era tan posesiva que no quería compartirla con nadie.

La conocí en la sala de espera del centro y enseguida me di cuenta de la dinámica que Terry me describía. Mientras ella y yo hablábamos, Stephanie, en su cochecito, se puso a llorar. El primer detalle en el que me fijé fue en que el cochecito estaba colocado de espaldas a Terry, de tal manera que la niña no veía a su madre. Cuando se lo comenté, Terry me confirmó que cuando se reunía con sus amigas también colocaba el coche en aquel sentido, pues le parecía que poniendo a Stephanie de tal modo que observara el parque que había al otro lado de la calle, se distraería y olvidaría la aparentemente incesante necesidad que tenía de ver a su madre.

Mi primera sugerencia fue reposicionar el cochecito para que Stephanie quedase de cara a su madre, en vez de estar de espaldas a ella. Desde aquella posición tranquilizadora, teniendo a mamá delante de ella, podría dedicarse a mirar el resto del recinto a sus anchas. Terry accedió a probar el experimento y descubrió que Stephanie estaba mucho más tranquila cuando ella se reunía en la cafetería con sus amigas. Y si adquiría la costumbre de mirarla de vez en cuando, proporcionándole con ello el contacto visual que la pequeña necesitaba para sentirse segura, Stephanie estaría encantada. La actividad del parque le resultaba poco atractiva en comparación con la cara de su madre. Las salidas fueron mucho más divertidas para ambas en cuanto Terry comprendió que Stephanie se sentía más feliz cuando veía directamente el conocido rostro de su madre.

Con un simple ajuste en la colocación del cochecito de Stephanie, aquella madre inició la construcción de una relación mejor con su bebé. Aprendió que la niña no pretendía apartarla de sus amigas, sino que simplemente procesaba el mundo a su manera. (Como verá más adelante, a partir de que el niño empieza a caminar, preferirá tener el cochecito de cara a la calle para observar las cosas que pasan. Pero cuando esté cansado y necesite un sueñecito, seguirá necesitando ver la cara de mamá para relajarse, o bien taparse y bloquear todo tipo de *input* visual.)

Cuando un niño va marcando hitos como la conciencia de que existen desconocidos o la ansiedad provocada por la separación, su inquietud será a menudo visible a través de una sensibilidad agudizada ante los *inputs* percibidos mediante su sentido dominante. Mientras que un niño auditivo llorará al escuchar voces nuevas o al no oír el sonido familiar de la voz de sus padres, el niño visual reaccionará mal al ver a una persona desconocida o cuando mamá o papá se ausenten de la habitación.

Para ayudar a su hijo a superar esta fase, deberá tener paciencia y disponer de una estrategia que corresponda al sentido dominante de su hijo. No existe manera de acelerar su paso por el apuro de aceptar a desconocidos o por la ansiedad de la separación, pero sí es posible echarle una mano para que supere las dificultades (y su propia frustración), pensando bien cómo presentarle a las personas nuevas que entren en su entorno y cómo gestionar la ausencia de los padres.

Imaginemos que ha contratado usted una nueva canguro, y quiere preparar a su hijo con orientación visual para que la acepte y sea capaz de tolerar que usted se ausente durante un breve periodo. Será conveniente que la canguro pase un tiempo con su hijo en su presencia, para que se conozcan antes de que usted se marche y los deje solos. De este modo ayudará al bebé a superar sus miedos naturales a la separación y a los desconocidos. De manera que en lugar de dejarlo directamente en brazos de la nueva canguro, lo mejor es que se siente un rato tranquilamente con su hijo en el regazo y con la canguro a su lado. Deje que el bebé vea cómo usted interactúa con ella, charlando animadamente y sonriendo, pues le buscará visualmente para comprender cómo reacciona usted respecto a esa nueva persona. La canguro debería proporcionarle también pistas visuales tranquilizadoras, sonriéndole y utilizando mucho contacto visual. Poco a poco, a medida que el niño vaya relajándose, déjelo en su sillita, en una colchoneta de juegos o en una alfombra en el suelo, y experimente saliendo un momento de la habitación y regresando al cabo de poco rato, para que el niño se familiarice con el hecho de que si usted se marcha, siempre acaba regresando.

A veces, el niño con orientación visual tendrá una acérrima respuesta negativa a alguien con un aspecto muy distinto al de la gente a la que está acostumbrado. Hubo un caso, en que un bebé visual —una niña de seis meses— mostraba un miedo terrible a uno de sus abuelos; estaba a gusto con uno de ellos, pero con el otro no, aunque por lo que contaba la madre, el abuelo que provocaba el problema era una persona amable y cariñosa que se había llevado siempre bien con todos los demás bebés de la familia. Sin saber cuál podía ser el motivo, le pedí a la madre que me trajera fotografías de los dos abuelos. Resultó que el abuelo que aterrorizaba a la pequeña lucía un bigote enorme, llevaba unas gafas gigantescas y era calvo. Aquellas características eran desconocidas para el bebé. De modo que, para prepararlo para la siguiente visita del abuelo, le sugerí a la madre que buscara fotografías familiares en las que apareciera éste, y se las enseñara a menudo a su hija para que se familiarizase con su cara. La madre compró también un muñequito de Señor Patata y practicó un juego con su hija, poniéndole gafas y bigote a aquella cabeza calva. Aunque pueda parecer una tontería, el juego ayudó al bebé a familiarizarse con los rasgos faciales de su abuelo. Cuando éste fue a visitarla, la pequeña se había acostumbrado a verlo y no mostró ningún miedo ni desagrado ante su presencia.

Cómo descubre el mundo el bebé visual

Cuando los niños visuales empiecen a captar el mundo que los rodea, señalarán las distintas cosas y emitirán sonidos. Es su manera no sólo de identificar a personas y objetos, sino también de comunicar sus sentimientos sobre lo que sucede a su alrededor. Preste atención a su hijo cuando le haga esas indicaciones en casa, o durante sus paseos diarios, y dará una oportunidad a su vida cognitiva y emocional, a sus preferencias, a las cosas que le estimulan y a las que le dan miedo o le hacen sentirse infeliz. En el caso de los niños visuales, esta tendencia a señalar objetos y personas, en lugar de utilizar la voz para nombrarlos, podría retrasar el desarrollo del habla. Estos niños procesan la información de forma visual y no sienten todavía la necesidad de oírse pronunciar palabras, a diferencia del niño auditivo, que aprende a través del sentido del oído. Pero no se preocupe porque hablará tarde o temprano.

Repito una vez más que solemos referirnos al bebé visual como un bebé «fácil», pues los padres, casi siempre de forma inconsciente y rutinaria, satisfacen la necesidad de contacto visual del bebé mediante su simple presencia. Pero si este bebé feliz y sonriente se pone a llorar de repente, y usted no sabe por qué, tal vez se deba a que exista un exceso de estimulación visual en el entorno, aunque usted no se haya percatado de ello. De hecho, es debido a que los padres los consideran bebés fáciles y, en consecuencia, los sacan de casa con más frecuencia, poniéndolos en situaciones susceptibles de desencadenar una sobrecarga emocional. Tenga esto en cuenta cuando usted y su bebé exploren el mundo que hay a su alrededor.

Cómo empieza a jugar e interactuar el bebé visual

Para los niños visuales, la hora del juego no es ni tan ruidosa como la de los niños auditivos, ni tan movida como la de los niños táctiles. Son niños que se estimulan y entretienen con una gran variedad de juguetes, pues el color es lo que más les atrae. Tienden a entretenerse con juguetes de un color determinado, o simplemente disponerlos como si quisieran exhibirlos. Les encantan los libros ilustrados y señalan con acierto todos los animales y personajes de sus cuentos favoritos.

Jugar al cucú o al escondite con sus padres y hermanos son sus juegos favoritos, pues les proporcionan proximidad con las caras felices y sonrientes de sus seres queridos. Este tipo de contacto visual íntimo es especialmente importante para los niños visuales, que aprenden sobre comunicación y emociones observando los diversos signos en los rostros de las personas que conocen y en las que confían.

Los niños visuales pueden sentirse atraídos con intensidad por la televisión debido a la abundancia de imágenes que ofrece. Casi todos los padres hemos confiado en un programa televisivo o en un DVD para entretener a nuestros hijos mientras lavamos los platos o nos arreglamos. Un ratito de televisión da mucho de sí con los niños visuales, que se sentirán muy afectados por las imágenes que vean en la pantalla. Independientemente del contenido de esas imágenes, ver la televisión es una experiencia intensa para los niños visuales y tal vez los excite en exceso; en general, es mejor no permitirles verla mucho, sobre todo cuando se acerca la hora de irse a dormir. El colorido de los libros ilustrados consolarán a su hijo y captarán su atención sin darle tanta información visual que hayan de procesar de una sentada.

La vida diaria del bebé visual

El sueño

Los niños visuales suelen entrar con facilidad en la rutina de dormir toda la noche gracias a que un horario organizado en torno a la luz y la oscuridad les proporciona el tipo de señales que mejor captan. La salida y la puesta del sol los ayuda a despertarse por la mañana (a veces antes de lo que nos gustaría, eso está claro), y a irse a la cama por la noche. De un modo similar, oscurecer su habitación a la hora de la siesta con cortinas o persianas que no dejen pasar la luz les permitirá conciliar el sueño. Pero quizá se estimularán en exceso si no nos andamos con cuidado. Esto significa que deberá prestar especial atención a las pistas visuales que excitan a su hijo y le hacen funcionar el cerebro a toda máquina. Por muy cansado que esté, el niño visual tendrá dificultades para conciliar el sueño si en su campo de visión hay colores intensos, formas en movimiento o cualquier otro tipo de actividad visual. Habrá muchas circunstancias en las que a usted le gustará rodear a su hijo de un *input* visual excitante que le distraiga y le entretenga. Pero la hora de acostarse no es precisamente uno de esos momentos. Por otra parte, los móviles que se agitan con el aire por encima de la cabeza del bebé, los murales chillones en la pared a la altura de sus ojos y la ropa de cama de colores vivos son detalles intensos que, aunque podrían relajar a otro niño, harán que su bebé visual siga con los ojos abiertos y en estado de alerta aun avanzada la noche.

En general, mantenga los niveles de estimulación al mínimo para ayudarle a conciliar el sueño. Resulta muy tentador decorar la habitación de un niño con colores vivos e intensos y estampados con dibujos y contrastes de color. Muchas mamás soñamos con este tipo de habitaciones cuando estamos embarazadas, y las diseñamos mentalmente llenas de colorido y extravagancias desde el suelo hasta el techo. La realidad para muchos bebés, en especial para los niños visualmente sensibles, es que todo este vigor visual los distrae y los agita en los momentos más críticos —como la hora de acostarse o la hora de comer— en los que más necesitan relajarse.

Si su niño tiene predominio visual, plantéese de entrada una habitación que sea como una especie de pizarra en blanco. Una habitación de paredes y tejidos claros y mobiliario de tonos sencillos y neutros resultará relajante para el bebe visual. Si cuelga algún cuadro o dibujo artístico en las paredes, elija piezas que se fundan o se complementen con el color de la pared, pero que no contrasten con éste. Cuando comprenda cómo reacciona el bebé a la estimulación visual que le rodea, podrá ir añadiendo poco a poco color a su habitación. Mientras, piense que hay otros espacios de la casa —la cocina o la habitación de juegos— que son lugares ideales para colgar esos dibujos de vivos colores que le encantarán a su hijo. Pero su cuarto tiene que ser una zona libre de estímulos, donde puedan descansar la mente y el cuerpo.

La alimentación

Alimentar a un bebé visual suele exigir un enfoque similar. Un exceso de estimulación visual distraería al bebé mientras se le amamanta o toma el biberón. El niño visual tendrá la mirada fija en papá o mamá mientras come, pues así es como establece la conexión que necesita para sentirse seguro. Mirar a la persona que le da de comer es toda la actividad visual que este tipo de bebé necesita. Igual que sucede con los niños auditivos, lo mejor es dar de comer al bebé visual en un entorno discreto sólo que, en este caso, en lugar de preocuparnos por el nivel de sonido, tendremos que ir con cuidado con el nivel de actividad visual de la estancia. Si es de noche, por ejemplo, y decide poner la televisión mientras le da de mamar, la luz y el color que emanan de la pantalla podrían distraer al pequeño.

Darle de comer en una habitación donde están jugando niños mayores, o donde tiene lugar otro tipo de actividad podría también disminuir su capacidad de concentrarse en la tarea de comer. Lo mismo se aplica a los lugares públicos: darle el biberón en el parque o en una cafetería concurrida pone al bebé visual en una situación en la que hay demasiadas cosas que compiten por su atención, y lo convertiría en un bebé inquieto y distraído. Estos niños comen bien en entornos tranquilos y visualmente relajantes, donde haya poco movimiento y actividad.

Tan pronto como le introduzca la comida sólida al niño visual, tendrá la sensación de que juega con ella, cuando lo que en realidad hace es disponerla a su gusto. Verá que amontona los cereales en una esquina del plato o que separa los guisantes de las patatas. Desde pequeños, a estos niños les gusta disponer las cosas a su manera, y la comida no es una excepción. El niño visual mostrará preferencias por determinadas comidas según sea su aspecto, o rechazar otras debido a su color. Conozco a niños visuales que se niegan a comer cualquier cosa que sea amarilla, y arrugan la nariz ante el maíz o la calabaza, o ante cualquier cosa que sea marrón, y les hacen ascos a las judías pintas y al pan integral. Prepárese para que su bebé visual ponga caras exageradamente desagradables cuando vea en su plato comida cuyo aspecto no le gusta.

El vestido y los pañales

A los bebés visuales suele gustarles que los vistan y los cambien porque es una oportunidad para verle a usted de cerca. Cuando los cambie, los bañe y los vista, querrán mantener el máximo contacto visual posible. Si el bebé se inquieta mientras lo maneja, pruebe colgando una pieza cuadrada provista de espejo (no un espejo en sí, que podría caerse y romperse) en la pared junto al cambiador. Al bebé visual le encanta verse. Y si lo encuentra inquieto, distráigale colgando una pieza móvil.

Los elementos básicos del niño visual, de uno a tres años de edad

Cómo comunica y gestiona las emociones el niño visual

Cuando los niños visuales dejan de ser bebés y empiezan a caminar, exploran el mundo que los rodea con gran agrado. Más fuertes y ágiles cuando están de pie, observan con mayor detenimiento su entorno, pero siguen necesitando ver a sus padres para sentirse seguros y a salvo. Se asientan en el mundo mirando las caras de las personas que son importantes para ellos.

Tienen una forma misteriosa de interpretar las caras de los demás y buscan siempre pistas para saber cómo se siente una persona. Igual que el niño auditivo sintoniza con el estado mental de su madre a través de la voz de ella, el niño visual busca las pistas sobre el estado emocional de su madre que lleve escritas en la cara, lo que quizá le conduzca de vez en cuando a malinterpretar el estado de humor o las sensaciones de sus progenitores. Si, por ejemplo, mamá llora de alivio o alegría, el niño podría responder erróneamente a esas lágrimas e inquietarse.

Los niños visuales siguen rechazando a la gente según sea su aspecto físico y su expresión. En un caso que traté, un niño visual de dos años y medio desarrolló aversión hacia su tía, a quien veía muy de vez en cuando. A la madre le resultaba terrible ver que su hijo gritaba y huía de su hermana cuando ésta iba a visitarlos. Cuando comprendió que su hijo era visual, sospechó que la razón por la que el niño se comportaba de aquella manera con su tía era debido al maquillaje exagerado que utilizaba la mujer y a sus largas uñas pintadas de rojo. Con cuidado de no ofenderla, la madre le pidió a su hermana que fuera un poco más natural. Por otro lado, le mostró a su hijo fotografías de mujeres muy maquilladas para familiarizarle con aquel aspecto. Incluso jugó a pintarse ella y a pintar al niño para crear más asociaciones positivas con el maquillaje. La estrategia costó algún tiempo, pero cuando la tía volvió a visitarlos, el pequeño se mostró mucho menos huidizo y consintió en sentarse en su falda cuando ya llevaba un rato en casa.

En lo referente a consolar y relajar al niño visual, bastará con asegurarse de que éste le ve a usted. Si, por ejemplo, su hijo visual se espanta cuando el perro del vecino entra en su jardín, no conseguirá calmarlo si le llama desde dentro de la casa ofreciéndole palabras de consuelo. El pequeño necesita contacto visual con usted para saber que le vigila y que está a salvo. Lo mismo sirve en lo que se refiere a establecer límites y disciplinarlo. Si su hijo le coge un juguete a otro niño y quiere usted comunicarle que eso no se debe hacer, el pequeño necesitará ver su cara, preferiblemente de cerca, y que le mire a los ojos agachándose para ponerse a su nivel y hablar con él. Estos niños son muy sensibles a las expresiones faciales, de modo que una mirada seria servirá para enviarle un mensaje contundente y claro.

Los miedos de los niños visuales se calman y se gestionan si los padres utilizan imágenes para tranquilizarlos o para insensibilizarlos ante las cosas que les dan miedo. En un caso que tuve, una madre y yo solucionamos el profundo miedo que un niño tenía a las arañas enseñándole ilustraciones de estos animales que aparecían en un cuento para que se acostumbrara a verlas. Aquel pequeño de cuatro años les tenía tanto pavor que se puso histérico por el mero hecho de ver una araña de plástico que tenía en mi centro. En una ocasión, al ver una araña de verdad, acabó vomitando. Le sugerí a la madre que le leyera *El té de la señorita Araña* y después jugaran a tomar el té «invitando» a arañas y a otros insectos.

Le sugerí también que siempre que vieran un insecto —una araña, una cucaracha o una hormiga— la madre dijera algo así como que el bichito en cuestión debía de estar en aquel momento de camino a la casa de la señorita Araña para tomar el té.

Pasaron unas semanas y la madre me llamó por teléfono: «El otro día estábamos en la cocina y entró una cucaracha voladora enorme. En lugar de ponerse a llorar o huir, mi hijo dijo: "¡Vaya, Barry, llegas tarde al té de la señorita Araña! ¡Date prisa!"»

Es importante intentar ser creativo al utilizar todos los aspectos de las imágenes, incluyendo el color, para ayudar a los niños visuales a superar sus miedos. En otro caso, una niña de dos años de edad, Mary, se resistía a ir a la guardería por la ansiedad que le suponía separarse de su madre. Cuando ella y su madre visitaron mi centro, tuve claro enseguida que el color favorito de Mary era el amarillo: al llegar al centro, eligió la flor amarilla que había en la pared, puso el camión amarillo con los coches amarillos y cogió los lápices amarillos y los colocó en fila. Cuando sugerí que la transición a la guardería iría mejor si Mary iba vestida con algo amarillo, la madre se resistió a la idea, porque también era visual y tenía preferencias visuales muy marcadas. Resultó que el amarillo no se contaba entre sus colores favoritos. «¡A mí no me gusta el amarillo!

Jamás le elegiría a mi hija ropa de ese color.» Pero cuando llegó a casa, se dedicó a pensar en cómo utilizaría el amarillo para que a la niña le sirviera de consuelo, sin ofender su propia y tremendamente desarrollada estética visual. Cuando regresaron a mi consulta al cabo de dos semanas, leí en el diario de la madre que había comprado un álbum de fotos, lo había forrado con un tejido suave de color amarillo y llenado de fotografías de Mary con su papá, su mamá, su hermana y de todos ellos juntos. Mary se llevaba a la guardería aquel libro tan especial, lo dejaba en su armarito y se despedía de mamá con una sonrisa. Siempre que necesitaba consuelo, la maestra le dejaba hojear su libro amarillo.

Aunque la ansiedad provocada por la separación se desencadena en cualquier niño cuando sus padres o quienes lo cuidan lo dejan en la guardería, el niño visual se inquieta especialmente cuando los ve marchar. Una solución sencilla consiste en disponerlo todo para que lo distraigan y no vea irse a sus padres. Pídale a la maestra que le lea un cuento o le anime a realizar cualquier otra actividad mientras usted se marcha. Por mucho que piense que es una forma furtiva de comportarse, que hará sentir a su hijo miedo y ansiedad, sepa que verle marchar por la puerta le resulta mucho más perturbador que descubrir posteriormente su ausencia.

Como sucede con muchos niños, los visuales tienen pataletas cuando están cansados, hambrientos o ambas cosas a la vez, y ya no les quedan reservas que los respalden. Vivimos en un mundo tan visualmente estimulante, que el niño visual quizá lo experimente como algo abrumador, agresivo incluso, por lo que reducir los estímulos ambientales cuando intuya que el pequeño se está quedando sin energías le ayudará a prevenir la rabieta antes de que se produzca. Las pataletas del niño visual son espectaculares: se les enrojece la cara, la distorsionan y exteriorizan rabia y, como es natural, derraman muchas lágrimas. Definitivamente, estos niños actúan para su público, de modo que si lo miramos, la histeria puede intensificarse, aunque a veces es inventada para la ocasión. Adivinará usted si la pataleta es de verdad mirándole a los ojos. Si el niño aparta la vista y no le mira, es que en realidad se encuentra en una situación difícil de gestionar; pero si está en pleno arranque de mal genio y le mira directamente a los ojos, será una señal que le indicará que controla la situación más de lo que aparenta. Una buena manera de rebajar el dramatismo del momento es apartar la vista de su hijo.

Incluso en el caso de que éste sufra una auténtica pataleta, la interrumpirá si le ofrece alguna distracción visual. Si están mirando por la ventana, intente enseñarle alguna escena graciosa que suceda en el exterior, un perro en la esquina de la calle o un pájaro volando. Si la distracción no le calma, pruébelo tratando de que aparte la mirada de lo que está viendo. Privarlo de público suele acabar rápidamente con las pataletas.

El niño visual también se mostrará inquieto en el coche si mamá o papá están conduciendo y la colocación de su asiento en la parte trasera no le permite verles la cara. Es mucho mejor situarlo de manera que quede en diagonal, de tal manera que el perfil del conductor sea visible desde su sillita, a menos, claro está, que haya otra persona en el coche capaz de proporcionarle el contacto visual que necesita. He trabajado con madres que han comprobado que sus hijos se portan mucho mejor en el coche si tienen algo visual que hacer, de modo que les dan cuentos ilustrados o material de dibujo para que se concentren en ello y estén entretenidos. Aunque hay padres que ponen cortinillas en las ventanas para proteger el interior del coche del sol, sería mejor que no lo hicieran porque interfieren la posibilidad de mirar el exterior y disfrutar del paisaje.

Cómo explora el mundo el niño visual

En lo que al desarrollo del habla se refiere, los niños visuales pueden ser más lentos que algunos de sus compañeros. Para los padres que no tienen orientación visual, y especialmente para aquellos que se sienten más cómodos si comunican con sus hijos a través de la palabra, puede resultarles complicado recordar que para algunos niños es mejor enseñar que contar, y que las palabras no tienen por qué resultar necesarias para el niño visual en sus primeros años.

Marisa era una de esas madres que creía que algo va mal si el niño no habla cuando cumple el año de edad. «Mi primera hija pronunció su primera palabra a los diez meses», me explicó. Con trece meses, su segunda hija, Bella, balbuceaba felizmente monosílabos sin significado pero, para preocupación y consternación de su madre, mostraba poco interés por aprender a hablar. «Me estoy volviendo loca intentando conseguir que me hable», decía Marisa. «Parezco un loro paseando por casa, repitiendo "mamá, mamá, mamá" y "papá, papá, papá" una y otra vez.» Alzando las manos, la joven madre frustrada exclamó: «Parece que le importe un comino».

Pasé unas cuantas tardes con la familia y descubrí que Bella era una niña vivaz, espabilada y con orientación visual. Tal como su madre había dicho, balbuceaba animadamente y con frecuencia, y acompañaba su «hablar de bebé» señalándolo todo con el dedo. Observaba con atención a su madre y a Erin, su hermana mayor, y cuando más feliz se sentía era si ellas dos estaban en la habitación y dentro de su campo visual. Marisa era claramente auditiva: expresaba su interés y su cariño por sus hijas a través del lenguaje y mantenía una conversación constante con ellas a lo largo del día.

Después de varias sesiones observando a Erin y a Bella juntas, me di cuenta de que Erin, de cinco años de edad, actuaba como intermediaria de su hermana pequeña, como suelen hacer los niños gusto/olfativos con sus hermanos menores y sus compañeros de juegos. Cuando Bella ponía las manos de una determinada manera, Erin decía: «Mamá, me parece que Bella quiere una galleta». Cuando Bella emitía un sonido particular, Erin ponía una caja de juguetes al alcance de su hermanita. No es de extrañar que la pequeña no sintiese la necesidad de hablar, pues su hermana mayor le hacía las veces de intérprete. Entre la conversación continuada de su madre y la intercesión de su hermana, Bella no tenía necesidad ni incentivo alguno para entrar en el mundo del habla.

Tal como le expliqué a una aliviada Marisa, esta dinámica familiar no era mala y ni siquiera, excepcional. La preferencia sensorial de cada individuo de la familia influía en su forma de relacionarse entre sí y, probablemente, influía también en el desarrollo del lenguaje del bebé. Bella empezaría a hablar pronto, le dije a la madre para tranquilizarla. Su propio desarrollo la empujaría de forma inevitable hacia el habla, aunque no hubiera todavía indicios de que el proceso estaba ya en marcha, y no había por qué preocuparse por unos meses de retraso. Mientras, en lugar de que Marisa confiara tan sólo en su voz para estimular el interés por el habla de Bella, la animé a que dedicara tiempo a hablar con su hija cara a cara, pegada casi a ella, para que la niña absorbiera toda la información visual relacionada con el habla. También la ayudaría a avanzar en este aspecto contándole cuentos con coloridas ilustraciones, sobre todo si Marisa dominaba su impulso de hablar sólo ella y le dejaba un resquicio al bebé para que tomase la iniciativa. El énfasis que la madre ponía en el sonido había funcionado seguramente con Erin, que, como niña gusto/olfativa, tenía tendencia a adaptarse a las preferencias sensoriales de los demás, igual que ahora hacía ella con los mensajes visuales de su hermana. Pero Bella era otra niña, con un conjunto distinto de retos. Con una madre y una hermana hablando prácticamente por ella, no era de extrañar que se tomara su tiempo para aprender a hablar sola. Me imaginé que respondería bien a algún tipo de estimulación visual.

No vi ninguna necesidad de intentar acabar con la costumbre de Erin de interceder en nombre de su hermana pequeña; era una tendencia natural de la hermana mayor y a nadie le hacía ningún daño esas atenciones cariñosas por su parte. Pero sugerí a Marisa que animara a Erin a interactuar con Bella también de un modo verbal, quizá leyéndole un cuento con mucha animación fácil y gesticulación, o hablándole e intentando conseguir que le respondiera. A los niños les encanta imitar a sus hermanos mayores, y era evidente que Bella adoraba a su hermana.

No me sorprendió cuando dos semanas después me contó Marisa: «Dos palabras en una semana: "mamá" y "banana"… bueno, la verdad es que suena más bien "anana"», dijo la madre riendo, «¡pero lo ha dicho tres veces!»

Los niños visuales aprenden por imitación. Si ven cómo alguien hace una cosa, es más probable que tengan éxito, bien sea hablando, siguiendo instrucciones o bien dominando un nuevo juego. Cuando le diga, por ejemplo, a un niño visual que coja la cuchara, cójala usted primero, y el pequeño realizará con mayor facilidad la conexión si ve que usted hace lo que le está pidiendo que haga él.

Repito: los niños visuales aprenden por imitación, de modo que cuando empiecen a familiarizarse con las letras y los números, o muestren interés por aprender cosas sobre la naturaleza o sobre su propio cuerpo, una forma eficaz de enseñarles será mirando juntos libros con ilustraciones. Cualquier tipo de descripción visual de una habilidad que intenten adquirir, desde lavarse los dientes hasta ponerse los calcetines, los ayudará a dominarla.

Cuando quiera darle instrucciones a un niño visual, es mejor que lo haga cerca de él, con mucho contacto visual. De esta manera, captará lo que quiere decirle a través de sus expresiones faciales, y no sólo a partir de las palabras, que no significarán gran cosa para él a esta edad. Cuando, por ejemplo, avise a su hijo visual de que se aparte de un horno caliente o de un aparato eléctrico, asegúrese de que su expresión facial cuadra con la seriedad de su voz. Así será más probable que capte el mensaje de peligro y establezca la conexión con la palabra «no».

Cómo juega e interactúa el niño visual

Los niños visuales de esta edad descubrirán formas de expresarse dibujando y pintando. Cuando dibujen, crearán escenas elaboradas y llenas de color extraídas a menudo de la naturaleza. Árboles, flores y animales son los temas favoritos.

El niño visual empezará también a mostrar intensos sentimientos respecto a cómo desea presentar y guardar sus juguetes. Es posible que, de pronto, determine que quiere tener todos los peluches sobre la cama, en vez de ponerlos en el suelo o en el baúl, y es posible asimismo que tenga pensada una disposición muy concreta y que los alinee según su tamaño, su color o según cualquier otro principio de ordenación que usted es incapaz de ver (y que probablemente él o ella es incapaz de articular). Por invisible que le resulte a usted, ese concepto de orden será muy importante para su hijo. Tal vez le enseñe cómo guardar sus cuentos después de que acaben de leerlos juntos, pues sólo él conoce la «manera correcta» de hacerlo. Y a lo mejor entra en conflicto con sus hermanos o sus compañeros de juego si éstos se entrometen en su forma de hacer las cosas, de modo que es mejor que vaya acostumbrándose a mediar en esas peleas.

Los niños visuales pueden ser un poco testarudos. Por ejemplo, a los tres o cuatro años de edad, cuando empiezan a ser conscientes de las diferencias de género, tal vez se muestren inflexibles con respecto a las características visuales que indican estas diferencias y sigan las pistas de la sociedad que los rodea, pues a esta edad suelen estar muy preocupados por cumplir con los estereotipos de género, aun cuando sus padres intenten rechazar las ideas convencionales sobre los distintos sexos. Así pues, una niña visual podría, de pronto, insistir en que quiere llevar vestidos de color rosa con volantes, y también intentar imponer sus ideas a los demás. «No quería que mi hija vistiese de color rosa», me explicó una madre. «Pero ella no cedía. Además, trató de que yo también me vistiera de ese color». Lo mismo puede suceder con los chicos visuales. Hay padres que quieren que su hijo varón juegue con muñecas para fomentar su naturaleza más cariñosa y empática. Pero un niño visual quizá se niegue a ello porque no ve que los demás niños jueguen con muñecas. Y si viera a uno de sus compañeros de la guardería con una muñeca, tal vez lo desaprobaría con energía. En una ocasión, observé a un pequeño enfadarse mucho al ver un desfile de carnaval en el que había hombres vestidos de *dragqueens*. El niño tenía tres años y medio y no comprendía que un hombre con barba llevara vestido de mujer y se maquillara como una vampiresa. Mi hijo Tom me acompañaba y, para consolar a su histérico amiguito, le dijo: «¡Bah, no te preocupes… lleva una capa como la de Superman!»

La vida diaria del niño visual

El sueño

Cuando crecen, los niños visuales suelen dormir bien, siempre y cuando su habitación esté a oscuras a la hora de la siesta y por la noche. Sin embargo, si se despiertan a media noche y hay posibles elementos de distracción en su cuarto, se excitarán demasiado y les costará volver a dormirse. Éste era el caso de una madre cuyo hijo se despertaba a media noche para jugar. La mamá era muy imaginativa y le había creado una habitación muy divertida, completándola con un caballo balancín, estanterías de colores vivos llenas de cuentos ilustrados y cubos de almacenaje repletos de juguetes. Como era una estimulación excesiva para su hijo visual, le sugerí que por la noche tapase todas esas tentaciones. Así pues, instaló cortinas que se corrían por delante de las estanterías, ocultándolas, y, como parte de la rutina de irse a dormir, cubría con sábanas el caballo balancín y los juguetes. Cuando lo tenía todo tapado, acostumbró al pequeño a decir, como parte de su ritual de todas las noches: «Buenas noches, juguetes, hasta mañana».

Es muy común que estos niños sean tan sensibles a la estimulación visual, que necesiten alejarse de ella para relajarse y conciliar el sueño. Un día me encontré con un abuelo en el parque que paseaba a su nieto en un cochecito dando vueltas sin parar, porque creía que el movimiento adormilaría al niño. Charlamos unos minutos y me dijo: «No consigo que se duerma. Es la hora de su siesta y sé que debe de estar cansado, pero no quiere cerrar los ojos».

Por los sonidos y los gestos que hacía el niño, me percaté de que mostraba todos los síntomas de estar cansado. Pero adiviné, por la viveza con que lo miraba todo, que era un niño visual y que estaba excesivamente estimulado para conseguir dormirse. La inmensa variedad de formas y colores que veía desde el cochecito resultaba demasiado excitante para él.

Le sugerí al abuelo que lo reclinase más y que lo cubriera hasta arriba con la manta para que no viera nada de alrededor. De este modo crearía una especie de pantalla protectora para su nieto, algo similar a un programa de televisión aburrido. En cuestión de minutos, el niño se quedó dormido.

Una madre me contó que su mayor problema era que a su hijo visual no le gustaba la oscuridad, pero tampoco conseguía dormirse con la luz encendida, aunque fuera una lámpara nocturna especial. Las lámparas nocturnas, que ayudan a tantos niños a dormirse en una habitación que, de lo contrario, estaría a oscuras, pueden causar el efecto opuesto a los niños visuales, manteniéndolos despiertos en lugar de reconfortarlos. En este caso, el problema radicaba en que el niño estaba preocupado porque dormía al otro extremo del pasillo de donde se hallaban sus padres. Le sugerí a la madre que colocase la lámpara nocturna en el pasillo. «La luz te ayudará a encontrar a mamá a media noche si me necesitas», tenía que decirle la madre al acostarlo. A partir de que supo que la luz estaba allí, «por si acaso», consiguió dormir profundamente.

Otra madre se mostraba muy ansiosa pensando en las próximas vacaciones, pues su hija nunca había conseguido dormir en ninguna parte que no fuese su cama y su habitación. De modo que, con semanas de antelación, la madre cogió la cuna de viaje y la trasladó a la habitación de su hija. Al aclimatar a la niña a que viera esa cuna en su habitación durante el día y durmiera en ella de noche, la ayudó a prepararse para los cambios que experimentaría en vacaciones.

Pese a que de día disfrutan con todo tipo de estimulación visual, los niños con esa orientación necesitan que dicha estimulación disminuya drásticamente antes de acostarse, pues sería una gran distracción para ellos. Nunca debería instalarse un televisor en la habitación de un niño de esta edad, y mucho menos en la de un niño visual. Más aún, es mejor apagar el televisor del salón familiar al menos media hora antes de que el niño se vaya a dormir. Esto tal vez exija un cambio en las costumbres de la familia relacionadas con la televisión, pero es más que probable que todo el mundo se beneficie de verla menos. Planificar la rutina de irse a dormir de su hijo para incluir en ella actividades que le relajen, en lugar de excitarle, conseguirá que se vaya a la cama y se duerma con mucha mayor facilidad.

Sally, una atareada madre de tres hijos, descubrió este hecho después de meses de batallar con su hijo de tres años para conseguir que se acostase. Cuando fue a visitarme con el niño, Sally me explicó que, durante los últimos meses, Kevin había pasado de irse a dormir sin ninguna dificultad a ser un niño con el que tenía que pelearse todas las noches para que se acostase. Incluso después de que sus padres consiguieran ponerle el pijama y meterlo en la cama, Kevin se levantaba varias veces por la noche. Se lo veía cansado y quejumbroso durante el día, se enfadaba por todo y sufría pataletas al mínimo contratiempo.

«Me sentí afortunada mucho tiempo», me explicó Sally. «De bebé dormía de maravilla y siempre era fácil acostarlo. Cuando lo metía en la cama, se quedaba quietecito… hasta hace poco. Últimamente, cada noche es una batalla. Corre por todos lados y sale de la cama hasta cinco veces después de que le hayamos dado las buenas noches. Le afecta el estado de humor que ha tenido a lo largo del día, sin mencionar el mío. Está de lo más irritable.»

Kevin exhibió muchas características de los niños visuales en su visita a mi consulta. Mientras su madre y yo hablábamos, se acercó a la librería de mi despacho y fue mirando un cuento ilustrado tras otro, hojeándolos feliz. En una de las estanterías tengo una colección de piedrecitas de playa que mi hijo y yo hemos ido reuniendo cuando vamos al mar. Cuando Kevin terminó con los cuentos, vio las piedrecitas… y enseguida desmontó el artístico grupillo informal en que yo las tenía puestas y las reordenó en una línea recta inmaculada. Este tipo de atención al detalle y a la organización es típica de los niños visuales, que prefieren líneas limpias a cualquier cosa que parezca aleatoria.

Le pedí a Sally que me explicara la actividad que había en la casa por las noches, y si algo había cambiado en los últimos meses. Kevin es el menor de sus tres hijos. Su hermano y su hermana tienen siete y nueve años de edad respectivamente, una diferencia lo bastante considerable para que Kevin llevara un horario de irse a la cama muy distinto al de ellos… hasta hacía poco.

«Hace unos meses opté por dejar que Kevin jugase un poco con sus hermanos antes de acostarse», me dijo Sally. «Le encanta estar con los "niños mayores", y casi siempre los hermanos se portan muy bien con él. Me imaginé que jugar con ellos antes de acostarse lo cansaría, además, un poquito.»

Cuando le pedí a Sally que me describiera el tipo de juego que los niños practicaban juntos, me explicó: «Les encantan los videojuegos, juegan mucho a ellos. A veces ven un DVD, o juegan a pelearse un poco delante de la televisión en marcha. Nada tempestuoso».

Tal vez el juego de los niños no fuera tempestuoso, pero era exactamente la clase de actividad errónea para un niño visual antes de irse a la cama. Que Kevin jugara con sus hermanos por la noche no tenía nada de malo, más bien me parecía una oportunidad estupenda para que los niños se divirtiesen y estrechasen sus vínculos de unión. Pero Kevin, como niño visual que se estimulaba fácilmente mediante imágenes, necesitaba mantenerse alejado del televisor, sobre todo estando tan cerca la hora de irse a dormir.

Después de la visita, Sally determinó ajustar la rutina nocturna de Kevin para ayudarlo a relajarse y a prepararse para dormir. Y solicitó la ayuda de sus dos hijos mayores para implementar algunos cambios en los juegos que practicaban con su hermano menor. Se acabaron los videojuegos y la televisión hasta que Kevin se metiera en la cama y, en cambio, Sally y sus hijos pensaron en actividades que resultaran divertidas para el pequeño y atrajeran su naturaleza visual sin excitarlo demasiado. Los rompecabezas y los juegos de mesa sustituyeron a los anteriores juegos.

En una sesión de seguimiento, Sally me informó de la notable mejoría en los hábitos de dormir de Kevin.

«Al principio, tuve que esconder los videojuegos y el mando a distancia», me dijo, «pero pasadas un par de semanas, Kevin se acostumbró a su nueva rutina y ya no echó más en falta la televisión. Sus hábitos de dormir cambiaron casi de inmediato; fue sorprendente. Ahora está más contento durante el día y por las noches no tenemos que pelearnos con él para que se tranquilice».

Emocionada, me contó también algunos beneficios inesperados: aquellos cambios tan sencillos que habían implementado causaron impacto en toda la familia, pues los hijos mayores aceptaban la nueva rutina. «Creo que se sienten mayores porque ayudan a su hermano», dijo. La familia entera —también los padres— pasaban ahora cerca de una hora por las noches compartiendo el «rato de juegos». Y Kevin no era el único que se había vuelto menos dependiente de la televisión.

«Hay veces en que ni siquiera encendemos el televisor, ni cuando Kevin se ha ido ya a la cama», me comentó Sally. «Nos lo pasamos muy bien.»

La alimentación

La alimentación de un niño visual nunca es cuestión de ponerle la comida en el plato sin más. A estos niños les gusta el diseño, y la hora de la comida no es una excepción. A medida que vaya convirtiéndose en un comedor más diestro e independiente, desarrollará seguramente una afición por algún plato especial y tendrá un vaso favorito, que pedirá una y otra vez. Los utensilios decorados con animales y secuencias de los dibujos animados serán a buen seguro los preferidos, por lo que merece la pena tener a mano unos cuantos platos y vasos de más para no pasarse el día hurgando en el lavavajillas en busca de sus favoritos.

Los niños visuales son también quisquillosos en cuanto a la disposición de la comida en el plato. Es posible que quieran incluso un plato con divisiones para que los distintos alimentos no se entremezclen. Y es posible también que pongan serias objeciones a las combinaciones de éstos. Por ejemplo, preferirán una ración de guisantes y otra de zanahorias, en vez de una mezcla de ambos ingredientes, o si la pasta es espaguetis, y ellos prefieren las espirales (o viceversa), no la comerá. Desarrollan rechazos a la comida basándose en su aspecto y su textura: macarrones con queso demasiado amorfos, un huevo poco hecho, una carne con un color que no es de su agrado, etcétera. Tal vez le parezca un poco exagerado y, por lo tanto, tienda a ignorarlo. Pero para un niño visual es precisamente el tipo de «desorden» el que puede llevarlo a rechazar un plato. Richard, un niño de año y medio de edad, no comía fruta hasta que su madre le cortó el melón como «patatas fritas de fruta», lo que significaba cortarlo en trozos alargados. Con un sencillo cambio en la presentación de la fruta, la actitud del niño cambió de inmediato de positiva a negativa. Otra madre que conocí consiguió que por fin su hija de tres años y medio comiera su bocadillo de mantequilla de cacahuete cuando, con la ayuda de un molde de repostería, le cortó el pan en forma de estrella.

El vestido

Mucho más pronto de lo que se imagina, su bebé visual mostrará preferencias marcadas respecto a la ropa. Al cumplir el año, le importará mucho cómo viste y declarará sus preferencias sartoriales de forma evidente y clara. Esta característica se inicia de pequeños y se reforzará cuando se hagan mayores y sean más conscientes de su persona, así como del aspecto de los demás. No se equivoque: incluso a tan tierna edad, el niño visual está interesadísimo por su aspecto; su forma de presentarse ante los demás se halla estrechamente relacionada con su conciencia de ser individual, y la ropa que lleva forma parte importante de este proceso. La ropa se convertirá también en parte esencial de sus juegos, ya que disfruta disfrazándose. No le sorprenda que su hijo visual se empeñe en salir a la calle disfrazado para acompañarle a hacer los recados.

El niño visual podría tener ya un color favorito (¿amarillo? ¿azul? ¿rosa?), o un estampado preferido (¿rayas? ¿cuadros? ¿flores? ¿camiones? ¿trenes?). La madre de Richard, de un año y medio, siempre tenía dificultades para vestirlo hasta que intuyó sus preferencias visuales. Tal como la madre me explicó: «Un día le dije: "Si te vistes ahora, podrás ponerte tu camiseta favorita, la del mono". El niño se lo pensó un instante, me miró y se vistió enseguida. Nunca me había pasado una cosa así».

Le resultará más fácil inculcar a su hijo una actividad como cepillarse los dientes si concibe una manera de hacerla visualmente atractiva, tal vez dejando que el niño elija su cepillo de dientes. Una madre motivó a su hijo visual para que se cepillara los dientes dejándole mirarse en el espejo, y otra madre con quien trabajé le enseñó a su hija fotografías de dientes feos (lo que sucedería si no se los cepillaba), y de dientes bonitos (lo que sucedería si lo hacía). Su hijo también estará dispuesto a calzarse las botas de nieve si tienen la imagen de su personaje de dibujos animados favorito, y le recomiendo que le compre otras calcomanías para pegarlas a cualquier cosa que tenga que ser más atractiva para él. Todos tendemos a etiquetar rápidamente el comportamiento obstinado de nuestros hijos a esta edad como el resultado inevitable de «los terribles dos años» o algo similar, pero parte de esta terquedad se remediaría con facilidad atrayendo el sentido dominante del niño, en este caso, el visual.

Aprender a hacer sus necesidades

Los niños visuales suelen dominar esta actividad con mayor rapidez que otros niños, pero esto no significa que el entrenamiento deba iniciarse de manera prematura (como resultado de ello, podrían aparecer problemas de vejiga y riñones en la vida adulta). El niño visual será más consciente de sí mismo que los demás cuando le toque aprender a hacer sus necesidades, de modo que es importante iniciar el proceso en casa y permanecer en ella unos días, haciendo sólo pequeñas salidas. Evitando situaciones que le exijan tener que controlarse en lugares públicos, y ayudándole a minimizar la posibilidad de accidentes en sitios donde se siente menos cómodo que en casa, su orgullo permanecerá intacto. Si usted necesita ausentarse de casa un rato, lleve consigo un par de mudas por si hay accidentes, y cámbielo de inmediato sin montar mucho jaleo por lo sucedido. Al niño visual no le gusta tener un aspecto desaseado, ni permitir que los demás se enteren de que ha sufrido un percance.

Al ser buenos imitadores, estos niños aprenderían a ir al baño con mayor rapidez si imitan la conducta de sus padres (si los padres se sienten cómodos permitiendo que el pequeño los mire cuando van al baño). Si su hijo visual está de verdad físicamente preparado para controlarse, anímele hablándole de otros niños que ya no llevan pañales y utilizan el orinal, pues no querrá parecer distinto de sus colegas.

Los cuentos ilustrados con información sobre cómo hacer sus necesidades son de gran ayuda, y simplemente señalar el hecho de que todo el mundo utiliza el retrete acelerará su comprensión. Las recompensas visuales, como pegatinas en forma de estrella cada vez que utiliza el orinal, animarán también al niño, o puede usted crear un gráfico donde poner pegatinas del color favorito del niño. El objetivo, evidentemente, es hacer todo lo posible para que usar el orinal se convierta en una experiencia positiva. Por la misma razón, intente evitar llevar a su hijo a unos lavabos sucios, pues quizás el niño visual tendría una respuesta negativa muy radical a un entorno de ese tipo.

Los elementos básicos del preescolar visual, de los tres a los cinco años de edad

La vida emocional del preescolar visual

A medida que van volviéndose más independientes, los niños visuales tienen a diario nuevas oportunidades para explorar. Interactúan con sus compañeros, aprenden nuevas habilidades, adquieren conocimientos y empiezan a dar sentido a lo que ven y observan. Se abren camino en un mundo que no para de ensancharse captando pistas del entorno visual que los rodea.

Al ser niños que sintonizan de maravilla con las expresiones faciales, utilizan esta habilidad para interpretar el estado de ánimo de las personas que conocen, y pueden sentirse muy afectado por ello. Por ejemplo, un niño visual le diría: «Me da pena cuando veo a Johnny porque siempre parece triste». Son tan conscientes de las expresiones faciales de los demás, que una mirada adusta sería suficiente para cohibirlos y provocarles una conducta inadecuada. También muestran con claridad sus emociones y llevan escritos sus sentimientos en la cara. Si establecen contacto visual, es normalmente señal de que se sienten cómodos y asentados; si evitan mirar a los ojos, es una pista de que algo les preocupa, pero son incapaces de expresarlo.

Suelen ser «investigadores rápidos» y reconocen gente, lugares y situaciones a partir de muy poca información. Por ejemplo, su hijo visual identificará de lejos en la calle a un amigo suyo mucho antes de que usted lo haga, tal vez por la forma de andar, por el peinado o por cualquier otra característica que haya quedado impresa en su mente.

Igual que sus homólogos adultos o los pequeños, a los pre-

escolares visuales les gusta arreglar su habitación y sus pertenencias de manera ordenada y pulcra. Todo tiene su lugar, y
pobre del que se atreva a alterar sus perfectas disposiciones.
Los niños de esta edad toman, además, conciencia de las diferencias de sexo y tendrán ideas muy definidas sobre cómo
deberían comportarse y vestirse niños y niñas.

A medida que desarrollan tanto su capacidad de observación como su lenguaje, seguirán interesándose mucho por el
aspecto de la gente y no se cortarán en absoluto al expresar
su opinión. Para bien o para mal, no es excepcional que ir de
tiendas con un preescolar visual incluya comentarios continuos sobre el aspecto de la gente (feos, guapos, raros, ame-
drentadores, etc.). Los padres de este tipo de niños recono-
cerán esta característica y habrán sido testigos de cómo sus
hijos gritan a viva voz sus comentarios tal cual: «¡Anda, mira
ese calvo!», «¡Esa mujer está gorda de verdad!», «¡Ese hombre
está arrugado!» Son momentos típicos en la vida de los niños
visuales. Describen lo que ven sin intención de insultar, claro
está, por lo que es importante guiarlo para que comprenda
que tiene que reservarse algunas de sus observaciones o decir-
las muy bajito. Utilice también estas oportunidades para ayudarle a desarrollar su empatía y para que comprenda cómo se
sentirán los demás a causa de lo que él diga o haga.

El estilo de aprendizaje del preescolar visual

Los niños visuales procesan la información según lo que ven, y
suelen utilizar pistas visuales para recordarla y organizarla. De
hecho, su capacidad de aprendizaje depende a menudo de una
asociación visual concreta. Esta característica da lugar a que
estos niños sean excelentes en memorización. Aprenden bien
captando la información de libros y cartulinas con dibujos o

fotografías. Cuando sus maestros utilizan la pizarra o el proyector para mostrar la información, la absorben rápidamente. A diferencia de los niños táctiles, que necesitan tocar las letras del alfabeto para aprenderlas, tal vez pasando los dedos sobre su contorno que ha sido recortado en papel de lija (como sucede en las aulas que siguen el método de Montessori), los niños visuales necesitan sólo mirarlas para recordar su forma y unirlas para formar palabras. Pero es vital para ellos que haya mucha claridad para que vea bien. En un caso que traté, un niño visual con dislexia realizó grandes avances en su aprendizaje del alfabeto cuando le acercaron el pupitre a la ventana, donde había más luz natural. La maestra le dio, además, un papel de color azul claro donde escribir, lo que permitió al niño ver su trabajo aún con mayor claridad.

Por otro lado, estos niños lo pasarán mal digiriendo la información que escuchan. Mientras que el niño auditivo permanecerá sentado y satisfecho mientras le leen en clase, el niño visual se impacientará con rapidez y pedirá que le muestren lo que hay en el libro. Más adelante, convertirá la información auditiva a formato visual tomando notas, pero eso, evidentemente, no ocurre todavía a esta edad. Si el niño no ve lo que usted está intentando contarle, le costará comprender todo lo que le dice.

La vida social del preescolar visual

En lugar de encontrar a este tipo de niño en medio de un juego estridente en el recreo, lo más probable es que lo halle recogiendo flores para llevarlas luego a la clase. No será el niño que salga a bailar cuando pongan música en el aula, pero si busca en el rincón de los trabajos manuales, lo encontrará pintando con diligencia junto con un grupo de amiguitos de mentalidad similar, rodeado de pinturas y papeles de colores. El niño visual siempre estará limpio. Ni siquiera los chicos quieren ensuciarse y elegirán sus deportes en consecuencia, prefiriendo la natación o el kárate antes que el fútbol o el baloncesto.

Una forma de implicar a estos niños en las diversas actividades es elegir aquellas que tengan que ver con disfrazarse de alguna manera: ponerse un tutú o unos leotardos para hacer ballet, una bata para trabajos manuales o un uniforme para los escultistas. Apueste lo que quiera a que su hijo visual estará encantado de apuntarse a cualquier actividad que exija algún tipo de vestimenta especial a menos, naturalmente, que no le guste ese vestido en concreto.

Cuando estos niños hayan encontrado pasatiempos que los atraigan, los realizarán con concentración, disciplina y tenacidad. Tal vez no sean los extrovertidos tan evidentes que sus amiguitos táctiles suelen ser, pero no por ello son menos entusiastas ni tampoco se dedican menos a sus aficiones. Ésta es una lección que una cliente mía, una madre llamada Josephine, aprendió con su hija preescolar.

Josephine vino a verme cuando su hija Darcy tenía cuatro años de edad. La niña mostraba una conducta «destructiva», me explicó Josephine, y no sabía qué hacer para corregirla. Un par de meses antes, Darcy había empezado a dibujar en las paredes de su casa, utilizando lápices y rotuladores para garabatear coloridos dibujos en las paredes blancas del salón y de su habitación. «La castigué las dos primeras veces, pero sigue haciéndolo. Estoy enfadada con ella (es tremendamente difícil de limpiar), y también estoy preocupada porque se muestra muy desafiante. Me inquieta lo que pueda haber detrás de esta conducta.»

Le formulé a Josephine algunas preguntas sobre sí misma, y enseguida descubrí que ella y yo teníamos varias cosas en común: Josephine, como yo, era cantante y, como muchas personas relacionadas con la música, es una persona auditiva. Inició sus clases de música a los cuatro años y estudió piano y violín antes de tomar lecciones de canto en la adolescencia. Le encantaba el jazz y cantaba de forma regular en un cabaret de la ciudad.

Le había tocado música a su hija desde su nacimiento, confiando en que Darcy tuviera la misma pasión por la música que ella sentía y fuera una afición que ambas pudieran compartir. Llevaba a menudo a la niña a escuchar el coro infantil que actuaba en la biblioteca de la ciudad y la animaba ver que Darcy esperaba con ansia esas salidas y le gustaban las actuaciones. Poco después de que cumpliera cuatro años, Josephine la apuntó a clases de piano, igual que habían hecho con ella cuando era una preescolar.

Le pregunté cómo le iban esas clases a Darcy. «No muy bien», me confesó. «Sentarla al piano para que practique es una auténtica batalla, y se queja todas las semanas cuando la llevo a clase.»

Observando a la pequeña, tuve claro que gozaba de fuertes inclinaciones visuales. Lo de dibujar en las paredes lo indicaba, pero había además otros signos: era muy organizada. Cuando visité su casa, la niña me enseñó orgullosa su habitación, que tenía en perfecto orden, y me llevó directamente a ver su colección de muñecas, su posesión más preciada. Las muñecas estaban colocadas en lo que ella consideraba grupos familiares: a un lado estaban hermanas y madres y sus hijos, y al otro un padre, un hijo y su perro. Le gustaba la moda y la ropa y sus actividades favoritas en el colegio eran las manualidades y la gimnasia.

Le expliqué a Josephine que creía que el sentido dominante de Darcy era el visual, y que tenía la corazonada de que lo de dibujar en las paredes era una forma de expresar su frustración por no tener una salida para expresarse en un medio visual. Le pregunté si estaría dispuesta a plantearse cambiar la clase de piano semanal de su hija por una clase semanal de bellas artes. Al principio, Josephine se mostró reacia, pues no quería renunciar a la posibilidad de que la niña amara la música tanto como ella. Pero después le pedí que se imaginara cómo se habría sentido ella si alguien hubiera intentado apartarla de la música para dedicarla a jugar al fútbol o a practicar la natación.

«Me habría enfadado, seguro. Y habría hecho cualquier cosa por tocar», dijo.

«¿Habrías quebrantado las reglas de tus padres?», le pregunté.

Josephine esbozó una sonrisa y se echó a reír. En aquel momento estableció la conexión entre sus sentimientos respecto a la música y el deseo de dibujar y pintar de su hija. «Sí», dijo asintiendo. «Me gustaba tanto la música que habría estado decidida a salirme con la mía, aun cuando esto hubiera significado portarme mal.»

Por lo tanto, accedió a que su hija cambiara las clases de piano por clases de manualidades durante cierto tiempo. Cuando un par de meses después volví a tener noticias de ella, la encontré emocionada por las consecuencias del cambio. «Darcy está encantada con sus nuevas clases. Se pasa ansiosa la semana esperando que llegue el día de acudir a ellas», me dijo Josephine. «Prepara unos murales maravillosos con su profesora. ¡Y ya no dibuja en las paredes!»

Josephine y su hija continuaron disfrutando juntas de la música, de un modo que encajaba con las preferencias sensoriales de ambas. Los conciertos a los que asistían juntas era una forma estupenda de conseguirlo, pues Darcy se sentía atraída por el componente visual de una actuación en vivo.

Para Josephine igual que para muchos padres que he conocido, el proceso de comprender a su hija constó de dos partes: en la primera, tuvo que identificar y comprender el sentido dominante de su hija, y en la segunda, tuvo que ponerse en el lugar de Darcy para ayudarla a desarrollar sus intereses y habilidades.

Los niños visuales suelen portarse bien y ser fáciles de llevar. Sin embargo, cuando se sienten estresados (si están cansados, por ejemplo), tienden a tener una necesidad de orden mayor y a estar muy nerviosos. En estos momentos, su insistencia por controlar su entorno visual puede provocar conflictos cuando juegan con niños con un enfoque de la vida menos estructurado. El estrés puede asimismo convertirlos en niños mandones, pues es su manera de controlar el entorno. Cuando en mi clínica observo a un niño que pretende mandar sobre los demás, siempre sospecho que tal vez sea visual, y también que tal vez esté inquieto por alguna cosa que le suceda en casa o en el colegio. Sugiero a los padres que cuando vean a su hijo visual tratando de dominar de esta manera a los demás niños, intenten recurrir al talento de liderazgo natural del niño (la otra cara de ser un mandón). Anímele a dar buen ejemplo haciendo lo «correcto» para que los compañeros lo miren. A los niños visuales les importa lo que los demás piensan de ellos; aproveche, por lo tanto, las preocupaciones que tienen para redirigir su conducta.

La vida diaria del preescolar visual

El sueño

Conseguir que el preescolar visual se vaya a dormir seguirá exigiendo un periodo de descompresión durante el cual la estimulación visual sea mínima. Este niño nunca debería tener el televisor en su habitación, porque le resultaría imposible relajarse si lo mira de noche. Para evitar sostener esta batalla a la hora de acostarse, reserve un tiempo para ver la televisión en un momento más temprano del día. Dibujar y leer son actividades divertidas que el niño puede realizar sin excitarse en exceso antes de dormir.

Hay niños visuales tan dependientes de estar en un ambiente ordenado que a lo mejor necesitan ordenar y limpiar su habitación antes de dormirse.

A medida que vaya haciéndose mayor, el niño visual tendrá cada vez más necesidad de organizar su espacio a su manera. Querrá elegir el color de las paredes de su habitación, su colcha, su alfombra y otro mobiliario visual. Prepárese, pues, para que quiera su propia habitación. Si esto no es posible, una división en el dormitorio, un biombo o incluso una simple cortina que sirva para delimitar su espacio minimizarán el conflicto.

Si se ha cambiado recientemente de casa o se han producido cambios importantes en la vida de su hijo, podría darse el caso de que el niño visual empezara de repente a tener miedo a la oscuridad por las noches: las sombras le asustan, tiene pesadillas e incluso el mobiliario de su habitación le inquietan si es nuevo y no está acostumbrado a él. Tómeselo en serio. Estos miedos son perturbadores de verdad y no deberían ignorarse.

La alimentación

El perfil quisquilloso de los preescolares visuales se aplica también a sus hábitos alimenticios. Estos niños seguirán siendo muy particulares en cuanto al aspecto de la comida. Recuerdo un niño visual que no comía pasta cuando su madre se la cortaba para que le resultase más fácil comerla. ¡Los espaguetis tenían que estar perfectamente intactos! Estos niños pueden tener asimismo rituales visuales concretos que observar a la hora de las comidas, como comer los bocadillos sólo si el pan está cortado de una determinada manera, o beber siempre la leche de un determinado vaso decorado con un dibujo animado en particular. Se enfadarán con facilidad si ven que los demás no tienen el mismo cuidado que ellos con la comida, y los hermanos pequeños, que ensucian con la comida y la esparcen por todos lados, los inquietarán. Muchos padres optarán por darles de comer por separado o, como mínimo, colocarlos de tal forma que no tengan que ver el caos que los demás generan, de modo que la hora de las comidas sea más tranquila para todo el mundo.

La forma de presentar las cosas es muy importante para el niño visual, y es muy probable que a los cinco años tenga muy buenos modales comiendo y le guste poner la mesa. Y aunque continuará siendo quisquilloso con respecto a los alimentos, poco a poco irá interesándose en una mayor variedad de platos, siempre que le resulten visualmente atractivos.

El vestido

Los niños visuales seguirán preocupándose por su ropa y por su aspecto. A medida que expandan su universo social gracias al colegio y a otras actividades, tomarán buena nota del aspecto de los demás niños y querrán a menudo vestirse o peinarse como alguien a quien admiren. ¿Que un nuevo amiguito del colegio lleva unas zapatillas deportivas de color azul chillón? El niño visual le pedirá con insistencia un par igual que ése. ¿Qué todas las niñas de la clase llevan pantalones vaqueros agujereados? Su hija querrá apuntarse a la tendencia de inmediato. Son niños que sintonizan mucho con la manera de vestir de sus padres, de modo que prepárese para recibir sus comentarios.

Insisto en que ser niño o niña es importante, no sólo por cómo se vestirá su hijo o hija, sino también por cómo se viste usted. A lo mejor la camisa de flores de papá o que mamá lleve pantalones en vez de faldas podría no ser del agrado de su pequeño crítico de moda.

Los desajustes con el niño visual

Niño visual con padre o madre visuales

Parece una ironía, pero esta combinación padres-hijo puede dar como resultado un desajuste si todos ellos tienen sensibilidades visuales distintas (como en el caso de la madre y la hija que describí anteriormente que reaccionaban con intensidad, aunque de forma distinta, al color amarillo). Este tipo de problema no suele presentarse hasta que el niño es mayor, cuando tiene preferencias muy definidas sobre su ropa, la decoración de su habitación y otras decisiones estéticas. Cuando el niño es bebé y hasta los tres o cuatro años, padres e hijo suelen estar de acuerdo.

Pero enseguida que el niño manifieste con energía sus preferencias, los padres deberían observar signos en sí mismos que impidan al niño expresar su propia sensibilidad y sus propias decisiones. Los niños necesitan experimentar, y por muy especial que usted sea respecto a cómo le gustaría que fuese el aspecto de su hijo, tendrá que ceder un poco su control en este sentido. Si su hijo insiste en vestir de morado y llevar el pelo largo, y usted piensa que los niños pequeños deberían vestir de azul marino y llevar el pelo corto, intente recordar cómo se sentía usted cuando no le dejaban vestirse como le apetecía.

Si su hijo cree que ha «limpiado» su habitación, y ve usted que no ha quedado como exigen sus elevados estándares, en lugar de criticar su trabajo por imperfecto, intente admirar el esfuerzo que ha realizado. (Y cuando su hijo no esté en casa, dedíquese a limpiar la habitación hasta que satisfaga su ansia de orden visual.)

En general, procure dar a su hijo toda la libertad posible para que exprese su individualidad. Si el precio que ha de pagar es ropa que a usted no le gusta y una habitación que no está arreglada como usted la dejaría, piense que merece la pena por el sentimiento de autoestima y autonomía que está creándole a su hijo. Y, naturalmente, siempre se puede llegar a un acuerdo. «Hoy ve vestido así al colegio, pero cuando vengan los abuelos y salgamos a cenar, tendrás que ponerte el pantalón y el jersey nuevo que te compré la semana pasada.»

Niño visual con padre o madre táctiles

El mayor escollo para un padre o una madre táctiles de un niño visual es no comprender la necesidad de orden visual de su hijo, y como los padres táctiles, son eminentemente prácticos, además de tender al desorden, esta cualidad visual tan quisquillosa del hijo podría conducirlos a la conclusión de que éste es algo obsesivo o compulsivo. Por ejemplo, trabajé con una madre cuya respuesta a la necesidad de limpieza y orden de su hija era: «¿No tiene nada mejor que hacer que preocuparse por ser tan pulida?» Como persona táctil que era (y feminista comprometida), consideraba una casa limpia como el resultado de una persona aburrida y con mucho tiempo libre.

Recuerde: para su hijo el orden es tan importante como un abrazo puede serlo para usted.

El niño visual organiza sus pertenencias con gran precisión porque es su modo de controlar el entorno y gestionar el estrés: el orden le calma y le asienta. Comprenda por qué este tipo de orden visual es tan importante para su hijo. Como padre o madre táctiles, les interesa lo práctico y orientarse hacia unos objetivos (por ejemplo, hacer la colada y dejarla en una cesta es suficiente para usted). Pero su hijo querrá ver la colada doblada con mucho cuidado antes de guardarla en montoncitos perfectamente ordenados dentro de los cajones.

Es posible que pase también por alto la importancia que para su hijo tiene su preferencia por un plato de color rojo para la cena, o por una cama perfectamente hecha, o por disponer la comida de cierta manera en su plato. Los padres táctiles podrían olvidar también cómo hacer el lazo en el vestido con la forma que le gusta a su hija, o cómo disponer los bocadillos y la fruta en la fiambrera de su hijo varón, o cómo volver a colocar su maqueta de tren exactamente igual a como estaba antes de quitarle el polvo. Tal vez usted las considere cosas triviales, pero le aseguro que para su hijo son muy importantes. Merece la pena tenerlas en cuenta, pues no requieren mucho esfuerzo y ayudan a convivir en paz.

Niño visual con padre o madre auditivos

El padre o la madre auditivos y el niño visual suelen congeniar, aunque podría establecerse cierta distancia entre ellos porque corren por caminos paralelos. Por un lado, está el niño, que calladamente va haciendo sus cosas y se concentra en que su entorno visual permanezca ordenado, y por el otro, está el padre, que no para de hablarle a su hijo sin darse cuenta de que éste ha desconectado porque está concentrado en su propio mundo. Este niño no captará los cambios sutiles en el tono de voz y la expresión. Para captar su atención, tendrá que colocarse delante de él y establecer contacto visual para hablarle: lo que al niño le importa es la expresión de su cara, en vez del tono de voz que utilice.

Teniendo en cuenta que tanto el padre o la madre auditivos como el niño visual son capaces de concentrarse mucho en su trabajo y en su juego, y se sentirán felices y contentos estando solos, es importante encontrar el máximo de maneras posibles de conectar. Leer en voz alta un cuento ilustrado es una de las mejores, pues favorece los puntos fuertes tanto de los padres como del hijo. El niño disfrutará mirando los dibujos mientras el padre le lee, y ambos estarán a gusto por la intimidad que los envuelve mientras penetran juntos en el universo imaginario del cuento. Y cuando le explique alguna cosa a su hijo, recuerde siempre que debe *mostrarle* ejemplos en lugar de simplemente *contárselos*.

Niño visual con padre o madre gusto/olfativos

Los padres gusto/olfativos suelen dar mucho de sí mismos: su tiempo, su energía y su atención. Pueden llegar a implicarse hasta tal punto en aquello que creen que hará feliz a su hijo que a menudo pierden de vista, literalmente, las necesidades más básicas del niño. Algo así le sucedió a una madre, que era una verdadera *gourmet* y elaboraba complicadas y nutritivas comidas caseras. En una ocasión preparó unos deliciosos espaguetis a la boloñesa y los sirvió orgullosa para cenar. Su hija, una niña visual de cuatro años y medio, miró horrorizada lo que le pareció un montón de comida desordenada de color rojo, marrón y blanco, y lo apartó. «No lo quiero, mamá. Tiene un aspecto asqueroso.» La madre se quedó destrozada después de haber dedicado tanto tiempo y energía en la preparación de la comida. Pero a Sophie no le interesaban los sentimientos de su madre. Los niños visuales suelen desarrollar la empatía un poco más tarde de lo habitual (entorno a los cinco o seis años, en lugar de entre los cuatro y los cinco).

En el ejemplo anterior, la madre perdió de vista a quién estaba preparándole la comida. Si hubiera tenido en cuenta que a Sophie le gustaba la comida sencilla y dispuesta en el plato con los distintos alimentos separados en varios montoncitos, se habría ahorrado aquella decepción.

El padre o la madre gusto/olfativos y el niño visual quizá choquen a veces en lo referente a la forma de vestir del niño, pues unos se centran en la comodidad y el otro en la estética. La niña querrá ponerse su precioso vestido de color rosa, tipo princesa, para ir al colegio, pero la madre sabe que hace frío y que lo mejor es que se ponga pantalones y un jersey grueso debajo del anorak. Sea creativo para negociar en situaciones de este tipo, y trate de ver el punto de vista de su hijo, intentando a la vez que no pase frío ni tenga problemas de salud.

Los padres gusto/olfativos suelen ser muy expresivos, y a menudo los sentimientos se les reflejan en la cara. Por este motivo, tienen que ir con cuidado para no transmitir a sus hijos señales visuales confusas. Por ejemplo, una madre gusto/olfativa tal vez se echaría a llorar al ver la primera actuación de ballet de su hija. Ésta, siendo visual, al ver la cara llorosa de su madre, podría llegar a la conclusión de que está triste en lugar de sentirse orgullosa de ella, y salir llorando del escenario. El niño visual carece de la sofisticación emocional necesaria para comprender que es posible llorar en un momento de experimentar gran orgullo o amor; en ese caso surgirían malentendidos que herirían innecesariamente sus sentimientos.

También podrían herirse los sentimientos del niño visual cuando empieza a explorar su mundo y busca mayor independencia, una iniciativa que para muchos padres gusto/olfativos resulta dolorosa y a la que intentan resistirse. Éstos tendrán que ser sensibles a la necesidad de autonomía y distanciamiento de su hijo. Por duro que le resulte ver que su hijo se aleja de usted, es una de las muchas tareas del desarrollo que tendrá que superar. Cuanto más lo apoye en sus esfuerzos, mejor les irá a ambos.

Los niños visuales ven cosas que la mayoría pasamos por alto. Nos miran en busca de pistas para comprender cómo nos sentimos, cómo nos comportamos y gestionamos los desafíos de su mundo. Captan los detalles más mínimos para crear imágenes llenas de vida que almacenan en la mente y las recuerdan con una claridad notable. Desde muy pequeños, buscan con la mirada en los padres signos visibles de amor y orientación, y confían en su poder de observación para reconocer lo conocido y explorar lo novedoso. Para comprender a estos niños, debemos mirar el mundo a través de sus ojos.

7

El niño gusto/olfativo

El cuarto modo sensorial es el gusto/olfativo. Los niños de este grupo resultan a veces difíciles de clasificar porque su sensibilidad hacia los demás y su capacidad para sintonizar con los que los rodean y adaptarse a ellos los convierten en tan camaleónicos, que a menudo se identifican erróneamente como pertenecientes a otro grupo.

Los niños gusto/olfativos son criaturas muy sensibles a las que les afectan muchísimo todo tipo de estímulos intensos, incluyendo los sonidos fuertes, las voces enojadas, las luces deslumbrantes y los olores y sabores potentes o desagradables. Su sentido del gusto es muy agudo, y son muy explícitos en relación con la comida que les gusta y la que no les gusta; sus preferencias tienden hacia lo soso (según un adulto), pero muchas veces son impredecibles y difíciles de comprender. Es el bebé que rechaza la leche materna que ha sido congelada, porque en cuanto la leche se congela, su composición química varía y tiene un sabor sutilmente distinto. Si toma biberón, es el bebé que volverá locos a sus padres rechazando todas las marcas de leche excepto aquella que se consigue por fin encontrar después de una larga temporada de pruebas y errores que llega a destrozarles los nervios. Posteriormente, es el niño que se niega a comer sobras porque «saben distinto», o que no comerá yogur con una cuchara normal y corriente porque tiene un sabor demasiado «metálico», o que es el último en probar un plato hecho a partir de una combinación de diversos alimentos.

Esta aguda sensibilidad a los sabores y a los olores puede dar como resultado conductas sorprendentes para quienes le rodean. Trabajé con una familia que estaba desconcertada por el hecho de que su hija de dos años mostrara un desagrado tan fuerte hacia su tía, que los importunó a todos. Cuando conocí a la madre, Mary, y a la hija, Sara, en mi consulta e intenté descifrar el modo sensorial de la pequeña, Mary me comentó diversas cosas que destacaron la intensa sensibilidad de la niña, incluyendo que, de pequeña, no mamaba si la madre había comido espinacas, y su extrema sensibilidad a cualquier cambio en su rutina de sueño. Sara permanecía sentada en el regazo de su madre muy tranquila, sin agitarse, ni preocuparse por mirar alrededor, ni seguir la voz de su madre ni la mía. Todo indicaba que era un bebé gusto/olfativo.

Según Mary, no había motivo aparente por el que Sara rechazara a su tía. Decidimos que sería útil que yo fuera un día a su casa cuando la tía en cuestión hubiera ido a visitarlos.

Lo primero que noté fue que la mujer utilizaba un perfume bastante fuerte. Le pregunté si siempre lo utilizaba, y me contestó que sí. Aquella encantadora mujer me explicó que cuando iba a visitar a su sobrina siempre intentaba arreglarse y perfumarse. «Me gusta estar presentable y oler bien», me dijo.

Vi que había dos problemas. En primer lugar, la tía desprendía un olor desconocido que nada tenía que ver con el de la madre de la niña; y en segundo lugar, el perfume enmascaraba el olor natural de la mujer, imposibilitando que el bebé lograra «conocer» a su tía tal como les gusta hacer a los niños gusto/olfativos.

Le sugerí a la tía de Sara que usara el mismo jabón que utilizaba la madre de la niña, y que evitara ponerse el perfume durante una temporada. Al principio se mostró algo escéptica; nunca había tenido problemas con sus otros sobrinos, que se mostraban cariñosos con ella y, además, ¿de dónde salía eso de que a un bebé le importara cómo oliera una persona? Había llegado a la conclusión de que no era del agrado de la niña, y reconoció que hasta sospechaba que su hermana ponía a la pequeña en contra de ella.

Pero al fin la convencí para que pusiera en marcha el experimento y las cosas cambiaron drásticamente. El olor familiar del jabón de la madre logró que la niña se sintiera más relajada y cómoda con ella. Aquel simple cambio permitió que el cariño natural entre tía y sobrina se desarrollara sin tropiezos y con rapidez.

Debido a su sensibilidad a todo tipo de estimulación sensorial, los niños gusto/olfativos tienden a retraerse hacia una activa vida interior que los ayuda a protegerse del, a veces, abrumador aluvión de información que reciben del mundo exterior. Los que son felices jugando solos tienen una imaginación intensa y desbordada que les permite —sobre todo en sus primeros años— vivir en reinos de fantasía habitados por hadas, duendes y otras criaturas imaginarias. Los animales de peluche no son simples objetos decorativos o juguetes a los que abrazan por la noche; los niños gusto/olfativos atribuyen complicadas personalidades a estos muñecos y los convierten en compañeros de sus elaborados viajes fantásticos.

Estos niños son sensibles no sólo a todo tipo de *input* sensorial, sino también a sus propias emociones y a las de los demás. Alternan entre sentirse intensamente implicados con sus seres queridos y recluirse en su vida interior cuando la conexión emocional se hace excesiva para ellos. Protectores y leales, harán cualquier cosa por las personas a las que quieren, traban buenas amistades y siempre tendrán un «mejor amigo», prefiriendo la intimidad de la amistad individual a socializar en grupo.

Cuando crezcan, mostrarán una capacidad innata para la empatía. Esta sensibilidad emocional puede dar como resultado una desaparición tal de los límites, que absorberán los sentimientos de los demás, sobre todo de sus seres más cercanos, llegando a confundir los sentimientos de éstos con los propios.

En el terreno social, dicha sensibilidad provoca que sean muy vulnerables a avergonzarse y a que sus sentimientos puedan resultar heridos. Para protegerse, prefieren en general no destacar de ninguna manera. Esto significa que en sus primeros años, el niño gusto/olfativo rara vez se portará mal y será seguramente muy obediente en el colegio. Pero a medida que crezca y supere los cinco años de edad, este mismo deseo de encajar en todas partes podría hacerle en especial sensible a la presión de sus compañeros. Y, como verá más adelante, es por este motivo que los padres deben prestar especial atención a ayudar a sus hijos gusto/olfativos para que desarrollen la capacidad de reconocer y respetar sus propias opiniones, preferencias y deseos. Es decir, el niño gusto/olfativo necesita apoyo para aprender a decidir por sí mismo, bien sea sobre algo tan sencillo como escoger el sabor de un helado (lo que él o ella desea en realidad, en lugar de lo que toma su madre o su hermanita), o bien sobre algo tan complicado como tener las fuerzas necesarias para resistirse a una presión inadecuada por parte de sus compañeros.

Es importante observar con atención a los niños gusto/ olfativos de cualquier edad para reconocer y aceptar sus preferencias incluso antes de que sean capaces de articularlas, o aunque estas preferencias no tengan mucho sentido para usted. Tal vez no comprenda con exactitud por qué su hijo siempre quiere estar acostado en la cuna de un determinado lado y no del otro, o por qué come tranquilamente si se sienta usted en el balancín y, en cambio, no quiere comer si se sienta en el sofá. Lo que es importante es reconocer que estas preferencias existen y que guardan un significado y una resonancia para su hijo, que confía en ellas para asentarse en las muchas transiciones que vive a lo largo de la jornada. Tal vez le parezca un lío, pero peor lío es tener que enfrentarse a un bebé que ni come ni duerme.

Los elementos básicos del bebé gusto/olfativo, del nacimiento al año de edad

Cómo expresa el bebé gusto/olfativo sus necesidades emocionales

De bebés, los niños gusto/olfativos disfrutan con la cercanía de las principales personas que los cuidan. De un modo parecido a lo que sucede con los bebés táctiles, a los que no les gusta que dejen de cogerlos en brazos, los bebés gusto/olfativos se sienten felices transportados en una mochilita, dormidos junto al pecho de su madre o en sus brazos. Sin embargo, a diferencia de los bebés táctiles, los bebés gusto/olfativos no se calman simplemente estando en brazos. Son tan sensibles al estado de humor de quien los cuida que les captan el estado emocional. Si la madre está nerviosa o temerosa por algo, el bebé también estará inquieto. Si la madre está enfadada o irritable, el bebé lo captará y expresará un estado de humor similar. Si a la madre no le gusta el vecino, el bebé intuirá ese sentimiento y se inquietará cuando se acerque tal persona. Y si al final de la jornada la madre está molesta o distraída porque ha reñido con su pareja o por un problema en el trabajo, el bebé gusto/olfativo intuirá esos sentimientos y se negará a ser acostado en su cuna. Estas reacciones se aplican también a los sentimientos positivos: cuando mamá esté tranquila y feliz, el bebé imitará su satisfacción y se dormirá sin dificultad.

Este contagio emocional puede tener un gran impacto en la lactancia. Si la madre se siente tensa al amamantar a su hijo, el bebé también estará tenso y le costará tranquilizarse para mamar. Los bebés sintonizarán especialmente con el natural y comprensible nerviosismo de la madre primeriza cuando empieza a criar a su hijo.

Utilice sus conocimientos sobre la sensibilidad emocional de su bebé para ayudarle a aprender a consolarse solo, porque es una parte importante del desarrollo emocional en esta fase. Megan, madre de Jasmine, de diez meses de edad, lo descubrió por casualidad. Jasmine, un bebé gusto/olfativo, se resistía a echar la siesta. «Lloraba y pataleaba hasta quedar agotada, pero no quería dormir cuando la dejaba en la cuna», recordaba Megan. «Yo también me ponía muy nerviosa, pues no podía concederme ni un respiro. Me estresaba y me angustiaba cuando se acercaba la hora de la siesta. Sólo pensar que tendría que pasar por aquella rutina me volvía loca.» Megan estuvo a punto de rendirse, y ahí fue donde cambió la situación.

Desesperada, una tarde Megan desempolvó una cuna portátil que le habían regalado cuando nació la niña. En lugar de acostar al bebé para que echara la siesta en la cuna de su habitación, lo dejó en la cómoda cuna portátil y se sentó a su lado a leer una revista. Sorprendentemente, Jasmine se quedó dormida enseguida. Y a partir de entonces fue su nueva rutina: Jasmine dormía la siesta en la cuna portátil junto a su madre, mientras ésta realizaba tareas con calma o se relajaba. Sí, la proximidad de su madre formaba parte del motivo por el que Jasmine se tranquilizaba lo suficiente para poder dormir, pero sobre todo se debió al evidente cambio de Megan a un estado de ánimo más relajado.

«Es como si necesitara estar cerca de mí para dormirse. Así que dejé de pelear por evitarlo y la situación mejoró. Sólo espero que con el tiempo sea capaz de calmarse sola y dormirse en una cuna, o en una cama, sin que yo tenga que estar a su lado», me comentó Megan. Le sugerí que cuando Jasmine fuese un poco mayor y se acostumbrase a su rutina de echar la siesta, probara a darle un osito o un objeto suave y blando al que pudiera «cuidar». Este objeto de amor de transición ayudaría a la niña a aprender a consolarse en ausencia de su madre, una habilidad que le resultará útil cuando tenga que separarse de ella durante periodos cada vez más largos. (Como verá en la siguiente sección, al niño y al preescolar gusto/olfativo les cuesta separarse de sus seres queridos. Se sienten tan cerca de estas personas que son como una extensión de sí mismos y no pueden imaginarse separarse de ellas.)

Lo que sienta usted respecto a otras personas irradiará hacia su hijo gusto/olfativo, que se apropiará de esos sentimientos como si fuesen suyos, aun siendo un bebé; esa característica le permitirá jugar un papel activo en ayudarle a superar su ansiedad por la separación y ante los desconocidos. Por ejemplo, cuando le presente a una nueva canguro, comuníquele a su hijo el cariño que usted siente hacia esta persona mostrándole la máxima calidez y acogida posible. Cuanto más cómodo se sienta usted con la canguro, más cómodo se sentirá seguramente el niño. Y tenga en cuenta, claro está, que lo contrario también se haría evidente.

Jacqui, una madre con la que trabajé, intentaba averiguar

qué hacer con las visitas de su suegra, que siempre ponían muy nerviosa a Georgia, su hija de cinco meses. «No le gusta a Georgia. Es un bebé feliz y sonriente, pero cuando Eve la coge, se echa irremediablemente a llorar. Con mi suegro no hay ningún problema, pero con Eve, sí.»

Identifiqué a Georgia como gusto/olfativa, pues vi enseguida que era muy sensible a todo tipo de estímulos sensoriales. Y cuando Jacqui y yo hablamos sobre cómo se llevaba ella con Eve, empecé a tenerlo claro. Su suegra era «insistente», me comentó Jacqui, y no le gustaba su compañía. Le expliqué que era natural que a Georgia tampoco le gustara porque captaba los sentimientos de su madre. A modo de experimento, le sugerí a Jacqui que intentara ser más positiva en su interacción con Eve, y se comportara en general de un modo más acogedor. Unas semanas después, me telefoneó para contarme que todo iba mucho mejor: veía una diferencia clara en cómo respondía Georgia a su abuela desde que ella se había decidido a ser más cariñosa con su suegra.

Cómo descubre el mundo el bebé gusto/olfativo

Las primeras incursiones que realiza el bebé gusto/olfativo para descubrir y explorar el mundo que le rodea se comprenden mejor si las observamos a través de la lente de su extrema necesidad de rutina. Aunque es cierto que la mayoría de los bebés funciona mejor si sigue una rutina regular de comida, sueño y juego, el bebé gusto/olfativo reacciona enérgicamente a cualquier cambio que se produzca en su rutina diaria. He trabajado con muchos padres que me han informado de que sus hijos gusto/olfativos lo pasan mal cuando van de viaje, o cuando se produce una mínima desviación en su agenda diaria: si la hora de la comida se retrasa media hora, el niño se pone a llorar, y si la hora de acostarse se retrasa una hora, la escena se convierte en un infierno en el que todo el mundo recibe. Como estos niños tienen un organismo muy sensible, significa que acusará los cambios relacionados con el sueño y la alimentación. Por este motivo, a muchos padres de este tipo de bebés les resulta más fácil gestionar a sus sensibles hijos haciendo todo lo posible por evitar esos cambios, o preparándolos con anticipación cuando resulte imposible evitarlos. Tal vez estas estrategias le den la sensación de que las necesidades del bebé le gobiernan. Pero cuando se dé cuenta de lo sensible que es el niño a los cambios en los horarios del sueño y de las comidas, se motivará más para llevar a cabo las concesiones necesarias. Y esta situación se aplica especialmente a sus primeros años.

Por ejemplo, si en el hogar deja siempre al bebé en el mismo parque portátil mientras usted va haciendo cosas, lléveselo consigo cuando vaya a casa de la vecina a tomar un café. Si va a casa de la abuela a pasar unos días, consiga previamente una cuna de viaje y utilícela durante una semana antes de irse, para que el niño se acostumbre a ella. Y cuando no esté en el hogar, asegúrese de seguir los mismos rituales que formen parte de su rutina de irse a dormir habitualmente: léale los cuentos que siempre le lee, tápelo con la misma ropa de cama e incluso llévese consigo la lamparita nocturna que utilice en el hogar.

Cómo empieza a jugar e interactuar el bebé gusto/olfativo

Con respecto a las actividades que realizará su hijo, una buena idea es establecer rutinas diarias de juego para que su bebé cuente con ellas; repito, una agenda predecible ayuda a este tipo de niños a sentirse seguros y cómodos. Ya de recién nacido, el bebé apreciará la regularidad y la recurrencia de lo que a usted podrían parecerle detalles mínimos, como por ejemplo, el calor del sol que entra por una ventana determinada y arroja su luz sobre el suave colchón de una alfombrita, donde él juega todas las mañanas con sus juguetes, mientras usted se sienta a su lado en el suelo.

Como los bebés táctiles, estos niños quieren estar cerca de sus padres o cuidadores mientras juegan. Y no les gusta que los dejen solos mucho rato.

Son bebés que parecen sentir atracción por la naturaleza y disfrutan estando al aire libre, aunque han de ir vestidos de tal modo que se sientan físicamente a gusto. Pero que el Cielo nos guarde de que tengan demasiado calor o demasiado frío: serán incapaces de concentrarse en otra cosa y llorarán disgustados o chillarán inquietos para hacerle saber que no se lo están pasando bien en el campo.

El bebé gusto/olfativo se siente atraído por juguetes que emiten ruido, por los que tienen cascabeles en su interior o espejos o texturas interesantes, es decir, por cualquier cosa que atraiga sus sensibles oídos, ojos o manos. Pero cuando le introduzca juguetes nuevos, reaccionará muy positivamente a algunos e ignorará por completo a otros. El sonajero amarillo será su juguete favorito, pero prescindirá de las piezas de construcción de tela que usted le enseña a menudo. Muchas veces, sus juguetes favoritos son aquellos que tienen para él o ella algún tipo de valor emocional. Si es usted quien le da una muñeca, por ejemplo, adorará esa muñeca. Pero si las piezas de tela son un regalo de una visita a quien no conoce muy bien, es posible que las ignore para siempre. Naturalmente, es probable que no sea consciente de quién le ha hecho el regalo, pero algo en su interior habrá tomado nota de ese hecho. He observado a muchos bebés gusto/olfativos aferrados a juguetes y objetos que, como sus padres me han comentado, eran regalos de gente especial. Es muy posible que no comprenda las preferencias de su hijo y, a esta edad, el bebé a buen seguro no podrá explicárselas, pero sepa que siempre tienen una razón de ser, aunque usted sea incapaz de descubrirla.

La vida diaria del bebé gusto/olfativo

El sueño

El bebé gusto/olfativo tendrá a veces dificultades para dormirse solo en la cuna. Por mucho que lo intente —cantándole, acariciándole la espalda o paseándolo en brazos—, seguirá alborotado y despierto. Pero si usted se estresa y reacciona con ansia y agitación, como les sucede comprensiblemente a muchos padres, pondrá en marcha un ciclo complicado, pues lo más seguro es que el bebé responda de la misma manera, y nadie podrá dormir. Por difícil que le resulte cuando se está agotado y con la sensación de ya no poder más, es importante que intente mantener la calma al dejar al bebé en la cuna. Respire hondo unas cuantas veces para relajarse, utilice un tono de voz suave y cantarín, y sonría aunque el bebé esté montando un escándalo. Es muy probable que éste se tranquilice y se quede dormido al ver que usted se ha relajado.

Si el bebé continúa presentando problemas a la hora de irse a dormir, cree una rutina nocturna con un programa más rígido que incluya, por ejemplo, darle el biberón o darle de mamar, leerle un cuento, acariciarle la espalda o darle la mano, y animarle a que intente dormir en la cuna. Si nada de esto funciona, no es buena idea dejar que el bebé gusto/olfativo llore hasta cansarse, principalmente porque esto no suele pasar. Lo que sucederá, en cambio, será que el niño estará cada vez más inquieto, y el llanto se incrementará.

Hay padres que instalan al bebé en su dormitorio, donde el niño duerme en un capazo (o cualquier otro tipo de cuna transportable), o en la cama de los padres. Según mi experiencia, a la mayoría de los bebés gusto/olfativos les gusta dormir con sus padres, pero es una opción que, como es natural, tiene que resultar cómoda para todos los implicados. De no ser así, el niño captará la incomodidad de los padres. Si elige este camino para un bebé gusto/olfativo que nunca tiene suficiente de estar con ustedes, sepa que todos los bebés que duermen con sus padres acaban queriendo su propia cama.

En una familia, los padres acogieron en su cama al bebé durante el primer año, y el trío se sintió feliz con la solución elegida. El bebé dormía bien, apenas se despertaba para mamar y toda la familia dormía lo suficiente. Pero la madre volvió a quedarse embarazada cuando la niña cumplió el año, y los padres pensaron que la pequeña debería empezar a dormir en una cuna en su propia habitación, para que cuando llegara el hermanito no tuviera la sensación de que éste era el responsable de que la «echaran de una patada» de la habitación de sus padres. Por muy racional que fuera esa idea, a los padres les costó aplicarla porque se sentían culpables por si hacían infeliz a su hija o, después de que llegara el hermanito, por si se sentía celosa.

Cuando vinieron a verme, les garanticé que si ellos lograban estar en paz consigo mismos mientras ayudaban a su hija a realizar la transición hacia una mayor independencia, ella reaccionaría bien. Simplemente tenían que superar su sentido de culpabilidad. Y eso fue lo que sucedió. En el transcurso de las siguientes semanas, los padres fueron preparando poco a poco a la niña para el traslado a su nuevo dormitorio: permanecían con ella en la habitación un rato y le daban ánimos y cariño (y un nuevo osito que la necesitaba). A mi entender, sin embargo, el factor más importante fue su actitud: cuanto más animados y positivos se mostraron los padres, más seguridad experimentó su hija, lo que le permitió aceptar el cambio. Como es obvio, la transición no fue siempre perfecta, ya que hubo malas noches y alguna recaída ocasional en la que permitieron a la niña volver a dormir con ellos, sobre todo al principio, pues las transiciones siempre son un proceso. Pero en poco más de un mes, la niña superó aquel hito con éxito y se sintió segura y a salvo durmiendo sola.

La alimentación

Como cabría esperar, alimentar a un bebé gusto/olfativo es, por encima de todo, crear un ambiente balsámico que le ayude también a sentirse seguro y a salvo. El bebé captará su estado emocional, lo que significa que usted tiene que relajarse. Haga todo lo posible por buscar un entorno cómodo en el que esté a gusto. Tal vez disponga de una silla especialmente confortable que podría colocar cerca de una ventana con vistas que le gusten, o pueden envolverse usted y el bebé en una manta suave y bonita, o poner música (siempre que no sea muy fuerte y movida) agradable, o encender una vela que cree un resplandor delicado cuando le dé de comer a medianoche. Si el bebé se muestra inquieto a la hora de comer y no sabe usted el por qué, pregúntese: «¿Me domina la ansiedad más de lo habitual? ¿Hay en la familia algún motivo nuevo o añadido de estrés? ¿Me he dedicado el suficiente tiempo para abordar a mi hijo en un estado de ánimo tranquilo y relajado?» La clave para comprender qué le sucede al bebé podría estar en usted.

Disponer de una serie de rituales que repetirá cada vez que le dé de comer, le ayudará a caer en una rutina confortable. La repetición y la regularidad son lo más importante para este tipo de bebés. Esto significa que le gustará comer siempre en el mismo lugar, tapado con la misma mantita, en la misma posición, etc.

Los cambios le son problemáticos en potencia, sobre todo cualquiera que afecte al sabor o al olor de la comida. Una madre que tuvo que reincorporarse al trabajo tres meses después de dar a luz, decidió extraerse la leche y congelarla para no tener que empezar a utilizar biberones. Pero el bebé rechazó la leche materna congelada porque tenía un sabor diferente. De modo que después de darle de mamar por la mañana, la madre se extraía la cantidad de leche suficiente para las dos tomas diurnas, y luego volvía corriendo a casa para amamantarlo a las cuatro de la tarde. Pero la mayoría de las mujeres no puede acomodarse a un horario así. Por eso aconsejo a las madres de bebés gusto/olfativos que tienen pensado reincorporarse al trabajo, que se extraigan la leche, la congelen y la introduzcan, descongelando cada toma, en la alimentación del bebé desde el principio, para que se acostumbre al sabor.

Siempre que el bebé se niegue a mamar, piense si ha cambiado alguna cosa en su dieta o ha consumido algún alimento que quizás afecte al sabor de la leche. Una madre llegó a la conclusión de que su hija no quería mamar cuando ella comía determinados alimentos, como el brócoli o cualquier plato con curry.

Esta hipersensibilidad al sabor afectará también a los bebés que se alimentan con biberón. Si, por ejemplo, utiliza usted una marca determinada y por cualquier motivo decide cambiarla, el bebé podría negarse a comer. El biberón y la tetina que utilice también pueden ser causa de rechazo. Los bebés suelen preferir los biberones de cristal a los de plástico y, como el caucho acostumbra a provocarles asco a este grupo de niños, aceptarán mejor las tetinas de silicona que las de látex.

Cuando entre los seis y los nueve meses el bebé gusto/olfativo se inicie en la comida sólida, continuará mostrándose quisquilloso. Al seguir siendo tan hipersensible a sabores y olores, preferirá comidas sosas a las que tengan mucho sabor, y también es posible que deba calentarle la comida en un tipo concreto de recipiente (de cristal, y nunca de metal o de plástico). Seguramente, cuando sea un poco mayor, el niño mostrará preferencia por una cuchara, plato o vaso determinado, pues su sensible paladar es capaz de detectar cambios sutiles en el sabor de los alimentos, dependiendo del material utilizado para servirlos.

Y, repito, teniendo en cuenta que los bebés gusto/olfativos captan cualquier emoción o estado de humor que haya en la estancia, lo mejor es mantenerse con la mayor tranquilidad posible durante la hora de las comidas, lo que puede ser una epopeya, pues a estos niños no les gusta ir con prisas, ni para mamar ni para tomar el biberón. Intente ser paciente con su bebé gusto/olfativo, porque tiene su propio sentido del ritmo, y si usted consigue aceptarlo, la vida será mucho más placentera.

El vestido y los pañales

Lo que más le importa a este bebé en relación con el vestido es que sea cómodo y fácil de poner (nada que cueste pasar por la cabeza, por ejemplo). De modo que mientras usted no tenga prisa y no muestre signos de frustración ante los problemas ocasionales que surjan, vestir al bebé tendría que andar sobre ruedas.

Igual que con la comida, intente ser consecuente con todo lo que tiene que ver con el vestido y los pañales, y en ello incluyo la forma de lavar la ropa. Por ejemplo, cambiar de detergente o utilizar suavizantes que huelan a lavanda podría irritar a un bebé gusto/olfativo. En general, lo mejor es utilizar jabones delicados, hipoalérgicos y sin aroma para lavar la ropa del niño. Y a menos que haya un problema concreto con la crema para el culito o la loción corporal que utilice, siga con ellas. El niño se acostumbrará rápidamente al olor (o a la ausencia del mismo) de cualquier producto, y siempre preferirá aquello a lo que esté acostumbrado que a algo nuevo y distinto.

Los elementos básicos del niño gusto/olfativo, de uno a tres años de edad

Cómo comunica y gestiona las emociones el niño gusto/olfativo

Estos niños serán personitas altamente emocionales que se alimentarán de la energía y de los sentimientos de quienes los rodean, tanto niños como adultos. Sorprendiendo a padres y maestros con su temprana habilidad para captar los sentimientos de sus compañeros, serán los niños de dos años que lloran cuando su amiguito comete un error garrafal, o los pequeños de tres años que corren a abrazar al niño que ha caído del tobogán. Muestran signos de empatía antes que los niños de los demás grupos sensoriales.

El niño gusto/olfativo está sintonizado de tal manera con los sentimientos de los demás que se inquieta especialmente por cualquier enfado, tensión, estrés u otra emoción intensa que flote en el ambiente. Por este motivo, por su forma de reaccionar ante las emociones de los demás, parecería un niño de humor cambiadizo o variable. Por otro lado, no comprende que las emociones vienen y se van, y que con frecuencia nada tienen que ver con él o ella. Su hijo gusto/olfativo tendrá que saber que cuando se enfade con él, el enfado no le durará a usted toda la vida, o que si su conducta le ha decepcionado, no quiere decir que haya dejado de quererle, y que si se pelea usted con su pareja o con cualquier persona por teléfono, no tiene relación con algo que él o ella haya hecho. Son conceptos evidentes para usted, pero el niño gusto/olfativo, siendo como es tan sensible, necesita escuchar esta información una y otra vez.

Una técnica para que su hijo se familiarice con la naturaleza y el alcance de los sentimientos es practicar un juego con el muñeco de Mr. Potato, en el que usted le vaya cambiando a éste las distintas partes de la cara para mostrar diversas expresiones —enfado, tristeza, felicidad, curiosidad, etc.—, y le pida al niño que identifique esas expresiones, enseñándole las palabras que se aplican a las diferentes emociones. Este sistema le ayudará a asimilar la idea de que una misma persona siente emociones distintas y, conceptualmente, usted le está enseñando que nuestras emociones no nos definen. Podemos estar felices hoy y tristes mañana, dependiendo de lo que suceda. De este modo le proporcionará al niño la capacidad necesaria para gestionar tanto los sentimientos cambiantes de los demás como los suyos propios, algo que a veces tal vez le resulte abrumador.

El niño gusto/olfativo necesita muchas palabras tranquilizadoras, y es posible que sea muy pegajoso a esta edad. A lo largo del día, exigirá constantemente su atención y querrá en todo momento que le lleve en brazos, le haga mimos y le diga que le quiere. Conozco a un niño de tres años que se pasa el día preguntándole a su madre si le quiere a él más que a su hermano. Es una pregunta habitual entre los niños de esta edad, pero el niño gusto/olfativo necesita que le digan con más frecuencia que otros niños que ocupa un lugar especial en el corazón de su madre.

Estos niños se toman sus emociones muy en serio, y a veces son, además, muy elocuentes al expresarlas. Sin embargo, aun siendo capaces de manifestar sus sentimientos, necesitan todavía ayuda para gestionarlos, como la mayoría de los niños de esta edad, sobre todo en lo relativo a sentirse tristes o a separarse de sus padres. En un caso que estudié, Nathan, un niño de tres años de edad, se negaba a ir a la guardería. Un día, su madre, que intentaba ayudarle a superar sus miedos, se dio cuenta de que el anagrama del colegio tenía la figura de un osito. Decidió comprarle a Nathan un osito igual y explicarle que tendría que llevarlo al colegio todos los días para que se viera con el otro osito. Si su osito no veía a su amigo, le contó, se sentiría triste y asustado, igual que él cuando iba solo al colegio. Pero si él y su muñeco iban juntos a la guardería, estarían los dos estupendamente, pues se tendrían el uno al otro para hablar y hacerse mimos. Al niño gusto/olfativo le resulta sencillo pasar al mundo de la imaginación y otorgar a animales o juguetes cualidades humanas, de modo que estas historias de fantasías pueden convertirse en formas muy eficaces de ayudar al niño a gestionar sus intensos sentimientos.

En general, el niño gusto/olfativo es muy consciente de lo que se espera de él o ella, y no quiere portarse mal, así que normalmente sólo explotará en una pataleta cuando sobrepase sus límites. Pero si la tiene, suele ser muy exagerada, acompañándola de lágrimas y gritos. Si usted intuye que está al borde de la pataleta, tal vez pueda evitarla hablando con el niño sobre cómo se siente, pues será capaz de explicárselo. En cuanto haya entendido su problema, y aun sin poder hacer nada al respecto, es posible que su hijo se tranquilice por el mero hecho de haber sido escuchado. Si llora, pero no ha llegado todavía a la fase de una pataleta hecha y derecha, podría solucionarlo quizá con un beso y unos mimos. La calidez y el entorno amoroso de los brazos de mamá y papá serán tal vez todo lo que necesite para calmarse. Otra técnica consiste en iniciar algún juego de fantasía: dígale que si llora, su osito se entristecerá, y pídale si puede poner cara de alegría o darle un beso para que el muñeco se sienta mejor. Intente también cambiar su centro de atención hablándole acerca de algún ser querido, animándole a entrar en una conversación sobre lo que él y su mejor amigo hicieron la última vez que jugaron juntos, preguntándole sobre qué hará cuando visiten a su tío favorito la semana próxima o recordándole lo bien que se lo pasó con su abuela en la playa el último verano.

Si ninguna de estas estrategias funciona y el niño tiene una pataleta seria, intente ponerse a llorar, ¡en serio! Cuando usted muestre sus sentimientos, su hijo gusto/olfativo volcará su atención en usted, y su pataleta finalizará.

Cómo explora el mundo el niño gusto/olfativo

El niño gusto/olfativo es un aprendiz ansioso, curioso y juguetón que se siente atraído por el mundo natural, y posee inteligencia e intuición sobre animales, plantas y naturaleza en general. En lugar de recopilar los hechos como tales y nada más, absorbe lo que le rodea de un modo sensorial. En un paseo por la naturaleza, capta el canto de los pájaros, el murmullo del riachuelo o el olor de las hojas que han caído al suelo; realiza observaciones que parecen excepcionales y demuestran la amplitud de su percepción. A veces, estas observaciones parecen salidas de la nada, pero este niño tan imaginativo efectúa conexiones y asociaciones que el resto de los mortales no capta.

Cómo juega e interactúa el niño gusto/olfativo

Los niños gusto/olfativos empiezan a demostrar su enorme imaginación en esta fase. Les encanta crear elaboradas fantasías con sus juguetes: los muñecos cobran vida y representan notables historias familiares, los animales de peluche habitan un animado corral y las figuritas articuladas libran épicas batallas en el suelo del salón.

Son niños muy apegados a determinadas posesiones, incluyendo los juguetes. Y es especialmente así cuando su mundo se expande, dejándolos sin la constante presencia conocida de mamá y papá y exponiéndolos a nuevas personas y lugares. Cualquier novedad puede darles miedo. Como Linus, el personaje del comic Charlie Brown, querrán llevar consigo a todas partes su juguete o su mantita favoritos. La manta, el osito o la muñeca hacen tanto las veces de objeto de seguridad, que los relaja y los consuela (sobre todo en ausencia de sus padres), como de objeto de transición, al que le atribuyen características humanas, aprendiendo de este modo a relacionarse con gente distinta a sus padres. Si oye a su hijo hablándole al osito o cantándole a la mantita, no haga nada para poner freno a esta conducta, pues le ayudará a separarse de usted. Este tipo de juego de fantasía es también una válvula de escape para las emociones del niño: si se siente triste, el peluche también lo estará, y cuando usted oiga que lo consuela, no estará haciendo otra cosa que consolarse a sí mismo. Preste atención a las interacciones de su hijo con el peluche, y descubrirá cuál es su estado de ánimo.

Los niños de cualquier grupo sensorial a menudo desarrollan este vínculo afectivo con objetos, y por motivos similares, pero el hipersensible niño gusto/olfativo será en especial dependiente de ese vínculo por el papel que juega ayudándole a gestionar sus miedos. Y este hecho es precisamente más cierto cuando el niño se enfrenta a la separación de las personas a las que más unido se siente.

Un pequeño gusto/olfativo llevaba a todas partes su juguete «El tren Thomas y sus amigos» tan pronto como inició su estancia en la guardería. Su madre tenía la sensación de que lo adoraba porque lo asociaba con las muchísimas horas felices que había pasado mirando el programa «El tren Thomas y sus amigos» en compañía de sus dos hermanos mayores, con los que se sentía muy unido. Era como si tenerlo con él cuando estaba en un entorno nuevo, le diera la sensación de que estaba también con sus hermanos.

Sea cual sea el objeto al que su hijo acabe sintiéndose unido, asegúrese de tener un duplicado a mano, pues sería una catástrofe que su querido juguete desapareciera para siempre. Mejor aún, vaya intercambiándole los objetos idénticos para que todos queden impregnados de los olores familiares del entorno del niño. De lo contrario, si el objeto original se pierde y lo sustituye por otro igual pero nuevo, el niño gusto/olfativo podría llegar a notar la diferencia y rechazar el sustituto, por mucho que a usted le parezca idéntico al original.

Estos niños suelen tener más miedo a las nuevas experiencias que los demás niños y se sienten más infelices al separarse de sus padres. Tal vez sean también más lentos para adaptarse y hacer amigos cuando se exponen por primera vez a nuevos entornos, como la guardería y el parvulario. Por otro lado, y gracias a su extremadamente intensa imaginación y a que son capaces de aprovecharla para enfrentarse con éxito a situaciones que de lo contrario podrían abrumarlos, disfrutan del juego en solitario durante periodos mucho más largos que otros niños. Pero cuando se sientan lo bastante cómodos para salir de su universo privado, darán sus primeros pasos de tanteo hacia la socialización con otros niños. Por lo general, en esta etapa hacen sólo un par de amigos, pero conectan muchísimo con ellos, hablan siempre de estos amiguitos en casa y quieren jugar los fines de semana con ellos. Incluso a una edad tan temprana, suelen formar lazos de amistad y emocionarse con las relaciones con un único amigo. Pero si alguien con quien se sienten unidos hiere sus sentimientos, les duele durante años.

La vida diaria del niño gusto/olfativo

El sueño

Pese a lo pegajosos que han sido de bebés, a partir de que empiezan a caminar los niños gusto/olfativos muestran más independencia, y es probable que quieran su propia cama como una forma de consolidar su nueva sensación de autonomía. Los rituales a la hora de acostarse seguirán siendo importantes: querrá que le cante todas las noches la misma canción de cuna, o que le lea los mismos cuentos mientras se acurruca a su lado en busca de la sensación de seguridad que usted le aporta al estar cerca de él. Por mucho que crea que, en este periodo, sería buena idea introducir nuevos cuentos, su hijo insistirá en los viejos de siempre; las palabras y los sonidos familiares le proporcionan una música de fondo reconfortante que le ayuda a caer dormido. Incluso de pequeño, se identificará con vehemencia con el contenido emocional de los cuentos que usted le lea. Esos libros sobados que siempre le pide que se los repita son sus favoritos, en parte por el satisfactorio viaje emocional que los personajes realizan a lo largo de la narración, y en parte por las relaciones entre los distintos personajes.

La coherencia y la regularidad son importantes para estos niños a modo de rituales. Igual que a su hijo le gustará comer siempre con el mismo plato y escuchar cada noche los mismos cuentos, querrá irse a dormir a su cama bajo su manta particular y con su querido osito al lado. Si algo se altera en su entorno, quizá tenga una reacción muy exagerada y aparentemente irracional, acompañada de lloros y gran alboroto. Por mucho que crea conocer a su hijo, la razón de sus preferencias seguirá siendo un misterio para usted. Pero nunca infravalore la importancia que tienen para él.

La alimentación

Cuando el niño gusto/olfativo amplía la alimentación de bebé, muestra opiniones muy marcadas sobre lo que come. Suelen gustarle las comidas sosas, de textura suave y con poco o ningún color. Es el niño que pide espaguetis con mantequilla, pero sin salsa, un día tras otro. (Trabajé con una madre que definía a su hija como una «comedora de comida beis».) Y al descubrir las pocas comidas que le gustan —podrían ser bocadillos calientes de queso o puré de patatas—, las pedirá una y otra vez, y siempre las querrá preparadas de la misma manera. Esto significa que si compra un queso distinto o un yogur de otro sabor, corre el riesgo de que lo rechace.

Estos niños muestran, además, notables preferencias por marcas concretas. Tal vez haya una única marca de leche que les guste. Si por casualidad cambia de marca, vigile, pues le encontrarán un sabor distinto y, en lo que a la comida de estos niños se refiere, «distinto» equivale a «malo». Preferirán también separar los distintos alimentos en el plato y se enfadarán si unos tocan a los otros, de manera que si la salsa de los espaguetis se mezcla con las judías, se negará a comerlas. Podría ser que comieran un poco de cada cosa, siguiendo un orden, y volviendo a empezar. En general, los padres tendrán que ser muy pacientes con las preferencias alimentarias del niño gusto/olfativo. Tal vez a usted le parezcan una tontería, y tal vez tema estar mimando a su hijo al permitirle que crea que tiene cierto control sobre un área de primordial importancia para él: la comida. Pero del mismo modo que el niño visual necesita controlar su entorno visual, y el niño auditivo necesita controlar su entorno auditivo, el niño gusto/olfativo debería tener cierta libertad para elegir lo que come.

Trabajé con la madre de un niño de este grupo sensorial, de dos años y medio, a la que le costaba entender diversas conductas de su hijo, sobre todo las relacionadas con la comida. Por ejemplo, ella preparaba un montón de macarrones con queso, y el primer día el niño se los comía la mar de bien, pero al día siguiente, cuando le daba exactamente la misma comida, el pequeño la escupía. La última vez que le ocurrió eso, la reacción del niño fue tan fuerte que hasta sintió náuseas y tiró el plato al suelo. La madre creía que al haberle gustado esa comida el día anterior, su hijo le tomaba el pelo, y se puso furiosa con él. Le expliqué que el hecho de que la comida fuera del día anterior podía dar pie a que tuviera un sabor ligeramente distinto. Tal vez hubiera absorbido algunos olores de la nevera, o tal vez al recalentarla, se hubiera alterado su sabor. Era evidente que su hijo notaba aquella sutil diferencia, y ése era probablemente el motivo por el que la rechazaba.

Muchos niños gusto/olfativos tienen problemas comiendo las sobras, de modo que es mejor darle comida recién hecha. Si no es factible, cuando cocine comida en abundancia que le dure para varias veces, congele porciones individuales (la comida conserva un sabor más fresco si se congela, en lugar de guardarse simplemente en la nevera), y cuide de recalentarla siempre de la misma manera. Utilizar el microondas para descongelar la comida y luego recalentarla suele ser la mejor forma de conservar el sabor original. Aunque de entrada le parezca que le da más trabajo, tener esto en cuenta es infinitamente preferible a batallar con su hijo, cuyas predilecciones por la comida no son una muestra de que sea un niño difícil, sino simplemente el producto de su extrema sensibilidad al gusto.

El vestido

Ayudar a vestirse al niño gusto/olfativo se convertirá en un momento de contacto individual con mamá o papá. Si está usted en la habitación, dándole ánimos y estímulos positivos, el proceso será placentero. Y la elección de ropa que él haga estará seguramente relacionada con la fuerte conexión emocional que siente hacia usted. Tal vez quiera ponerse una camiseta de color rosa como la de mamá, o pantalones vaqueros como los de papá o elija alguna prenda según la persona que se la regaló. Le sorprenderá lo bien que recuerda quién le regaló las distintas piezas de ropa y lo mucho que eso significa para él.

Aprender a hacer sus necesidades

Los niños gusto/olfativos avanzan sin tropiezos en su aprendizaje de hacer sus necesidades, sobre todo si el proceso se introduce de forma tranquila, gradual y cariñosa. Sin embargo, si los padres muestran su impaciencia o su desagrado cuando se producen accidentes, los niños se sentirán muy heridos y molestos por esa respuesta negativa. Es importante que comprendan que los errores existen, y que sus padres no están enfadados con ellos ni han dejado de quererlos. Tenga presente también que su hijo gusto/olfativo está tan ansioso por complacerle que intentará acomodarse a su deseo de que aprenda a hacer solo sus necesidades, aunque esté todavía fuera del alcance de sus capacidades físicas. Pregúntese, pues, lo siguiente: ¿Está verdaderamente preparado mi hijo para aprender a hacer sus necesidades en el baño, o sólo responde a lo que intuye que yo quiero que él o ella haga?

Inclusive cuando el entrenamiento esté ya en marcha y funcionando, a lo mejor el niño gusto/olfativo moja la cama por la noche si ha tenido un día difícil. Es una de las muchas maneras de expresar su extrema sensibilidad. Una buena idea es seguir utilizando pañales hasta que vea que su hijo ha superado ya la fase de los accidentes. Los pañales le harán sentirse menos presionado ante la posibilidad de tener un escape nocturno, y le tranquilizarán a usted en cuanto a no esperar más de lo que el pequeño puede ofrecer. Y, claro está, también le protegerán de despertarse en una cama mojada y maloliente. Por definición, estos niños detestan los malos olores, y cualquier cosa que esté en su mano hacer para protegerle de ellos durante este proceso lo hará más agradable.

Durante esta época de desafíos, es especialmente importante seguir con el ritual de acostarse que tanto consuela al niño. Haga todo lo posible para evitar accidentes, es decir, asegúrese de que va al baño y de que no bebe líquidos antes de irse a dormir.

Aunque a veces le parezca que da dos pasos adelante y uno hacia atrás, anime siempre y elogie a su hijo y no le dé prisas. Cualquier impaciencia que intuya le incomodará hasta tal punto que acabará teniendo un efecto contraproducente.

Los elementos básicos del preescolar gusto/ olfativo, de los tres a los cinco años de edad

La vida emocional del preescolar gusto/olfativo

Cuando llegan a la edad preescolar, los niños gusto/olfativos muestran a menudo signos de ser intuitivos en sumo grado. Es como si supieran qué está usted pensando antes de decirlo, qué va a pedirles antes de formularlo o cómo responderán a su estado de humor antes de que usted se dé cuenta de ello.

Descritos con frecuencia como «hipersensibles», tienden a ser emocionalmente más maduros que otros niños de su edad, muestran una gran habilidad para ser compasivos y empáticos, una capacidad que la mayoría de los niños tan sólo empiezan a desarrollar a esta edad. Pese a sus pocos años, intentarán representar el papel de protector de las personas que quieren. Cuando mamá tenga dolor de cabeza, moderarán instintivamente el ruido que emiten y hablarán bajito, o se mantendrán en silencio con la esperanza de que ella se encuentre mejor. Si su canguro llega triste aquella tarde porque ha roto con el novio, captarán su infelicidad e intentarán consolarla.

Los niños gusto/olfativos están motivados por el deseo de saber que todo el mundo se siente feliz, y prodigarán cumplidos a sus seres queridos en un intento de conectar con ellos y colaborar en que estén a gusto: «Mamá, eres la mejor mamá del mundo», «Papá, te quiero cuando me llevas al colegio», «Tyler, eres mi hermano mayor favorito». Este comportamiento podría confundirse con manipulación, pero no lo es, pues proviene de un deseo genuino de crear una atmósfera de armonía y felicidad entre las personas a las que quiere.

Pero la otra cara de la moneda de esta sensación de que de ellos depende hacer feliz a todo el mundo, es que si creen que han hecho algo mal o han defraudado a alguien que les importa, se sentirán terriblemente afligidos. Su autoestima está muy vinculada a cómo creen que los ven los demás.

Pamela, madre de tres niños pequeños, solicitó mi ayuda para solucionar los problemas que tenía con su hijo mediano Lawrence, de cinco años de edad, un niño gusto/olfativo al que le resultaba muy difícil educar. Lawrence había empezado a portarse mal recientemente y se ponía histérico por cosas que Pamela consideraba asuntos de poca importancia. Poco después de que ella viniera a visitarme por primera vez, me informó de que un día, saliendo del colegio, al llegar a casa, Lawrence perdió los estribos porque no encontraba su cuaderno de deberes. El niño, siempre muy organizado y cuidadoso con sus cosas, jamás había perdido su cuaderno y estaba fuera de sí preocupado por lo que su maestra «iba a hacerle». Aunque comprendí que Pamela pensaba que Lawrence había reaccionado de forma exagerada, y que en parte quería que su hijo fuese más fuerte de carácter, le quité de la cabeza que mantuviera aquel punto de vista y le urgí a que encontrara una manera de ayudarle a salir de aquel embrollo y darle a entender que lo comprendía.

Pamela no sólo le dijo a Lawrence que le compraría otro cuaderno para sustituir el que se había extraviado, sino que además escribió una nota, excusándole de los deberes, para que el niño se la entregara a su maestra. A ella no le cabía duda de que Lawrence no habría tenido ningún contratiempo, pero como él estaba tan seguro de que sí lo tendría, y nada de lo que su madre le dijera conseguiría convencerlo de lo contrario, Pamela respondió al miedo que el niño sentía. Que se le llame la atención en clase por mala conducta es una humillación tremenda para un niño gusto/olfativo. Pase lo que pase, no quiere verse metido en líos, ni destacar de ninguna manera.

Lo peor que puede decírsele a un niño de este grupo sensorial es: «Me has decepcionado mucho».

El afán del niño gusto/olfativo por adaptarse a otras personas significa que muchas veces ajustará su comportamiento para que coincida con el de la gente que le rodea, y lo hace observando la conducta de los demás y actuando en consecuencia: si juega con un amiguito que es muy ruidoso y corre por todas partes, jugará más alborotado; cuando esté con un compañero de juegos más discreto, jugará sin hacer ruido; si en vacaciones comparte la habitación con una prima de lo más pulida, adoptará esa pulcritud como estilo propio mientras dure la visita, y por otro lado, si está con su caótico hermano mayor, imitará sus modales descuidados. Estos niños muestran una habilidad camaleónica para adaptarse a la sensibilidad y a la conducta de las personas de su entorno inmediato. Gran parte de esta imitación de conducta está motivada por el deseo del niño gusto/olfativo de conseguir que todo el mundo se sienta bien. Por ejemplo, si un niño de este grupo ve a otro niño que está montando un alboroto en una habitación donde nadie más se comporta así, se preocupará porque creerá que tal vez ese niño se siente solo, y él también alborotará.

Estos niños responden a la gente de manera muy sensible, reflejando tanto sus emociones como sus actos, y por ello los padres y hermanos de un niño gusto/olfativo podrían estar convencidos de que éste se les parece... por muy distintos que sean en realidad.

A medida que los niños gusto/olfativos van cobrando más conciencia emocional, muestran también una habilidad innata para captar los sentimientos y estados de humor de los demás. Así pues, intuirán, a través de medios no verbales, cuándo su hermana mayor se ha peleado con el novio, cuándo existe tensión entre mamá y papá por cuestiones de dinero, cuándo la abuela está contenta porque ha recibido buenas noticias del médico, o cuándo el tío Jim está triste porque su hijo menor se va a la universidad de otro país. Estos niños son tan intuitivos por naturaleza que sus padres los describen a veces como un poco «clarividentes».

Es fácil herir los sentimientos del niño gusto/olfativo. Siente muy profundamente la punzada de las críticas y muchas veces piensa que nadie le comprende. Cuando está molesto por cómo lo ha tratado alguien, se aislará y se retirará a un mundo interior en el que confía y donde se siente protegido. Una vez allí, le costará salir de ese lugar seguro. Si quiere reencauzar su conducta, los estímulos positivos le resultarán mucho más eficaces que cualquier tipo de refuerzo negativo o castigo.

Hacia los cuatro o cinco años, no sólo intuyen las emociones y responden empáticamente a ellas, sino que intentan gestionar o controlar su entorno sensorial. Igual que los niños auditivos y los niños visuales procuran afirmar su control auditivo y visual sobre sus respectivos entornos, los niños gusto/olfativos tratarán de que su entorno inmediato se mantenga tranquilo, sereno y sin una estimulación excesiva. Los sonidos fuertes, las multitudes, los olores potentes y un exceso de estimulación visual los pondrán nerviosos, y le dirá a todo el mundo que se calle o tendrá que abandonar ese entorno.

El estilo de aprendizaje del preescolar gusto/olfativo

El niño gusto/olfativo recuerda muy bien los acontecimientos, como por ejemplo, haber ido a un parque determinado porque la última vez que fue estaba con su papá y llovía, o un libro concreto porque usted se lo leyó después de que resbalara en la bañera. Es decir, recuerda muchos detalles de los sucesos y las situaciones si es capaz de acordarse también de cómo se sentía en aquel momento y con quién estaba. Esta facilidad de asociación le ayudará posteriormente cuando vaya al colegio, y al aprender a leer, deba recordar tramas, personajes y otros pormenores narrativos. Buen hablador y buen oyente, prolonga su atención mucho tiempo, siempre y cuando el tema le atraiga. Si no, empezará a divagar. Cuando le lea en voz alta, formúlele preguntas sobre los personajes, porque cuanto más intensa sea la personalidad de éstos, más real y memorable será el cuento.

Cuando vaya creciendo intelectualmente, parecerá a menudo algo soñador, prefiriendo el reino de la imaginación a los hechos y acontecimientos ordinarios de cada día, y utilizará su imaginación de manera muy activa para generarse sentimientos positivos, especialmente si algo le ha afectado en este momento.

Sigue mostrando curiosidad por la naturaleza y presta especial atención a animales e insectos, a las nubes que flotan en el cielo e incluso a los signos sutiles que indican cambios de tiempo. Es el niño cuyo sentido del olfato le permite captar un indicio de lluvia en el ambiente antes de que nadie sepa que va a llover; es el que llora si cree que su nuevo gatito echa de menos a su madre, o el que disfruta acariciando las suaves flores de la violeta africana del jarrón. A medida que crecen y desarrollan su motricidad fina, los niños gusto/olfativos disfrutan expresándose a través del arte y eligiendo la naturaleza como tema.

El niño gusto/olfativo puede aprender sobre el mundo de muchas maneras. Es experimental, visual, auditivo, táctil e intuitivo a la vez. Gracias a sus desarrollados sentidos, es capaz de digerir los conocimientos que lee en libros, de retener la información que escucha en boca de sus maestros y de memorizar el material que ve escrito en la pizarra o plasmado en cartulinas ilustradas, siempre y cuando se encuentre en un entorno donde se sienta a gusto y seguro. No obstante, si algo le preocupa, tanto en casa como en el colegio, no logrará compartimentar lo suficiente para dejar de lado sus sentimientos y centrarse en el aprendizaje.

No es de extrañar que la relación que este niño desarrolle con su maestro sea a menudo el factor más importante y determinante de cómo aprende y cómo se siente en la escuela, adonde le encantará ir y prosperará en la clase si le gusta su maestro y está cómodo en su presencia. En cuanto lo conozca bien y haya superado su miedo natural a las nuevas experiencias, empezará el día con alegría e irá derecho a su actividad favorita. Pero si no le gusta el maestro, cabe esperar que oponga resistencia a ir al colegio. Dirá que no se encuentra bien, y probablemente así será, como mínimo en el aspecto emocional. Es posible que suplique quedarse en casa para disfrutar de un día tranquilo de lectura y mimos, o que se pegue al abrigo de su madre cuando ella lo lleve a la escuela en contra de su voluntad. Es importante intentar que el niño empiece con su maestro con buen pie; si sucede cualquier cosa que enturbie la relación, y aun siendo casi seguro que se deba a la hipersensibilidad de su hijo más que a cualquier desaire imaginario, debería usted hablar con el profesor, comentarle los miedos y ansiedades del niño y ver qué se puede hacer para que el pequeño se sienta más cómodo.

El niño funcionará bien en proyectos realizados en pequeños grupos, como construir un mural o colaborar en la redacción de un cuento o una obra de teatro, sobre todo si en el grupo hay otros niños que conoce bien. O tenderá a reunirse con su mejor amigo, con quien siempre quiere emparejarse, porque es la persona en quien confía. Trabajará también muy cómodo solo en proyectos independientes, pues sabe concentrarse en su trabajo, encerrarse en su fértil imaginación y aislarse del ruido y las distracciones que le rodean. Si realiza algún proyecto de trabajos manuales, le gustará dibujar personas, crear retratos que muestren a sus protagonistas evidenciando un espectro completo de emociones, pues lo que más le interesa es la gente y sus relaciones con los demás. Su intensa imaginación le llevará por caminos muy individualizados, y es a esta edad cuando empezará a florecer su originalidad.

Los niños gusto/olfativos animados a explorar sus propios intereses se convierten en adultos con talentos y logros excepcionales. Su capacidad para ver más allá de lo evidente informa las decisiones que toman en la vida. Los padres capaces de aceptar y de celebrar incluso los aspectos excepcionales y no conformistas de su hijo gusto/olfativo, le ayudarán a fomentar el sentido permanente de autoestima que permitirá al niño convertirse en la persona sumamente original que está destinado a ser.

La vida social del preescolar gusto/olfativo

Cómodo en un mundo de su propia creación, este tipo de niño representará elaboradas y mágicas fantasías con muy poca necesidad de accesorios o juguetes. Tal vez juegue a vivir en un país donde los animales hablan extraños idiomas, o las personas vuelan dejándose llevar por el viento. Su imaginación es tan fecunda, que es capaz de mantener estas fantasías durante largos periodos y disfrutar de ratos prolongados de juego en solitario, en los cuales regresa una y otra vez a sus escenarios fantásticos favoritos. Es el niño que corre por el jardín realizando pantomimas de batallas en las que se combate con espadas, o instala su corte en el salón y da órdenes a sus compañeros invisibles para que construyan un castillo imaginario que se eleva hacia el cielo.

Los niños gusto/olfativos son tan capaces de jugar felices en su universo imaginario que a veces necesitan un pequeño empujoncito para salir de su cascarón y hacer amigos. Si son tímidos y necesitan estímulo, los padres los ayudarán a crear vínculos con otros niños, apoyándose en la fantasía y en la representación de papeles que tanto les gusta. Por ejemplo, pídale a su hijo que imagine que asiste a una fiesta de cumpleaños, y dígale que actúe tal como se comportaría si estuviera allí. ¿Qué haría si su timidez no le permitiese hablar con nadie? Ayúdele a comprender que hay otros niños tímidos, además de él, y sugiérale maneras de abordar a algún niño que se mantenga al margen y al que seguramente le gustaría tener a alguien con quien jugar. ¿O cómo respondería si alguien se portara mal con él? Como es el tipo de niño que interioriza los desaires, oriéntele sobre cómo defenderse y replicar cuando le hieran los sentimientos. Una manera de hacerlo es recordándole cómo a veces defiende él a los demás niños. Hacia esta edad, el desarrollado sentido de la empatía del niño gusto/olfativo le llevará a detectar cualquier tipo de injusticia que sufran sus compañeros. Si, por ejemplo, un niño cuenta una mentira sobre otro niño, o dice algo cruel, el pequeño gusto/olfativo saldrá en defensa de la víctima. Como padre, tiene que decirle a su hijo que sea tan rígido consigo mismo como lo es con los demás.

Cuando llegan a la edad preescolar, estos niños desarrollan su personalidad, individual e inconfundible. A lo mejor debido a su vena independiente, así como a su deseo de establecer vínculos emocionales profundos, siguen prefiriendo pasar su tiempo con sólo uno o dos amigos y rechazan los grandes grupos de conocidos.

Demostrarán esta tendencia a la individualidad y a la independencia en el deporte y en otras actividades que realicen. Les atraen deportes como la natación, el tenis o el atletismo, que les dan la oportunidad de rendir de forma independiente o individual. Suelen alejarse de los deportes más competitivos y de equipo, y es posible que prefieran los que sólo practica un sexo.

La vida diaria del preescolar gusto/olfativo

El sueño

Los niños gusto/olfativos necesitan disfrutar de unos hábitos de sueño regulares y dormir mucho, porque captan tanta información emocional y sensorial, que al final del día pueden acabar exhaustos. Y como se hallan en la fase preescolar, sus jornadas están más llenas de actividades que antes y se cansan mucho más.

Mantener un horario regular de sueño sigue siendo importante en estos años. De modo que si durante los años anteriores ha ayudado a su hijo a dormirse siguiendo una rutina regular de relajación —un baño, un rato de lectura, unos mimos rápidos y luces apagadas—, es muy probable que el niño quiera que continúe así. Es posible que necesite charlar un ratito antes de dormirse, o le apetezca repasar las cosas más importantes que ha hecho a lo largo del día, o tal vez haya encontrado usted una fórmula divertida para demostrarse el cariño mutuo.. Mi consejo es aferrarse a ello. Es una forma reconfortante de cerrar el día y que tiene sentido para su hijo gusto/olfativo. La rutina, y sobre todo el sueño regular, son muy importantes para este niño emocional al que le cuesta contenerse cuando está cansado.

El niño gusto/olfativo tendrá seguramente un peluche favorito con el que querrá dormir todas las noches y un juego favorito de sábanas con estampado de princesas de cuentos de hadas o de personajes de dibujos animados. Estas cosas tan queridas le ayudan a crear y mantener un entorno que le resulta familiar, y le sirve para relajarse.

Pero que se duerma y permanezca dormido depende también de que usted establezca el tono emocional adecuado. Si le envía a la cama estando de mal humor, o si usted y su pareja han tenido una discusión que el pequeño haya podido oír, no se relajará para dormir.

Muchas veces, estos niños necesitan acostarse con el estómago lleno, no porque tengan hambre, sino porque la sensación de estar hartos los calma y se encuentran bien. Una madre me contó que, incluso con siete años de edad, su hija seguía aún con la rutina de beberse un vaso de leche antes de acostarse. Otra madre me explicó que su hijo le decía siempre: «¡No puedo acostarme sin mi postre!» Y no importaba lo que fuera: fruta, leche con miel, un helado o galletas, cualquier cosa servía. La sensación de dulzor era la que le predisponía el cuerpo y la mente al sueño. Y Lawrence, el niño del ejemplo anterior, no conseguía dormirse hasta que su hermano mayor se quedaba en la habitación con él.

El preescolar gusto/olfativo seguirá aferrándose a determinados juguetes y objetos: una muñeca favorita que sentará en su mecedora, un amadísimo mono de peluche que dormirá a su lado toda la noche o un libro sobado que leerá una y otra vez antes de acostarse. Son ayudas importantes para que consiga dormir. Si se los quita, no sabe el riesgo que corre.

La alimentación

Pese a que llegada esta fase tal vez sean menos quisquillosos con la comida, los niños gusto/olfativos siguen siendo particulares y mostrando preferencias muy marcadas. Es la edad en la que, de pronto, usted contemplará sorprendentes exhibiciones de tozudez. Son niños que saben cómo plantarse y ser inamovibles en cosas que son importantes para ellos.

Igual que sucedía en anteriores fases, el preescolar gusto/olfativo no es un comedor aventurero y espera encontrarse en su plato las comidas que le resultan familiares y cuyo sabor está garantizado. Soso es siempre mejor que picante o especiado, pues un exceso de sabor estimula demasiado sus sensibles papilas gustativas. Continúa rechazando, simplemente por su olor, un plato de pasta, verdura o hasta un postre de aspecto estupendo. Come cosas sencillas y demuestra una capacidad destacable (para algunos observadores increíblemente aburrida), para comer los mismos platos una y otra vez. De hecho, una vez que se acomoda a las comidas que le gustan, insistirá en tomar únicamente esos platos durante semanas o meses seguidos, hasta que un día perderá el interés por ellas y decidirá que le gusta otra cosa. Las sobras seguirán siendo difíciles de vender a este tipo de niño, de modo que aunque querrá que se le haga la misma comida muchas veces, su mamá tendrá que prepararle una versión nueva para cada ocasión. Para complicar todavía más las cosas, el comedor quisquilloso empieza a ser consciente de su propia identidad y no querrá que le identifiquen por ser tan especial; siempre preocupado por encajar bien en su entorno, se molestará si alguien remarca que él come alitas de pollo con kétchup mientras que los demás comen pollo con puré de patatas.

Habrá determinados rituales que seguirán siendo importantes para él. Aunque habrá dejado ya atrás los platos y los cubiertos de niño pequeño para pasar a versiones de «mayor», tendrá, por ejemplo, un vaso o un plato en particular que adoptará como suyos. Es también probable que se muestre posesivo con respecto a «su» silla en la mesa del comedor, que insista en sentarse siempre en el mismo lugar o se niegue a ceder su asiento a un hermano o a un invitado.

Pese a que los niños gusto/olfativos son sensibles a lo que los demás piensan de ellos y suelen ser bastante dóciles y cooperadores la mayoría de las veces, pueden también mostrarse insistentes en lo referente a querer salirse con la suya. Trabajé con una familia que peleaba con la terquedad de su hija Amy, de cinco años de edad. Los padres de Amy, Neil y Carla, vinieron a verme porque estaban frustrados a causa de su hija que, con cinco años, parecía muy madura para su edad y a la vez era capaz de «actuar como un bebé» en muchas ocasiones.

«A veces es increíblemente paciente y madura», me dijo Neil. «Pero se descompone en cuanto le ponemos una comida inapropiada en el plato, o si su madre cita para jugar al amiguito que no corresponde. Últimamente, se niega a comer carne. ¿Crees que una niña de cinco años es capaz de decidir que quiere ser vegetariana?»

Pasé cierto tiempo con la familia y fui comprendiendo la situación tanto desde la perspectiva de Amy, como desde la de sus padres. Amy era claramente una niña gusto/olfativa: sus remilgadas costumbres alimentarias y su intensa imaginación eran dos señales evidentes. Observé además que la niña cuidaba de forma muy delicada y protectora a su hermano menor, Pete, y en una ocasión, vi cómo extendía la mano para evitar que el pequeño se diera un golpe en la cabeza con el canto afilado de una mesa, un gesto notablemente intuitivo y casi maternal que me pareció chocante para una niña de cinco años.

Neil y Carla también estaban preocupados por la falta de interés que Amy mostraba por jugar con otros niños. «Puede pasarse una hora sentada en su habitación charlando con su colección de muñecas. No me parece normal para una niña pequeña», me comentó Carla. Ésta me explicó que había invitado a diversas niñas a jugar en su casa, pero Amy se negaba a participar y se quedaba en su habitación cuando iban a visitarla. La madre estaba muy inquieta y temía que Amy jamás desarrollara sus habilidades sociales ni hiciera amistades.

La hora de las comidas eran especialmente difíciles para Neil, que a menudo perdía los nervios y le gritaba a su hija cuando ella se negaba a comer. «No soporto gritarle, pero me frustra», me dijo. A Carla también le inquietaba la terquedad que Amy mostraba respecto a la comida y temía asimismo que este hecho impactara en su vida social. A veces la niña se negaba a ir a fiestas de amiguitos porque no quería que la obligaran a comer cosas que no le gustaban.

Les expliqué a los padres de Amy que los niños gusto/olfativos responden con contundencia a la comida, así como a la gente. Tal vez les pareciera que Amy era tozuda y malcriada porque se negaba a comer la hamburguesa que tenía en el plato, pero era probable que algo de su olor o su sabor le resultara tan repulsivo que realmente no podía comerla. Más aún, las explosiones de rabia de Neil sólo servían para empeorar las cosas, pues la presión que ejercía sobre ella acababa con el más mínimo apetito que pudiera tener por la comida, y ése era seguramente también el motivo de sus rabietas. Les sugerí que en lugar de pelearse, se sentaran con su hija e intentaran elaborar una breve lista de comidas que la niña accediera a comer, eliminando así el conflicto que tanto alteraba a la familia.

Le sugerí además a Carla que hablara con la maestra de Amy sobre los niños con los que su hija parecía conectar más durante la jornada escolar. (Los niños gusto/olfativos, como he dicho, suelen establecer vínculos estrechos con unos pocos niños en vez de vínculos superficiales con muchos de ellos.) Aprovechando lo que la maestra le dijo sobre los niños con los que más se relacionaba su hija en el colegio, Carla se puso en contacto con los padres para invitar a sus hijos a jugar. Estos encuentros fueron mucho mejor a partir del momento en que los niños elegidos eran aquellos que Amy ya conocía y más le gustaban. Cuando llegó el momento de devolver las visitas, Carla habló con los padres con antelación para explicarles las peculiaridades de Amy acerca de los alimentos y le preparó una fiambrera o tentempié para que la niña se lo llevara, y así no hubiera problemas con la comida. Llevándosela de casa, Amy acogió con más entusiasmo la idea de ir a jugar a casa de otros niños, y su madre sintió un gran alivio.

«¡Lo que hemos aprendido!», me dijo Carla en la siguiente visita. «En cuanto dejamos de intentar convertirla en una niña distinta, todo ha ido mucho mejor. En lugar de centrarnos en tratar de que coma de todo, hemos averiguado las cosas que le gustan y ahora dejamos que las coma. Y ha estado jugando con varias niñas de la clase, sin ningún problema. Me doy cuenta de que no depende de mí que mi hija se aventure con comidas desconocidas o que se convierta en una relaciones públicas. Mi trabajo consiste en ayudarla a descubrir su propio camino, de tal modo que tenga sentido para ella. El camino "normal" no existe.»

Lo mejor que pueden hacer los padres preocupados por la alimentación es adoptar una visión a largo plazo: observar la dieta del niño desde un punto de vista semanal, en lugar de hacerlo cada día o en cada comida para comprender si está ingiriendo las cantidades suficientes de cada grupo de alimentos. Como cambiar los hábitos alimenticios del niño resulta complicado, una técnica que puede intentar con el niño gusto/olfativo de esta edad es hablarle sobre lo que los diversos alimentos significan para su cuerpo. Los niños de este grupo sensorial suelen ser conscientes, y si se les explica que la leche es importante para tener los huesos fuertes, para crecer y para no preocuparse por la rotura de algún hueso si se cae, empezará a tomarla, sobre todo si conoce a alguien que se haya roto un hueso recientemente. Si sufre estreñimiento, explíquele que comer fruta y verduras le ayudará, y de este modo no tendrá que tomar más ese medicamento tan asqueroso.

Descubrirá también que su hijo gusto/olfativo probará nuevas comidas si se las sirve la madre de su mejor amigo, su querida abuelita o su maestra favorita. Conocí a un niño que sólo comía fruta en casa de los vecinos. Es un ejemplo más de cómo las potentes conexiones emocionales que siente hacia determinadas personas pueden llegar a influir en sus decisiones.

El vestido

Este niño mostrará cierta preferencia sentimental por determinadas prendas de vestir. El sentimiento tendrá alguna cosa que ver con su vinculación a la persona que le regaló la prenda o con alguna experiencia que haya tenido cuando la llevaba puesta. A lo mejor, los pantalones vaqueros favoritos son los que llevaba cuando la familia fue al zoológico, la camiseta favorita es aquella de color amarillo que su abuela le envió desde Disney World y los únicos pasadores que se pone son los que tía Tata le regaló por Navidad. El jersey que usted le compró una vez que fueron a la playa le gusta especialmente porque aún huele —al menos para su sensible olfato— a agua de mar, y le recuerda lo mucho que se divirtió jugando con la arena. Más que sentirse atraído por el aspecto de la ropa, como sucedería con un niño visual, o por el tacto, como sucedería con un niño táctil, el niño gusto/olfativo la elige según sus asociaciones emocionales.

Los desajustes con el niño gusto/olfativo

Niño gusto/olfativo con padre o madre gusto/olfativos

Estas dos almas sensibles suelen llevarse bien. La relación con el bebé avanza sin contratiempos, pues lo que más quiere el padre o la madre en este mundo es ocuparse de su maravillosa criatura. Existe, sin embargo, el peligro de cuidarla en exceso. Si la madre se implica con su hijo hasta el punto de no cuidarse físicamente de ella misma, gastará todas sus energías y acabará agotada o enferma.

Si surgen conflictos de desajuste, se deben normalmente a temas de separación e independencia. Cuando la madre gusto/olfativa está por fin preparada para separarse de su hijo (para dar por terminada la lactancia materna, dejar al niño jugando en casa de un amiguito, o animarle a dormir en su propia cama), y el niño no está aún preparado para esta transición, ambos se sentirán muy inquietos y reaccionarán con viveza ante los sentimientos extremadamente heridos del otro. De este modo, es posible que ambos se vean abocados hacia un atolladero de sentimientos de culpabilidad, incapaces o reacios a herir al otro y, en consecuencia, sin posibilidad de salir adelante. Es decir, podría darse el caso de una madre que sepa que lo mejor para su hijo es empezar a tener cierta independencia y que el niño no comprenda por qué eso es bueno para él, pues prefiere el vínculo confortable de una intimidad intensa. Y puede darse también el caso contrario, o sea, cuando el niño está preparado para realizar la transición, pero los padres no quieren soltarlo. Estos hitos del desarrollo serán más fáciles si los padres gusto/olfativos intentan sensibilizarse y comprender los signos que indican que el niño está en condiciones de ser más independiente, y le conceden el permiso para que así sea. Pero el niño necesitará escuchar este permiso muchas veces antes de ser capaz de sentirse cómodo alejándose de la protección emocional de su madre.

Niño gusto/olfativo con padre o madre táctiles

Esta combinación de padres e hijo puede ser muy imprevisible. Como padre o madre táctiles, no serán tan sensibles a los sentimientos como su hijo gusto/olfativo, y podrían herirlo sin proponérselo. Si sus modales son secos y directos, como suele ser en el caso de las personas táctiles, su hijo hipersensible, cuyos sentimientos están tan a flor de piel, podría reaccionar mal, bien retrayéndose en sí mismo, o bien sufriendo pataletas emocionales... o ambas cosas.

Como persona eminentemente práctica que es, tiene que ser consciente de lo sentimental que puede llegar a ser su hijo gusto/olfativo. El niño podría expresarlo con lo que a usted le parecerá una fijación en absoluto irracional por determinadas prendas u otras posesiones que, por lo general, tiene que ver con sus sentimientos respecto a las personas que quiere. De manera que si la pequeña Debbie desea seguir conservando su maltrecho pitufo azul cuando se trasladen a una casa nueva y reluciente, no gaste saliva hablándole de «ese objeto pequeño y mugriento»; el muñeco significa mucho para ella porque se lo regaló su tío favorito con motivo de su último cumpleaños. Tal vez tenga la sensación de que está malcriándola cediendo a sus particularidades, pero la verdad es que malcriar al niño gusto/olfativo es complicado porque está tan sinceramente dispuesto a satisfacer a sus seres queridos, que sólo se porta mal cuando se le obliga a sobrepasar sus límites.

Con este niño no funcionará avanzar a lo largo de la jornada como una apisonadora, que es lo que a usted le gusta hacer. Este niño es muy especial con las comidas, depende de rutinas que casi se convierten en rituales y le gusta disfrutar de su tiempo para dejar correr libremente la imaginación. Si le presiona, se sentirá acosado y malentendido y tal vez le pondría obstáculos que los perturbarían a ambos.

Es bueno, sin embargo, que a los padres táctiles les guste expresar su amor de un modo físico, pues el niño gusto/olfativo se sentirá confortado si recibe muchos mimos. Por lo tanto, el cariño físico es una forma estupenda para que los padres táctiles conecten con este niño, en especial si no se sienten cómodos expresando con palabras sus sentimientos. No reprima su cariño por miedo a malcriarlo; el niño gusto/olfativo ansía cariño y prospera con él. Cuanto más pueda darle, más feliz y confiado se sentirá.

Niño gusto/olfativo con padre o madre auditivos

La mayor fuente de tensión entre un padre o una madre auditivos y un hijo gusto/olfativo será en el terreno de las emociones y se desplegará de distintas maneras. En primer lugar está el hecho de que, siendo bebés, los niños gusto/olfativos necesitan mucho tiempo de estar a solas con sus padres o con quien los cuida. Aunque no está tan físicamente necesitado como lo estaría un bebé táctil, quiere tener una sensación constante de conexión con sus padres. Pero los padres auditivos, que suelen ser gente bastante solitaria, tal vez llegarían a sentirse un poco abrumados ante esta necesidad.

Se produce entonces el choque entre razón y emoción. La gente auditiva tiende a ser muy racional y analítica; los niños gusto/olfativos son tremendamente sensibles y emocionales. El padre auditivo podría tener poca paciencia con un niño que lleva el corazón en la frente y la cabeza en las nubes. Pero es crucial que los padres de estos niños intenten aceptar a sus hijos tal como son, en lugar de intentar cambiarlos y hacerlos más «sensatos». Si puede ser flexible y ceder ante su hijo en algunos de los temas relativamente menores, pero que son importantísimos para él —la comida, las posesiones a las que se siente unido, la ropa que lleva, etc.—, se sentirá escuchado y comprendido, y será más fácil para usted abordar las cuestiones más fundamentales.

Los padres auditivos y los niños gusto/olfativos tendrán una percepción del tiempo distinta. Las personas auditivas tienden a ser muy organizadas y gestionan su tiempo de forma eficaz y estructurada. Pese a que los niños gusto/olfativos necesitan una rutina, no les gusta que les impongan una agenda rígida y no responden bien a que les den prisas. Esta diferencia puede ser la causa de considerables fricciones en la vida diaria. Aunque el padre auditivo no podrá acomodar todos los caprichos del niño en este sentido, tendrá que tratar de ser lo más paciente posible para ayudar a su hijo gusto/olfativo a aprender a vivir su jornada con mayor puntualidad.

Niño gusto/olfativo con padre o madre visuales

El padre o madre visuales y el niño gusto/olfativo dan mucha importancia al aspecto externo. Pero las decisiones que tomen al respecto se basan en consideraciones muy distintas. Los padres visuales eligen las prendas y los elementos de su entorno siguiendo sus criterios estéticos, sean los que sean. El niño gusto/olfativo elije —si es que se le permite elegir— por motivos emocionales, pero no por el aspecto de las cosas. Por ejemplo, si es usted visual le sorprenderá que su hija quiera ponerse una camiseta vieja y manchada que compró en Disney World. Para usted ese *souvenir* es «esa camiseta vieja y andrajosa de Disney World» y quiere deshacerse de ella. Pero su hija gusto/olfativa adora la camiseta y no quiere separarse de ese recuerdo vivo del viaje que la familia realizó a Orlando dos años atrás.

Aparte de tener estas conexiones emocionales a las cosas, el otro factor importante que rige las preferencias del niño gusto/olfativo es que le ayudan a adaptarse a los demás. Es tímido y no quiere verse diferenciado entre la multitud de ninguna manera. Aunque hay personas visuales que disfrutan impresionando a los demás con su coche, su ropa, sus joyas o su casa, cualquier cosa llamativa u obvia incomoda al niño gusto/olfativo, que sólo desea fundirse entre la gente y no destacar. En general, surgirán tensiones cuando el padre o la madre visuales no tengan en cuenta lo necesario que es para el niño gusto/olfativo sentirse cómodo con sus compañeros o en situaciones nuevas.

Los niños gusto/olfativos avanzan por el mundo comunicando con los demás y retrayéndose en sí mismos cuando es necesario. Sensibles al gusto y al olfato, así como a los demás sentidos, y capaces de captar rápidamente todas las corrientes emocionales que llenan la atmósfera que los rodea, sintonizan con la vida con tanta intensidad que a menudo desconectan para concederse un respiro. Su intensa imaginación les proporciona una vida interior rica que los sustenta durante estos periodos de retraimiento. De bebés, conectan con sus padres o con quien los cuida reflejando sus emociones, y dependen de rutinas conocidas que querrán ver recreadas una y otra vez. Cuando crecen, su capacidad de empatía se desarrolla muy temprano y queda reflejada en las conexiones que establecen con los demás y en el tipo de juego que les gusta. Como preescolares, expanden su círculo interior y establecen íntimas relaciones con maestros y amigos, confiando en todo momento en su intensa imaginación y en su intuición abrumadora para ayudarlos a navegar en la vida.

Comprender al niño gusto/olfativo significa aceptar sus preferencias y predilecciones, incluso cuando su significado sea para usted un completo misterio. Significa también reconocer que las emociones que ve en su hijo son a menudo un reflejo de las de usted. Si sintoniza mejor con sus propios sentimientos, podrá utilizarlos a veces para averiguar cómo se siente su hijo o qué está intentando realizar. Cuando consiga ayudarle a comprender sus intensas emociones, le ayudará a ganar... para siempre.

8

La vida con su hijo
en condiciones de estrés

Una serie de acontecimientos, como el nacimiento de un nuevo hermano, un fallecimiento, una enfermedad, un divorcio en la familia, un cambio de domicilio o de colegio, el nuevo matrimonio de uno de los progenitores, con la consiguiente aparición de un padrastro o madrastra en el panorama familiar y quizá también de hermanastros... pueden suponer estrés para los niños y dar como resultado una conducta mala, regresiva, pataletas y mucho más. Como es natural, todo esto provoca también estrés a los adultos, pero hay que tener en cuenta que los niños están simplemente empezando a aprender a gestionar las transiciones y las emociones que las acompañan y disponen de pocos mecanismos para amortiguar el impacto de estos drásticos cambios de vida. Imagínese, pues, la carga de estrés que usted soporta multiplicada varias veces y obtendrá una sensación aproximada de lo que está pasando su hijo. Pero si ayuda al niño a descubrir buenas estrategias para afrontar ese estrés que exploten su modo sensorial dominante, conseguirá evitar o minimizar muchos de los problemas que se producen en situaciones así.

En este capítulo me centraré principalmente en el niño a

partir del año de edad y en su etapa preescolar, pues son los que con mayor probabilidad presentarán respuestas contundentes a los cambios importantes descritos a continuación.

Hermanos

La llegada de un hermanito o una hermanita es una de las revoluciones más comunes en la vida de un niño. Como todos los padres sabemos, cada nueva adición a la familia aporta una alegría única, así como cambios profundos en la dinámica familiar y en las rutinas del hogar. Cuando nace o se adopta un bebé, los hermanos reaccionan con un amplio rango de emociones y reacciones: excitación ante la idea de tener un nuevo compañero de juegos y amigo, curiosidad ante cada movimiento del recién nacido, ansiedad y confusión con respecto al lugar que se ocupa en la familia, y celos provocados por la atención que mamá y papá prestan al nuevo bebé.

Los preparativos

Mucho antes de la llegada del bebé, la expectativa de un nuevo hermano planea en el horizonte y, con él, llegan también muchos cambios a la vida del niño: la barriga de mamá es cada vez más grande, aparece en casa ropa nueva, nuevos juguetes y mobiliario distinto, los padres dedican su tiempo a hablar y a prepararse para la llegada del nuevo miembro de la familia, y en el ambiente flota una sensación general de expectación. Es importante tener presente que cada niño reaccionará de una manera distinta a la llegada de un nuevo hermano, y si usted utiliza el conocimiento que posee sobre el sentido dominante de su hijo, tendrá la posibilidad de buscar maneras de incluirlo en el proceso de bienvenida y de establecer una conexión con el nuevo bebé tanto antes como después de su nacimiento.

No hace mucho tiempo, conocí a una familia cuyos gemelos de cinco años, Anna y Will, tuvieron reacciones tremendamente distintas ante la llegada de su hermano, reacciones conformadas por el modo sensorial dominante de cada uno. El de Anna era el gusto/olfativo, mientras que el de Will era el visual. Antes del nacimiento del bebé, Anna estaba muy excitada con la idea de tener un hermanito. Como niña gusto/olfativa que es, se había imaginado escenas en las que ella jugaría el papel de hermana mayor y haría todo tipo de cosas para cuidar al bebé. Lo lavaría, le daría de comer y lo cuidaría ella sola, y se pasaba el día practicando con su muñeca con ese fin.

Will, sin embargo, no estaba tan seguro de querer un hermanito. Como niño visual que es, le preocupaba mucho que su madre estuviese engordando y tuviera un aspecto tan distinto; el hecho de que su madre no hiciera lo mismo que antes, le preocupaba. Hacía comentarios del tipo: «¿Podrá mamá volver a jugar al fútbol?», «Me parece que a mamá no le sienta bien este bebé; le da dolor de barriga… ¡mira qué grande está!» o «¡Ni siquiera puede verse los zapatos!»

Cuando nació James, Anna se mostró de entrada ansiosa por cuidar a su hermanito y pasaba tiempo a su lado acariciándolo, hablándole como si pudiera entenderla e incluso olisqueándolo, capturando el dulce olor del recién nacido. Will mantenía las distancias respecto al bebé, y a menudo mostraba una conducta regresiva: pedía un biberón, se chupaba el dedo y, en general, estaba más pegajoso con su madre. Pero a medida que pasó el tiempo, el bebé fue creciendo, cambió y se desarrolló, y las reacciones de Anna y de Will respecto al bebé cambiaron considerablemente hasta que los gemelos acabaron enfrentándose.

Cuando Josie, la madre, vino a verme, habían transcurrido casi cinco meses desde el nacimiento de James, y estaba abrumada por las desagradables peleas entre Anna y Will. Después de una sesión de introducción en mi consulta, realicé una visita a su casa durante la cual determiné los sentidos dominantes de cada uno de los niños, incluyendo el bebé que, igual que Will, era visual. Al conocer sus modos sensoriales, fui capaz de comprender cómo experimentaba cada niño la situación y estuve en condiciones de ayudar a la madre a encontrar formas de cambiar la dinámica familiar.

Anna, la niña gusto/olfativa, era muy emotiva e imaginativa. Había desarrollado una fantasía elaborada sobre cómo iba a ser su relación con el bebé y había descubierto que la realidad era bastante distinta y decepcionante para ella. Los recién nacidos son frágiles y, en consecuencia, las mamás se muestran protectoras con ellos, por lo que Anna no podía ni vestir, ni bañar, ni dar de comer a su hermanito como se había imaginado. Peor aún, desde el punto de vista de la niña, a medida que James crecía mostraba una clara preferencia por Will, que en un esfuerzo inicial por asustar al bebé había descubierto precisamente lo que más le hacía reír. Ahora James y Will disfrutaban felices jugando al cucú, mientras Anna los miraba con envidia. Will se pavoneaba por su facilidad para conseguir que James riera, y hacía todo lo posible para jugar con él, cosa que atormentaba a Anna.

Anna se sentía muy herida y dejada de lado. No sólo resultaba que su madre no le consentía hacer nada de lo que se había imaginado, sino que además, cuando se le permitía coger al bebé bajo su mirada atenta, James lloraba. Como resultado de ello, su madre dejó de fomentar que Anna interactuara con el recién nacido, y la niña se volvió muy difícil y poco cooperadora.

Empezamos a trabajar con Josie. Le expliqué los distintos sentidos y cómo funcionaban. Hablamos de hasta qué punto son emocionalmente sensibles los niños gusto/olfativos, de lo mucho que desean agradar y ser valorados. Yo veía claro que Anna tenía la impresión de no ser del agrado de James, y además se sentía excluida de la diversión que sus dos hermanos compartían. Sugerí que le dieran responsabilidades de «hermana mayor» para que se sintiese mejor consigo misma, y la ayudaran a percibir que era una parte importante de la familia.

Josie dudaba en lo referente a darle a Anna un papel en los cuidados de James, pues no estaba muy segura de confiar en ella. Le expliqué que debería emplear a la niña bajo la categoría de «ayudante» y, por supuesto, sin conferirle ninguna responsabilidad real en los cuidados del bebé. Por ejemplo, Anna podía ir a buscar los pañales, verificar la temperatura del agua de la bañera o asegurarse de que la bolsa de los pañales estuviera siempre llena. También se encargaría de elegir los juguetes para llevarse en cualquier salida, o la música que le ponían al bebé. El objetivo era ayudar a Anna a tener la sensación de que era importante y especial, y que tenía un vínculo especial con toda la familia. Los elogios, la responsabilidad y los trabajitos contribuirían a crear esas buenas sensaciones.

De modo que Josie habló con su hija sobre lo importante que era una hermana mayor, y la ayuda que le proporcionaría si se ocupaba de algunas de las tareas que ella realizaba. Anna se mostró enseguida ansiosa por demostrar todo lo que era capaz de hacer, y la madre encontró rápidamente muchas oportunidades para irle comentando la gran ayuda que era para ella. Un día le enseñó a Anna a hacer caras divertidas para entretener al bebé. De entrada, la niña se sintió cohibida, pero enseguida que James rió y ella se dio cuenta de cómo le gustaba lo que estaba haciéndole, empezó a pasárselo bien con él. Después jugó con el bebé al cucú, igual que le había visto hacer a su hermano Will, y se quedó encantada al ver la sonrisa en la carita de James. Pasada una hora estaba eufórica, con la sensación de agradar a su hermanito y de haber aprendido unos cuantos trucos que le facilitarían la relación con él en el futuro.

El cambio en la casa después de aquellos pequeños ajustes afectó a todos los miembros de la familia. Mamá tenía ahora una ayudante… o mejor dicho dos. Will dejó de incordiar a su hermana, pues ahora ella también jugaba con James. Y Anna volvió a ser una niña feliz.

Cuando espere un bebé o éste acabe de llegar a casa, considere la situación bajo el punto de vista de sus hijos y conciba algunas estrategias que deberá implementar para que la situación sea más cómoda y satisfactoria para ellos.

- Un niño táctil podría sentirse desesperadamente curioso por saber qué sucede dentro de la barriga de mamá y volverse muy «codicioso» y pegajoso con su madre. Déjele tocarle la barriga, sobre todo cuando el bebé se mueva, para que éste se convierta en algo real para el niño y la experiencia cobre sentido para él. Darle una muñeca con la que practicar las «habilidades de hermano mayor» puede convertirse en una válvula de escape tangible y física que servirá para procesar tanto su excitación como sus miedos. Una manera estupenda de permanecer conectado con su hijo táctil durante este periodo de estrés, además de repartir muchos mimos y caricias, es coger una pelota e irse al parque. Este rato de juego individual ayudará al niño táctil a asentarse y a sentirse querido.

- Quizás el niño auditivo se sienta amenazado o confuso por la cantidad de tiempo que mamá y papá dedican a hablar del bebé, e incluso al mismo bebé, cuando éste aún se halla en el útero. Animar al niño a cantarle canciones al futuro hermanito le dará la impresión de que le incluyen en los cambios que están por llegar. Pruebe también a leerle un cuento sobre alguna familia con un nuevo bebé, pues al niño auditivo le gusta tanto el sonido de su voz como la reconfortante experiencia de que le lean.

- El niño visual se dará cuenta muy especialmente tanto del aumento de tamaño de la barriga de mamá, como de su nuevo vestuario y de otros cambios en su aspecto, y podría alarmarse o inquietarse ante estas diferencias. Mostrarle a este niño fotografías de mamá antes, durante y después del embarazo servirá para tranquilizarle y apaciguará su preocupación ante la transformación física de su madre. Para conectar con su hijo visual, siéntese con él mientras se dedica a los trabajos manuales y pasen una hora dibujando juntos. Le sorprenderán los sentimientos y temores que comparte con usted y que él vierte sobre el papel, aun sin saber cómo expresarlos de palabra.

- El niño gusto/olfativo se volverá muy protector con su madre porque intuirá la alteración física y emocional que suele acompañar al embarazo. Su hijo se identifica con usted de tal manera que experimentará gran curiosidad por saber qué se siente teniendo un bebé dentro, y sintonizará con todos los matices y cambios de su cuerpo. Se preocupará asimismo por el bebé y querrá saber cómo se encuentra. Es posible que necesite consolarse sabiendo que todos los implicados —él mismo, mamá y el bebé— estarán sanos y salvos a medida que el embarazo avance, lo que exigirá qué pase tiempo a solas con usted.

Familias mixtas

Naturalmente, los hermanitos no sólo nacen en el seno de la familia. A veces, llegan junto con un padrastro o una madrastra. Muchos niños tendrán que enfrentarse al reto de un nuevo padre o madre, y al de nuevos hermanastros que pasarán a formar parte de una familia mixta: un revés por partida doble. La incorporación de hermanastros a la vida de un niño puede ser una experiencia amenazadora, y muchos padres la abordan con turbación. Utilice sus conocimientos sobre el sentido dominante de su hijo para ofrecerle el consuelo, la tranquilidad, el amor y la seguridad que necesita durante esta época de grandes cambios, y también para facilitarle el inicio de una relación sana entre hermanos.

Es importante que todos los niños implicados en esta transición consigan seguir siendo ellos mismos. La individualidad de cada niño debería ser valorada y reafirmada desde el momento en que la nueva familia inicia su proceso de fusión. Trabajé con una familia en la que Tamara, una niña visual de cinco años, se replegó en su deseo de orden y simetría en cuanto su nuevo padrastro y Kate, su hija de tres años, se trasladaron a vivir con ella y su madre. Ésta se dio cuenta de que cuando Tamara estaba tensa o insegura, reaccionaba actuando de forma muy mandona con su hermanastra y mostrándose extremadamente posesiva con sus pertenencias. Aunque siempre había sido muy especial en lo que hacía referencia a ordenar sus cosas, se volvió más exagerada en este sentido y disponía sus juguetes y sus muñecas en las estanterías y el vestidor de un modo muy sofisticado. Si a Kate se le ocurría tocar alguna cosa, Tamara se enfadaba muchísimo. En una ocasión, Kate tocó el joyero de Tamara, y se produjo una pelea de grandes dimensiones entre las dos niñas.

En lugar de gritarle diciéndole que debía ser «buena niña» y obligarla a compartirlo todo —sus juguetes, su espacio, etc.—, era importante que la madre de Tamara (y su padrastro) respetaran y comprendieran la necesidad de la niña de disponer de un espacio privado. Teniendo en cuenta que en este caso no era posible que Tamara conservara la habitación para ella sola, que habría sido lo ideal, sugerí instalar algún tipo de frontera en torno a su espacio y dejar claro a su hermanastra que aquella zona y todo lo que había en ella pertenecía a Tamara. Lo mismo tenía que aplicarse a la ropa. Un niño visual, para quien la ropa es muy importante, reaccionará probablemente mal a que otra persona quiera ponerse una prenda suya. El día en que Tamara vio a su hermanastra con sus manoplas puestas se puso hecha una fiera. Tal vez estas cuestiones nos parezcan algo triviales a los padres (a menos que seamos también visuales), pero para un niño visual, la posibilidad de expresar su gusto personal y de tener sensación de propiedad de su espacio es muy importante.

Por supuesto, independientemente del sentido dominante del niño, cualquier padre deseará hacer todo lo posible para ayudarle a conservar su sentimiento de autonomía e individualidad en un momento en que es muy posible que se vea amenazado por todos los cambios que están produciéndose en su mundo. Un aspecto fundamental para gestionar esta transición es proporcionarle a diario a su hijo breves periodos de atención completa. No siempre es fácil hacerlo (tendrá también una nueva pareja y un nuevo hijastro que compiten asimismo por su atención), pero así crearía una diferencia crítica que aminoraría el estrés de su hijo y el miedo que experimenta ante la confusión natural a causa de la incógnita de cuál será su posición en la nueva familia. Aproveche al máximo este tiempo a solas con su hijo eligiendo actividades que se correspondan con el sentido dominante de su hijo.

- Un niño táctil podría actuar de forma algo agresiva con un hermanastro nuevo o sofocar al nuevo hermano con un exceso de cariño físico. Es la manera que tiene el niño táctil de intentar establecer una conexión. Independientemente de si actúa de un modo más agresivo de lo habitual o de si se excede en sus muestras de cariño, el niño táctil le está diciendo a usted que necesita ayuda para realizar dicha conexión. Corríjale, pues, la conducta en exceso cariñosa mostrándose más suave con él y animándole a que él sea también más suave, y corríjale la conducta agresiva dirigiéndole hacia un juego más positivo o hacia cualquier otra actividad. El niño necesitará, además, más abrazos y mimos, así como pasar mucho más tiempo con usted, y le gustará que le pida ayuda en pequeñas tareas porque le servirá para sentirse necesario en un momento en el que teme ser ignorado. Si logra sintonizar con las necesidades básicas de su hijo táctil, le ayudará a asentarse durante este periodo de cambio. A su debido tiempo, es más que probable que esté encantado de tener un nuevo hermano con quien jugar. Tal vez se le presente la oportunidad de iniciar con buen pie el proceso de unión si consigue implicarlos en actividades físicas que les gusten a ambos. Bien sea jugando al pilla pilla o al escondite en el parque, o bien paseando por el bosque o nadando en la piscina, deje que su hijo táctil tome la iniciativa y confíe en que el hermanastro se muestre igual de entusiasta.

- El niño auditivo podría responder a la llegada de un padrastro o un hermanastro retrayéndose y volviéndose más solitario. Mientras que, por un lado, habrá que darle su espacio y concederle tiempo para que se acostumbre a la nueva estructura familiar, por otro lado hay también que animarle a participar en actividades familiares o pasatiempos que usted sepa que le gustan. Si disfruta con la rutina de ver un programa televisivo sobre la naturaleza todas las noches después de cenar, siéntese a su lado e invite a todo el mundo a disfrutarlo también. Consuélele diciéndole que todavía le quiere como siempre, y que aunque tenga la sensación de que todo ha cambiado en casa, pronto la situación volverá a parecerle normal, e intente por todos los medios mantener las rutinas que tenía con él. Dada la pasión del niño auditivo por la organización y el orden, ésta es la mejor manera de ayudarlo a que asimile el cambio con el mínimo alboroto posible. Es importante que escuche a su hijo auditivo, aunque le dé la impresión de que repite lo mismo una y otra vez. Piense que es su manera de procesar los sentimientos. Si a veces le parece verbalmente hostil, intente hablar con él sobre lo que le preocupa. Más que otros pequeños, el niño auditivo está abierto a un enfoque racional para resolver los problemas y le gustará que le escuche y trate de ayudarle.

Muéstrese asimismo sensible a su necesidad de controlar el nivel de sonido de su entorno. Si su nuevo hermano es ruidoso, querrá retirarse al silencio y la reclusión de su dormitorio, si es que lo tiene, o bloquear el sonido poniendo en marcha su iPod. Tenga presente que es un momento en el que debería tener especial cuidado de hablarle con un tono de voz amable y calmado, y de comunicarle a su nueva pareja lo importante que es que él o ella lo haga también. Las reprimendas verbalmente duras de un nuevo padre podrían resultar devastadoras. ¡Y escuche, escuche, escuche!

- El niño visual, al que le gusta ejercer control visual sobre su entorno, necesitará hacerlo más de lo habitual debido a la incorporación de una nueva familia en su vida. Como sucedía con Tamara en el anterior ejemplo, un niño visual puede comportarse como un mandón o un exigente hasta que se sienta seguro y a salvo si sabe que su padre o su madre todavía le quieren y que sus pertenencias no serán tratadas de un modo distinto.

  Si lo observa con atención, se dará cuenta de que la expresión facial del niño visual delata siempre cómo se siente. Cuando vea que está enfadado, consuélele permitiéndole tener cierto control sobre su espacio o quizá dejándole también opinar sobre el resto de la casa, sobre todo si ha habido una mudanza de por medio. Llévele a comprar un nuevo edredón, permítale ayudar a decorar la habitación del hermano recién llegado, pídale que elija las servilletas y los mantelitos individuales para cenar, o incluso permítale elegir el color con el que tiene que vestirse todo el mundo para cenar, es decir, si los demás hermanos no se alteran por ello. Si lo convierte en un juego («Lisa ha dicho que hoy es el día azul, así que todo el mundo tiene que ir vestido con algo de color azul»), no le saldrá el tiro por la culata e incluso es posible que se rían todos un buen rato.

Durante los primeros meses, intente no reñir al niño visual delante de sus nuevos hermanos. Debido a su preocupación por las apariencias, podría sentirse humillado y tomarse a mal su presencia.

- El niño gusto/olfativo se mostrará especialmente inquieto a causa de los cambios en la familia, porque sintoniza muchísimo con los sentimientos de quienes le rodean, y durante transiciones como ésta los sentimientos están a flor de piel. Teniendo en cuenta que, habitualmente, capta las pistas a partir de usted, considere que el niño se percatará de cualquier ambivalencia o ansiedad que usted sienta, aunque sólo sea la preocupación por cómo reaccionará él o ella. Por animadas y positivas que sean las palabras que le dirija, su hijo intuirá su inseguridad.

  Nunca debería forzarse al niño gusto/olfativo a iniciar una relación con su nuevo hermanastro. Porque necesitará tiempo para procesar sus emociones y, con frecuencia, lo hará a través del juego imaginativo en solitario. Sin embargo, igual que precisará tiempo para estar a solas, querrá también tiempo para estar a solas con usted. Es muy importante que, por muchas otras exigencias que tenga, pase ahora tiempo con su sensible hijo gusto/olfativo. El niño necesita saber que sigue siendo especial para usted. Salidas memorables juntos, por breves que sean, serán una buena manera de hacerle saber que le quiere. Y asegúrese de que no esté cansado ni hambriento cuando salgan, para que la salida sea una situación en la que todos salgan ganando. Es importante también que le comunique con antelación lo que van a hacer, aunque no sea más que una escapada rápida a la biblioteca para recoger algunos cuentos ilustrados más de sus autores favoritos. Es mejor no darle sorpresas a este pequeño.

Cambio de domicilio

Todos los niños, en mayor o menor grado, son criaturas rutinarias. Temerosos de lo desconocido, confían en la regularidad de su agenda diaria, así como en el consuelo de lo conocido para asentarse y adquirir seguridad. Cualquier cambio grande en el entorno del niño puede provocar estrés e inseguridad, y un traslado a una nueva casa, a un nuevo barrio y, sobre todo, a una nueva ciudad es en verdad un gran cambio. Los niños pequeños en particular, que no comprenden qué significa realizar un traslado así, tienen miedo de que sus padres desaparezcan o cambien de repente, igual que ha desaparecido el entorno que les resultaba familiar (y tal vez también sus amigos y demás familia).

Es probable que hasta los preparativos para el traslado a una nueva casa perturben al niño. Sacar la ropa de armarios y cajones, vaciar las estanterías de libros, embalarlo todo y ver cómo los empleados de la mudanza se lo llevan, y luego repetir el proceso a la inversa, en la nueva casa, es potencialmente alarmante para los niños. Si no encuentran alguna de sus pertenencias podría parecerles que el mundo se ha convertido en un caos; cuando sus padres estén reventados y alterados, como nos sucede a la mayoría de los adultos cuando estamos a punto de hacer la mudanza o acabamos de hacerla, los niños se sentirán también descentrados. Incluso a los niños mayores, que comprenden el concepto de un traslado, les resultarán inquietantes y perturbadores la visión y el sonido de este caos controlado.

Y, naturalmente, cuando ya se hayan instalado en su nueva casa, el estrés puede ser aún peor durante una temporada. Cualquiera que haya preparado una mudanza y se haya cambiado de casa o de ciudad sabe muy bien que no sólo se deja atrás un hogar, sino todo un universo conocido. Para el niño, éste equivale a su parque favorito, al colegio o guardería y a los niños y los maestros con quienes se relacionaba, a la piscina local, al centro cultural del barrio, etc. Los niños dejan también atrás a sus amigos del vecindario y, tal vez, a parte de la familia. Y todo esto sucede al mismo tiempo que usted experimenta los mismos cambios y pérdidas. Bajo circunstancias tan estresantes como éstas, no es de extrañar que hasta los padres que han aprendido los elementos básicos necesarios para adaptar su estilo de comunicación al sentido dominante de sus hijos olviden aprovechar sus conocimientos al respecto.

Rebeca y su marido, Dave, tuvieron una experiencia así con su hijo, Trevor, cuando se trasladaron a vivir al otro extremo del país. Trevor era un niño táctil de cinco años lleno de energía, y sus padres eran ambos auditivos, según habíamos determinado cuando trabajé con ellos teniendo Trevor tres años de edad. Entonces vinieron a verme porque el torbellino constante del niño y el ruido que armaba estaba volviéndolos locos. Pero además de eso, había estado durmiendo con sus padres desde que era bebé, y ellos no habían tenido aún el valor de acostarlo en su propia cama. Todo el mundo, sin embargo, estaba falto de sueño (e intimidad) y contrariado. Cuando les expliqué que había otras maneras de proporcionarle a Trevor el cariño físico que un niño táctil necesita, sin la obligación de que durmiera en la cama o en la habitación de ellos, sostuvieron con su hijo un breve periodo de peleas y discusiones antes de acostarlo, y después un periodo más largo que consistía en la hora del cuento y de los mimos cuando ya estaba en la cama. Durante este periodo de transición, los padres esperaban a que se durmiese antes de dejarlo solo en su habitación. Pasadas unas semanas, ya no esperaban a que Trevor se durmiera para marcharse. El pequeño, poco a poco, no sólo se aclimató a dormir en su propia cama, sino que además tenía la sensación de que aquello era un logro para él. Pero entonces llegó la mudanza.

«El traslado nos metió de nuevo en un torbellino. Fue como si hubiésemos vuelto a nuestra antigua forma de ser», me explicó Rebeca. Trevor empezó a portarse mal, a montar pataletas al llegar la hora de irse a dormir y a dar patadas a los muebles cuando se enfadaba; incluso llegó a tirar un par de veces la comida. Por su parte, los padres cedieron también el control: abstraídos por el trabajo que conlleva el traslado, volvieron a darle a Trevor atención, orientación, consejos e incluso cariño, hablándole... o gritándole. Se olvidaron de lo importantes que son los mensajes físicos para el niño táctil.

«Al fin me di cuenta una tarde, mientras desembalaba cosas en la nueva casa e intentaba calmar a Trevor hablándole desde el otro extremo de la habitación», me dijo Rebeca. «Mi hijo necesitaba que comunicara con él de otra manera. Ya lo sabía, pero tuve que aprenderlo de nuevo. Recordé que necesitaba que lo consolara con muchos abrazos y mimos. Recordé también que a los niños táctiles les encanta que les den trabajo, y así fue como le pedimos que nos ayudara a desembalar, aunque con ello fuésemos más lentos.» Los cambios en la conducta de los padres ayudaron a Trevor a cambiar la suya y, en cuestión de pocos días, empezó a tranquilizarse.

Sea cual sea el tipo de traslado que realice (de un piso a otro en el mismo edificio, de una ciudad a otra, o incluso de un país a otro), no se sorprenda si observa que la conducta de su hijo retrocede mientras el pequeño gestiona la incertidumbre de la transición. Es posible que su sentido dominante se vuelva más hipersensible y reactivo durante el periodo en que intuye que su entorno físico es inestable. Prepárese para que su hijo táctil se pegue de nuevo a usted como cuando era más pequeño, o para que su hija visual le exija que quiere llevar el mismo jersey y la misma falda una semana seguida. Su hijo gusto/olfativo podría negarse a comer cualquier cosa que salga de su nueva nevera, y tal vez su hija auditiva se eche a llorar ante cualquier nuevo sonido que escuche.

Comprender el impacto del traslado sobre el sentido dominante de su hijo le ayudará a encontrar estrategias prácticas para afrontarlo… y la paciencia necesaria antes de que esas estrategias empiecen a ser eficaces.

A continuación, le ofrezco unos consejos básicos para afrontar un traslado según sea el modo sensorial dominante de su hijo:

- Un niño táctil necesitará sentirse físicamente cómodo en su nueva habitación. Transfiera algunas de sus pertenencias más íntimas, si no todas, a su nuevo espacio: su mantita, su ajada alfombra, sus sábanas y su almohada, sus peluches, etc. Es posible que usted prefiera tenerlo todo nuevo, sobre todo si es una persona visual y esperaba aprovechar el traslado para tirar las cosas usadas y que ya le harta verlas. Pero el niño querrá el consuelo de lo conocido. Necesitará que su cama, su ropa y sus juguetes sigan siendo los mismos. Su cama será de especial importancia, pues es allí donde recibe los mimos más importantes del día.

  Al niño táctil le gustará y sacará partido de ayudarle a

embalar y desembalar sus cosas. Es una forma práctica y física de implicarlo en el traslado y de que se sienta conectado con usted durante el acontecimiento. En lugar de hacerlo todo los mayores, denle trabajo al niño: cargar cajas de pequeño tamaño, apilar las cajas vacías junto a la pared (donde podrá jugar con ellas y convertirlas en coches o casas imaginarias), tirar las cosas que no quiere en una gran bolsa de basura... Le encantará pensar que tiene trabajo que hacer y le hará sentirse importante, y es posible que le sirva a usted de verdadera ayuda, aunque sólo sea por el hecho de que está ocupado y feliz. Finalmente, encuentre el lugar donde pueda dar rienda suelta a su personalidad física. Así que le sea posible, enséñele dónde está el parque más cercano, o dónde podrá ir a nadar, a jugar al fútbol o a pasear en bicicleta, y preséntele pronto a un compañero de juegos, preferiblemente un niño que sea tan activo como él.

- Antes de trasladar a su hijo auditivo a su nueva habitación, piense en realizar cualquier cambio relacionado con el sonido para ayudarle a adaptarse al nuevo espacio. Cuanto más familiar le resulte, mejor. Si hay suelo de madera donde antes había moqueta, ¿qué tal poner una alfombra? ¿Acaso su nueva habitación da a la calle, mientras que la antigua daba a la parte trasera de la casa, donde no se oía ningún ruido? De ser así, intente amortiguar el sonido con cortinas gruesas o ventanas con doble cristal, o utilice quizás algún tipo de sonido de fondo.

  Una de las mejores maneras de echar una mano al niño auditivo durante un traslado es hablándole del tema con antelación, preparándole verbalmente y explicándole la secuencia de acontecimientos que van a producirse, desde el embalado de sus cosas y los muebles, hasta cargarlos en el camión y desembalarlos en la nueva casa. Permítale que formule preguntas y verbalice sus preocupaciones, pues será un consuelo para el niño.

Si pone música mientras realizan la mudanza, deje que su hijo auditivo elija el CD. A la hora de acostarse, póngale una cinta que haya grabado con sonidos de la antigua casa. Tenga muy presente que con todo el estrés que hay en este momento en la vida del niño, es muy importante que su voz suene lo más tranquila posible cuando hable con él. Las voces inquietas y contrariadas resultan angustiosas para un niño auditivo. Sería beneficioso, si se puede, que su hijo no estuviese presente el día del traslado, pues cuando las cosas vayan mal, y suelen ir mal, habrá muchos gritos. Si su hijo es lo bastante mayor, déjele llamar por teléfono a familiares y amigos en cuanto estén ya trasladados; oír voces conocidas lo consolará. Y, repito, recuerde que debe escuchar, escuchar y escuchar y proporcionarle a su hijo suficiente espacio auditivo (piense en un iPod) donde refugiarse.

• Si su hijo es visual, disponga el mobiliario de su habitación de un modo similar a como estaba en la antigua vivienda. Si tenía las paredes llena de pósteres, deje que vuelva a colgarlos, y si muestra interés por decorar su nueva habitación, permítale elegir el color con que se la pintarán. Una buena idea es que tenga una fotografía de su antigua casa o su antiguo jardín junto a la cama. Si se han trasladado a vivir a otra ciudad y han dejado atrás amigos y familiares, cuelgue en la pared fotografías de esos seres queridos. El niño visual observará su entorno en busca de consuelo. Cuanto más cuidado ponga en disponer sus pertenencias y más pulcra y aseada esté su habitación, más tranquilo se sentirá mientras, poco a poco, vaya adaptándose a su nueva casa.

- El niño gusto/olfativo se sentirá vinculado a la «sensación» general de su habitación y a su olor familiar (que tal vez ni siquiera sea aparente para usted). Este niño pondrá obstáculos a la recreación lo más detallada posible de su antigua habitación en el nuevo espacio si para sus sensibles «antenas» hay algo que le parece extraño. Intente pintarle la habitación antes del traslado si es factible, porque el niño gusto/olfativo será muy sensible al olor de pintura, y usted necesitará airear la habitación muy bien antes de pedirle que duerma en ella. A ser posible, permítale pasar un tiempo en su nuevo dormitorio antes de haberse trasladado definitivamente a la casa, para que se familiarice con sus detalles y particularidades y para que la aclimatación resulte más sencilla cuando ya vivan allí. Y cuando por fin se trasladen, procure llevarse también el máximo de sus posesiones: ropa, juguetes, ropa de cama y muebles. Cuantas más cosas tenga de su antiguo espacio, más cómodo se sentirá en el nuevo.

  Una manera de utilizar la intensa imaginación del niño para suavizar el camino hacia su nueva vida será destinar todos los días un rato a estar juntos, empezando con esta rutina unas semanas antes del traslado, y así le dará la oportunidad de hablar sobre lo que pasará y sobre lo que su hijo espera de la nueva casa. Anímele a inventar historias acerca de cómo será su vida después del traslado, para que pueda fantasear tanto sobre lo bueno como sobre lo malo y tenga oportunidad de expresar sus temores de un modo que le resulte natural. No le sorprenda, sin embargo, que pese a haber hecho todos estos preparativos para facilitarle el proceso, quiera dormir las primeras dos noches en su habitación. En general, intente hacer todo lo que esté en su mano para que se sienta cómodo: prepárele sus comidas favoritas, almacene con antelación sus alimentos preferidos si duda de que puedan estar disponibles en su nuevo barrio o ciudad, dele muchos ánimos y préstele atención.

El colegio

Empezar el colegio supone un gran cambio en la vida del niño, y tanto niños como padres experimentarán un complicado conjunto de emociones a medida que el día señalado se acerque. Padres e hijo por igual abordarán los primeros días escolares con una intensa combinación de miedo, ansiedad, curiosidad y excitación. Ir al colegio (sea el parvulario o la guardería) implica dos desafíos importantes para los niños pequeños: la aclimatación a un nuevo lugar, con sus nuevos ritmos y rutinas y con los maestros y alumnos que allí encontrará, y la vivencia de separarse de su casa y de sus padres. Con tantas cosas que gestionar a la vez, no es de extrañar que iniciar esta nueva etapa sea el tipo de transición estresante susceptible de provocar un comportamiento regresivo en el niño.

El concepto de colegio en sí mismo resulta misterioso para aquellos niños que nunca han ido a la escuela, y abandonar a diario el hogar y todo lo que para ellos es conocido es un reto para, prácticamente, todos los niños, sea cual sea su sentido dominante. Si su hijo ha asitido ya a la guardería o ha estado con una canguro, es probable que se haya enfrentado a algunos de los retos de la separación. Es típico que los niños se

planten y se resistan de entrada a la separación, y a menudo
esta resistencia adopta la forma de pataletas u otras conductas
complicadas y regresivas. Pero tanto con experiencias previas
de separarse de sus padres de un modo regular, como sin ellas,
el inicio de la etapa escolar supone un cambio tan radical para
los niños que es muy posible que vuelvan a la época de las pataletas. Tal vez no sean tan extremas como cuando el niño era
pequeño, y es probable que sepa controlarse después de una
breve explosión, pero no se sorprenda si las pataletas reapare-
cen aun cuando usted creía que eran ya cosa del pasado.

Si su hijo se pone muy rabioso cuando lo deja en el colegio, lo primero y lo mejor que puede hacer usted en su propio
beneficio es respirar hondo y mirar alrededor. Seguramente,
verá un aula llena de padres batallando por conseguir despe-
garse de niños llorosos y rebeldes. Es normal. El secreto está
en la paciencia: su hijo acabará adaptándose a la nueva rutina
y dominará esta transición. Entretanto, le será útil recordar
que su hijo no se porta mal a propósito, sino que está intentando afrontar un cambio vital, pero perturbador, en su vida
diaria. Utilice sus conocimientos sobre el sentido dominante de su hijo para encontrar estrategias, específicamente relacionadas con la forma de afrontar el mundo del niño, que
le disminuyan el estrés. Cynthia, madre de una niña visual,
ayudó a su hija a enfrentarse a la separación para ir al colegio
regalándole una pulsera de colores. Realizó una presentación
especial de aquel regalo de «niña mayor», y le explicó a su hija
que la pulsera era un símbolo del vínculo especial que las unía.
«Le dije que siempre que estuviera triste o asustada por estar
separada de mí, mirara la pulsera y recordara lo mucho que la
quiero y todas las cosas divertidas que hacemos cuando llega a
casa al salir del colegio.»

Hacer amigos y aprender a gestionar relaciones con otros

niños forma parte importante de la vida del niño cuando empieza la etapa escolar. La mayoría de los niños ya han practicado en este sentido durante sus encuentros para jugar con amiguitos, pero el contacto diario y prolongado con sus compañeros es un gran paso adelante. Ningún niño responde a la perfección a este nuevo reto. Todos ellos, en uno u otro momento, experimentan problemas en la relación con sus compañeros de clase. A menudo, cuando un niño se siente abrumado por un reto, busca en el pasado alguna conducta que le ayude a afrontarlo, una conducta que suele tener que ver con su sentido dominante.

Leila, por ejemplo, era una niña extrovertida de cuatro años que había empezado a ir recientemente al parvulario. Era auditiva y poseía una habilidad notable para expresarse oralmente y aprendía con rapidez. Tan pronto como se disiparon sus primeros temores, fue encantada al colegio y le contaba miles de historias a su madre cuando ésta iba a recogerla por las tardes. Ann Marie pensaba que Leila progresaba sin problemas en el colegio, hasta que la maestra la cogió por su cuenta un día cuando fue a recoger a la niña, y le informó de que su hija se había portado mal en clase y se había peleado con algunos de sus compañeros.

«Se puso a gritar, a llamarles de todo a los niños y a hablar como una gamberra», me explicó Ann Marie cuando nos reunimos para comentar la situación. «Me sentí avergonzada.»

Es la reacción más común de los padres, pero le aseguré a Ann Marie que no tenía por qué sentirse avergonzada, ni por ella ni por su hija. Todos los padres nos enfrentamos a algún tipo de mala conducta cuando los hijos se enfrentan a una nueva situación, como ir a la escuela.

Aunque Leila parecía estar pasándolo bien en el colegio, era evidente que algo sucedía allí que la perturbaba, y la niña lo reflejaba comportándose de un modo verbalmente agresivo. Tenía todo el sentido del mundo que Leila se enfrentase de aquella manera a una situación que era un desafío para ella. Como niña auditiva que era, poseyendo el don natural de la expresión oral, era mucho más probable que, para reafirmarse, utilizase su voz y sus habilidades orales en lugar de las peleas físicas, como habría hecho de ser táctil. Lo importante era centrarse en descubrir el origen del estrés de Leila y encontrarle una solución.

Cuantas más cosas descubrí sobre su vida en casa, más comprendí su comportamiento. Leila era hija única y estaba acostumbrada a ser el único foco de atención en el hogar. Cuando charlaba con sus padres durante la cena, les enseñaba una nueva canción que había aprendido o recitaba un poema, y nadie la interrumpía ni competía con ella por ser la reina de la escena. En cambio, en el colegio, era una más de los muchos niños que luchaban por captar la atención de maestros y amigos. Leila no estaba acostumbrada a esta situación y reaccionaba reafirmándose de un modo excesivo y tratando de competir con sus compañeros para conseguir más tiempo para hablar. Si encontraba resistencia, contraatacaba llamándolos de todo. Además, tampoco estaba acostumbrada al nivel de ruido generado por sus compañeros de clase, y me imaginé que aquello la crispaba.

Ann Marie y yo pensamos en formas creativas de ayudar a Leila para adaptarse a formar parte del grupo, sobre todo en lo referente a aprender señales y normas orales y de conversación. Elaboramos diversas estrategias que se utilizarían tanto en casa como en el colegio. Ann Marie ya le había explicado con mucha firmeza a su hija por qué no debía llamarles de todo a sus compañeros. Y ahora tenía que enseñarle a conversar debidamente. En casa, Ann Marie y su marido decidieron jugar con su hija a «juegos de escuchar». Durante la cena o a la hora de acostarse, la pareja se turnaba para contar historietas o chistes, de modo que su hija no fuera el centro de atención, y la animaron a escuchar y a esperar su turno para hablar. Anna Marie empezó a invitar a compañeras del colegio a casa, y creó un juego de la hora del té durante el cual las niñas podían practicar «conversaciones de niñas mayores», turnándose para hablar y escuchando cuando era el turno de hablar de otra niña.

Ann Marie alertó a la maestra de Leila de la sensibilidad de su hija al ruido. La maestra sugirió trasladarla a una mesa de trabajo más tranquila, lejos del centro del aula, donde los sonidos quedaban algo más amortiguados.

La combinación de esos ajustes, tanto en casa como en el colegio, empezaron a marcar la diferencia, me comentó Ann Marie cuando hablamos cerca de un mes después. «No sucedió de la noche a la mañana, pero veo que va haciendo avances. Y su maestra lo ve también.»

A continuación, ofrezco algunos consejos básicos para ayudar a que el inicio del colegio sea un proceso más llevadero para los niños:

- El niño táctil, según su forma de ser práctica y participativa, estará ansioso por saber qué *hará* cuando esté en el colegio. Elaborar una lista de actividades en las que probablemente participará, y darle después la oportunidad de practicar alguna de esas actividades en casa le ayudará a aumentar su confianza con respecto a esta nueva experiencia. Dedique todos los días un poco de tiempo a «jugar a colegios», y represente la actividad de llegar al centro escolar y sentarse en un círculo. Si el patio del nuevo colegio de su hijo tiene una pared de escalada o cualquier otro tipo de equipamiento especial que crea que seduciría al niño, pásese por allí y deje que lo pruebe. Su hijo táctil estará encantado de ver que «su» colegio tiene algo tan divertido como eso y, cuando vaya el primer día estará emocionado con la idea de volver a repetir la experiencia. En cuanto empiece el colegio, acostúmbrese a dejarlo correr y jugar por el patio o el campo de fútbol a la salida. No sólo será para él una válvula de escape física, sino que además le ayudará a sentirse a gusto con su nuevo entorno.

- El niño auditivo se beneficiará si habla de las jornadas escolares antes de iniciarlas. No parará de hacer preguntas: «¿Dónde está mi colegio? ¿Cómo iremos? ¿Qué comeré? ¿Podré llevar mi osito? ¿Quién me ayudará a ponerme las botas? ¿Cuándo vendrás a recogerme?» Dedique tiempo a comentar los detalles con su hijo auditivo para calmar su ansiedad. También le irá muy bien para relajarse ponerle música en el coche, de camino al colegio, o dejarle escuchar música en su iPod. Y tranquilice a su hijo explicándole que su maestra le llamará si se siente inquieto y necesita hablar con usted.

- Hablar con un niño visual sobre lo que se encontrará en el colegio no es tan eficaz como sentarle a mirar un cuento que ilustre el transcurrir de un día típico en la escuela. Si le ofrece a su hijo visual imágenes de niños disfrutando del colegio le creará una imagen mental del nuevo mundo que está a punto de experimentar. Otra buena manera de motivar al niño visual respecto a esta desconocida experiencia es llevarle a comprar alguna prenda nueva, o decidir con él lo que llevará el primer día de colegio. La combinación resultante de concentrarse en algo que le gusta —comprar o dejarle elegir la ropa que se pondrá— y pasar un rato con usted sentará en él una sólida base. A su hija le gustará también ponerse algo que conjunte con lo que usted lleva: si usted se ha puesto una bufanda roja, ella puede llevar una cinta del mismo color. O si su hijo tiene un amiguito que ya va a ese colegio, póngase de acuerdo con los padres de ese niño para que los dos amigos lleven el mismo modelo de fiambrera. Estas técnicas «de igual a igual» obran maravillas y dan un empujón moral al niño visual.

- Aunque todos los niños obtienen beneficios si visitan su colegio antes del primer día, esto es especialmente cierto para los niños gusto/olfativos. En particular, su hijo gusto/olfativo se beneficiará de conocer a su maestro con antelación. Este niño busca consuelo y seguridad en sus vínculos personales, y tener la oportunidad de iniciar de este modo la relación con su nuevo maestro puede marcar una diferencia muy grande. También es buena idea presentarle al menos a uno de sus nuevos compañeros antes del primer día, para que tenga una persona con quien conectar y tener ganas de ver. Anime a su hijo gusto/olfativo a crear su propia aula en casa, utilizando sus muñecos y juguetes como compañeros de clase. Este tipo de juego imaginativo le proporciona la oportunidad de explorar sus sentimientos respecto a las nuevas relaciones que va a desarrollar. El niño gusto/olfativo estará muy preocupado por cómo se sentirá mamá mientras él está en el colegio, porque temerá que se sienta sola o triste en su ausencia. Puede consolarlo explicándole lo que hará cuando él no esté, pues esto le ayudará a crearse una imagen de usted, ocupada y a salvo, durante su horario escolar.

Divorcio

El divorcio es un hecho cada vez más común en la vida de los niños, un hecho que puede provocar mucho estrés. Sin embargo, y a pesar de su perturbadora naturaleza, usted tiene la posibilidad de hacer muchas cosas para ayudar al niño a capear este estresante cambio de vida. Apoyar, captar y ser consciente de las necesidades individuales de su hijo y de cómo su modo sensorial dominante afectará su forma de expresar estas necesidades, será muy importante durante esta crítica transición.

Como es natural, existen ciertas respuestas comunes a todos los niños en estas circunstancias, sea cual sea su modo sensorial. Cuando los padres se separan, la base del mundo normal del niño —su unidad familiar principal— cambia de un modo fundamental. En el ambiente flota la culpabilidad, el miedo, los enfados y la tristeza, y es natural que el niño se sienta ansioso e inseguro. Más aún, los niños creen a menudo que el trastorno es culpa suya. Pero si los padres van con cuidado y ponen el confort y la seguridad de su hijo por encima de cualquier sentimiento de rencor y amargura que exista entre ellos, mejorarán mucho una situación que es mala de por sí. Es decir, si los padres evitan criticarse delante de su hijo y si facilitan que el niño los vea y viva con cada uno de ellos en una atmósfera lo más amigable posible, la tormenta del divorcio se capeará muy bien.

Por difícil que sea un divorcio para los niños (y adultos) de cualquier edad, los menores de cuatro años tienen el reto adicional de ser incapaces de comprender lo que significa un divorcio o una separación. Lo único que constatan es que papá o mamá se ha ido. Es probable que estén muy enfadados por la ausencia del progenitor que ha abandonado el hogar, y se muestren inquietos por tener que ir de casa de un padre a la del otro, según sean los términos del acuerdo de custodia. Es frecuente que los niños pequeños se muestren muy pegajosos con uno de sus progenitores y se nieguen a ir a casa del otro, aunque ambos padres realicen un esfuerzo sincero por fomentar las visitas. Los niños pequeños podrían presentar también dificultades para comer y conciliar el sueño, sobre todo en la casa que les resulta desconocida. Se trata de uno de los momentos en los que merece la pena aprovechar todo lo que usted haya aprendido sobre los modos sensoriales.

Bree y su marido, Paul, se divorciaron cuando su hija, Carly, tenía tres años. «Nuestro divorcio fue más amigable que algunos, aunque menos que otros», me contó Bree. Al principio, la pareja no comunicaba mucho más allá del mínimo que se producía al dejar y recoger a la niña. «Sabíamos que necesitaría un tiempo para acostumbrarse a su nueva vida, pero nos preocupamos al ver que iba a peor, en vez de a mejor», me comentó Bree. Carly, una niña visual, tenía dificultades para dormirse en ambas casas y montaba pataletas cuando su padre iba a recogerla, les gritaba a los dos, se pegaba a su madre y lloraba. Era un ritual desgarrador tanto para Bree como para Paul, que se daban cuenta de que su hija no conseguiría adaptarse a su nueva vida si no la ayudaban. «Comprendimos que teníamos que darle más continuidad», me dijo Bree. «No volveríamos a estar juntos, pero intentaríamos suavizar las diferencias entre ambas casas y proporcionarle una sensación de rutina más sólida.»

La pareja, teniendo presente la sensibilidad visual de su hija, se dedicó a pensar maneras de aminorar la ansiedad que le provocaba a la niña el ir y venir entre las dos casas. Compraron duplicados algunos juguetes y su ropa favorita —sus muñecas más queridas, sus zapatillas de un vivo color fucsia, etcétera—, para que Carly disfrutara de ellos en ambos lugares. Se pasaban también los cuentos favoritos de la niña para que ésta pudiera mirarlos independientemente de dónde estuviera, y Bree hizo un punto de libro con fotografías de los tres para que la niña marcara la página y continuara al día siguiente con el cuento por el lugar donde lo había dejado la noche anterior. Paul decoró la habitación de su hija con la misma gama de colores que la habitación de casa de su madre, con el fin de que la niña se sintiese cómoda y en casa. A medida que fue pasando el tiempo, Carly empezó a adaptarse a su nueva situación. Sus hábitos de sueño mejoraron, y poco a poco dejó de pegarse de aquella manera a su madre cuando su padre iba a recogerla.

«Nos dimos cuenta de que no podíamos pretender que empezara a sentirse a salvo y segura», me dijo Bree. «Teníamos que *demostrarle* que estaba segura, teníamos que demostrárselo de formas concretas y que tuvieran un significado para ella y que las comprendiera.»

Si los padres ofrecen una explicación sencilla y directa de su divorcio, los niños mayores, de cuatro y cinco años de edad, comprenderán que sus padres se separan y vivirán en distintas casas. Tanto en esta conversación como en todas las conversaciones relacionadas con el divorcio que mantenga con su hijo, serán importantes el lenguaje del cuerpo y las expresiones faciales, pues sea cual sea el sentido dominante de su hijo, el pequeño buscará señales que revelen cuáles son los verdaderos sentimientos de sus padres. Un niño visual se aferrará a las miradas tensas entre sus padres, o a ese entrecejo fruncido que aparece en su cara cuando habla usted con su ex pareja;

un niño auditivo encontrará el significado en un tono de voz quisquilloso. El niño táctil será muy sensible al lenguaje del cuerpo. El niño gusto/olfativo interpretará de forma casi intuitiva la dinámica entre sus padres, y estará alerta en busca de signos de inquietud emocional en su madre y su padre. La manera en que se muestre ante su hijo durante el proceso y las postrimerías del divorcio tendrá un impacto vital sobre el tipo de estrés y ansiedad que el niño experimente.

Los niños de cuatro o cinco años de edad buscan a menudo una explicación a la conducta de sus padres y pueden malinterpretar muy fácilmente lo que perciben. Y, en especial, los niños de esta edad tienden a culparse del divorcio, y albergan asimismo miedo a ser abandonados o «dejados de lado». Bajo estas circunstancias, encontrarán protección en antiguas conductas o en conductas que no son más que versiones exageradas de las características de su sentido dominante. Estos niños necesitan consuelo en cantidad: de que no tienen la culpa de nada, de que sus padres siguen queriéndolos, de que no serán dejados de lado ni abandonados. Los métodos de comunicación más sencillos y sensorialmente ricos serán los que garanticen que estos mensajes lleguen a los niños cuando más los necesitan.

Frances estaba muy preocupada porque su hija Polly, una niña gusto/olfativa de cuatro años y medio, se había recluido en sí misma después del divorcio de sus padres. Pasaba horas jugando sola en su habitación, había perdido el apetito y tenía ojeras de tantas noches sin dormir.

«Estaba muy preocupada. Mi hija cada vez se recluía más en sí misma», me explicó Frances. «He intentado hablar con ella, pero espera pacientemente a que termine de hablar, no dice nada y vuelve a encerrarse en su habitación. Su padre y yo nos hemos sentado con ella muchas veces para explicarle lo mucho que la queremos y que no tiene culpa de nada, pero es inútil.»

Una tarde, sentada en la cocina enferma de preocupación, Frances se percató de repente de una cosa. «Fue como si mirara fuera de mí misma y me diera cuenta de que estaba allí sentada esperando a que mi hija viviera esta experiencia como yo quería, en mi propio territorio. Para mí, lo importante son las palabras. Siempre ha sido la mejor manera de comunicar conmigo. Pero no me había planteado intentar llegar a su interior en su propio terreno.»

Frances se levantó y entró en la habitación de su hija, donde la encontró jugando con sus peluches en el suelo. La madre se sentó y le preguntó si podía jugar con ella. La respuesta fue instantánea: «Polly me dio una rana de peluche y casi me echo a llorar allí mismo», me dijo Frances. Empezando con aquella rana, Frances dejó que Polly la guiara hacia su intenso universo imaginario, y las dos se adentraron enseguida en el territorio emocional que las afectaba. El juego tenía que ver casi siempre con familias: niños o animales perdidos que tenían problemas, o madres y padres enfadados y distanciados. Al entrar con Polly en un mundo de fantasía, donde la niña se sentía a salvo para dar rienda suelta a sus sentimientos, Frances logró que su hija expresara el miedo y la culpabilidad que sentía por el divorcio de sus padres. Y participando en la vida fantasiosa de la niña, también tuvo la posibilidad de mostrarle que algunas de las historias que imaginaba podían tener otros resultados: los niños perdidos acababan siendo encontrados porque sus padres los querían y nunca dejaban de buscarlos, y las madres y los padres que parecían enfadados eran capaces de hacer las paces y volver a ser amigos aun sin vivir juntos de nuevo.

«Polly es una niña callada, y por ello, no siempre sé qué

siente o si capta mis palabras», me dijo Frances. «Pero ahora dispongo de un método que sé que puedo utilizar para ponerme en contacto con ella. Cuando representamos historias sobre familias y niños, tengo la oportunidad de descubrir sus sentimientos y también de demostrarle que está a salvo y que la queremos.»

El divorcio es tan perturbador para los padres, que la mayoría de nosotros asumimos que será una experiencia completamente traumática para los hijos. De hecho, he observado numerosos casos en que los niños me han dicho sentirse mejor después del divorcio de sus padres, porque ha significado el fin de las peleas y la infelicidad en casa. Naturalmente, y debido a los muchos y complejos factores que influyen en el resultado, es imposible predecir cuál será el impacto definitivo del divorcio sobre un niño. Pero puedo afirmar con seguridad, tanto por mi experiencia personal como profesional, que conseguiremos que la situación sea más fácil para nuestros hijos si intentamos que nuestras explicaciones sean sencillas y directas, y si las damos con un tono imparcial y adecuado a su edad. Y dejando de lado nuestras emociones, daremos también a nuestros hijos libertad para expresar sus sentimientos, en lugar de que se vean limitados a reflejar los de sus padres.

A continuación, encontrará sugerencias para suavizar la adaptación de su hijo a los cambios que acompañan un divorcio. (Véanse también las sugerencias que he dado antes sobre cómo enfrentarse a un cambio de domicilio, ya que surgirán algunos de los mismos conflictos si el divorcio significa trasladarse a vivir a una nueva casa, o que el niño vaya y venga entre dos hogares.)

- Los niños táctiles son muy sociables y echarán de menos tener a sus dos progenitores en casa; por lo que a ellos se refiere, cuanta más gente haya en casa, más felices son. Y si no hay custodia compartida, el padre o la madre que pase a ser el que lo cuide principalmente se sentirá presionado para satisfacer todas las necesidades que su hijo táctil tiene de cercanía física: abrazos, jugar a peleas, dormir con él, mimos, etc. Los niños táctiles se muestran muy pegajosos y exigentes en momentos de estrés, por lo que parece buena idea ayudarlos a asentarse mediante cariño físico y actividades que puedan realizar conjuntamente, tanto si se trata de un deporte, como de alguna tarea del hogar. Si su pareja era la que desplegaba la actividad física con el niño (por ejemplo, quien jugaba a pelearse con él o lo cargaba a la espalda para pasearlo), intente que siga siendo igual. Y cuídese de destinar tiempo al juego. Cuando estamos tristes o estresados no siempre es fácil recordar que tenemos que jugar, pero el niño táctil depende de las válvulas de escape físicas para expresar sus sentimientos, y jugar con él es una de las mejores cosas que puede hacer para ayudarle a sentirse a salvo y querido.

• Aunque las discusiones que suelen producirse antes y durante un divorcio son estresantes para todos los niños, lo son en especial para los auditivos (y también para los gusto/olfativos). Por difícil que resulte ejercer el autocontrol, si usted y su ex son del tipo de personas que chillan y gritan cuando discuten, esfuércense para que su hijo no los oiga gritarse antes, durante o después del divorcio. Y tenga presente que un silencio hostil también puede resultar perturbador. Los niños captan las vibraciones que flotan en el ambiente. Así pues, no se peleen delante de su hijo, ni critique a su ex cuando el niño le escuche (los niños auditivos son, de verdad, todo oídos), e intente charlar plácidamente con su ex pareja cuando recojan o entreguen al niño, y controle las llamadas telefónicas con familiares y amigos, pues el niño auditivo estará escuchando. Estos niños captan con rapidez la hostilidad en el tono de voz; no piense, por lo tanto, que se saldrá con la suya si dice cosas malas sobre su ex pareja utilizando cualquier tipo de lenguaje en clave. Porque por mucha discreción que crea emplear, el mensaje y los sentimientos le llegarán igual. Prepárese para comunicarle a su hijo, de un modo adecuado a su edad, todos los cambios que se están produciendo y explíquele por qué papá y mamá no pueden seguir viviendo juntos, cuándo estará con su padre y con su madre, cómo funcionará todo, etc. Busque el máximo de continuidad posible. Si su ex pareja era quien le leía el cuento al niño a la hora de ir a dormir, tal vez sea posible acordar con él o ella continuar con esta rutina por teléfono hasta que todo el mundo se sienta cómodo con su nueva vida.

- Los niños visuales tienen un auténtico interés por las apariencias, y en ello se incluye no sólo el aspecto de su ropa o su habitación, sino también preocupaciones más fundamentales sobre cómo el mundo los ve a ellos. El niño visual se inquietará por lo que puedan pensar los demás si sus padres no aparecen juntos en actos del colegio. De modo que si usted y su ex pareja solían acudir a esos actos juntos, hagan todo lo posible para continuar haciéndolo durante el periodo de transición en el que su hijo intenta acostumbrarse a este gran cambio. Pongan cara de familia feliz, literalmente, por el bien de su hijo. Asimismo controle sus expresiones faciales cuando esté con su ex, porque las miradas de reojo, las muecas y los gestos hostiles son exactamente lo contrario de lo que puede ayudar a este niño.

Los libros ilustrados sobre el divorcio consolarán también a su hijo visual. Hablar sobre las imágenes que aparecen en esos libros servirá para que su hijo comprenda que lo que ha sucedido en su familia es normal. Él necesita el consuelo de saber que todo va bien, de modo que intente no mostrar tristeza ni inquietud. Y que el rencor no le domine. Permita al niño guardar todos los regalos y recuerdos que haya recibido de su ex, y no retire las fotografías del padre o madre ausente, ni siquiera aquéllas en las que aparecen los dos juntos. Aunque le molesten a usted, son un consuelo para su hijo.

- El niño gusto/olfativo se verá profundamente afectado por el divorcio y por los sentimientos de tristeza, dolor y rabia que lo acompañan. Su hijo se sentirá responsable de los sentimientos de todo el mundo e intentará arreglarlo todo. Tal vez descubra a su hijo gusto/olfativo hablando con un amigo imaginario con más frecuencia de lo habitual; es su manera de solucionar las emociones que siente en un entorno seguro de su propia creación. No haga nada para impedírselo. Las mascotas juegan también un papel importante en la vida imaginativa del niño. Oirá a su hijo hablándole al perro o cantándole canciones sobre lo que sucede. Este tipo de juego fantástico no sólo es inofensivo, sino que además es útil y reparador. Aunque habrá momentos después del divorcio en que un traslado aconseje prescindir de la mascota de la familia, intente evitarlo en lo posible. Los niños gusto/olfativos forman vínculos especialmente estrechos con los animales y confían en el consuelo de su querida mascota para salir adelante en tiempos difíciles.

Los padres deberán solucionar sus hostilidades para ayudar a su hijo gusto/olfativo. Pese a que tal vez le resulte tentador comentarle sus sentimientos a su hijo gusto/olfativo, sobre todo porque él preguntará por ellos y querrá conocerlos de verdad, recuerde que es un niño y que no está preparado para afrontar los problemas y emociones de los adultos. Consuélele diciéndole que se encuentra bien. Y si, por ejemplo, se preocupa por el padre que ya no está en casa, o si se pregunta si se sentirá solo y asustado, dígale de forma sencilla que ambos están un poco solos pero que se pondrán bien. Si expresa su preocupación por dejarle a usted en casa cuando se va a visitar al otro progenitor, dígale que usted también le echará un poco de menos, pero que cuando regrese será muy divertido y el tiempo que pasen juntos será aún más especial. Asegúrese de que su hijo se siente libre para disfrutar de su padre o madre.

Muerte, enfermedad y otras pérdidas

Una de las tareas más tristes y complicadas para un padre es ayudar a un hijo pequeño a afrontar la muerte de un ser querido, la enfermedad grave de alguien próximo a él o ella, y otras pérdidas importantes. Buscar la ayuda profesional de un psicólogo o un terapeuta siempre es una opción a considerar en momentos como éstos, pues es muy posible que también usted se sienta superado por la pérdida. Pero si no se decanta por esta alternativa, hay muchas cosas que puede hacer para guiar a su hijo, con cariño y amor, a través de la tristeza, la confusión y el estrés que tan a menudo acompañan estos hechos difíciles.

Los niños de cinco años o menos no captan todavía el concepto de permanencia; por lo tanto, no comprenderán la muerte como los niños mayores o los adultos. Pero incluso los bebés captarán y responderán a la tristeza de quienes los rodean. Ser consciente de cómo el niño capta el mensaje que hay en su entorno y gestiona sus emociones le dará la oportunidad de encontrar la mejor manera de consolarlo y tranquilizarlo.

Si ve que su bebé está inquieto, es importante que le dé más cariño y consuelo de lo habitual, y explotar su sentido dominante es la mejor manera de enviarle estos mensajes de amor. Proporciónele a su bebé visual más rato para disfrutar de su rostro; cántele canciones tranquilas a su bebé auditivo; tenga en brazos a su hijo táctil o gusto/olfativo y mímelo mucho. Conozco a padres que, habiendo pasado por este tipo de pérdidas, comentan a menudo que encuentran un consuelo inesperado cuando atienden las necesidades de sus hijos con la ayuda de técnicas sencillas y basadas en los sentidos.

Los niños a partir del año y los preescolares comprenderán que algo triste sucede y notarán la ausencia de un ser querido de su entorno. Aunque no pueden captar realmente la permanencia de la muerte o el significado de una enfermedad grave en la familia, son lo bastante conscientes para necesitar consuelo adicional en tales momentos, pues captan con facilidad el miedo y el dolor en aquellos que le rodean y temen por su propia seguridad y bienestar. Los niños pueden expresar este temor indirectamente, a menudo de formas inadecuadas, desahogando a través de su sentido dominante los sentimientos que no son capaces de expresar con palabras. Por ejemplo, un niño táctil lanzará sus juguetes contra la pared. Lo que parecería un enfado o tan sólo una conducta detestable es probablemente miedo, pero un miedo que no sabe cómo expresar, ni siquiera a sí mismo. Incapaz de manifestar su sentimiento de impotencia, un niño gusto/olfativo podría portarse mal a la hora del desayuno, exigir una determinada comida y luego rechazarla con violencia. Podría también retraerse a un estado silencioso y solitario y recluirse en su habitación para jugar a complicados juegos imaginarios con sus peluches. Pese a que tal vez tenga la sensación de que es poner una carga más sobre sus hombros, es importante permitir que el niño exprese sus sentimientos y los libere de un modo sano y constructivo.

Todos los niños, sea cual sea su sentido dominante, saldrán beneficiados si durante estos periodos siguen aferrándose a sus rutinas. Para los niños pequeños, familiaridad equivale a seguridad, y la más sencilla de sus costumbres diarias servirá para enviarles el mensaje de que están seguros a pesar del trastorno que vive la familia. Mantenerse fiel a los rituales y rutinas del niño calmará su estrés y le dará una potente sensación de seguridad cuando más la necesita.

A continuación, menciono algunas maneras básicas de consolar a los niños de cada grupo sensorial en caso de muerte, enfermedad y otras pérdidas:

- Los niños táctiles, en particular, buscarán mimos y abrazos extras y necesitarán que los cojamos con frecuencia para tranquilizarlos. Pero no se pase. Si los padres miman al niño táctil más a menudo de lo normal y lo hacen más para su propio consuelo, que en respuesta a las señales que emite el niño, o si de pronto quieren dormir con el niño sin que sea él quien lo elija, éste podría sentirse agobiado. Ya hemos comentado que al niño táctil le gusta tener un trabajo que hacer y por ello querrá «ocuparse» de usted si le ve triste, sobre todo si ha perdido a su pareja. Pero por tentador que sea compartir parte de la carga, recuerde que es sólo un niño y necesita más que nunca que sea usted el adulto fuerte de su vida.

Si usted y su hijo táctil tienen la rutina de jugar a la pelota en el jardín antes de cenar, asegúrese de continuar saliendo con la pelota todos los días a la misma hora. En momentos de tristeza, las rutinas son redentoras, pues ayudan a que todo el mundo supere la jornada. Pero no convierta al niño en un prisionero en su propia casa. Déjele ir al colegio, visitar a sus amigos, ir al zoológico con familiares, etc. Será bueno para él y le permitirá a usted recargar las pilas para tener energía suficiente cuando esté con su hijo.

- Como siempre, la mejor manera de comunicar con el niño auditivo será a través del sonido: palabras, música, tono de voz... Si su hijo auditivo está acostumbrado a cantar canciones por la mañana con mamá y papá mientras se preparan para ir al trabajo y al colegio, no le haga callar, pues nadie espera del niño que se comporte como un adulto sobrio, ni siquiera en una casa de luto. Si quiere escuchar (y contar) historias familiares divertidas o escuchar su música favorita, a por ello, aunque no esté usted de humor. Si vive con ustedes una persona enferma, utilice la radio y la televisión para enmascarar cualquier sonido desagradable procedente de la habitación del enfermo. Y si siente usted la necesidad de llorar, intente hacerlo cuando el niño no esté en casa o se halle distraído en otra habitación.

Los niños auditivos suelen necesitar muchas explicaciones; si cree que no está preparado para dárselas, pídale a alguien de confianza que responda a esas preguntas difíciles de un modo sencillo y simple hasta que usted pueda. Y recuerde, el tono de voz es tan importante como las palabras, si no más.

- El niño visual captará el dolor que sus padres sienten a través de la expresión del rostro. Los esfuerzos que haga para consolarlo y conseguir que manifieste lo que siente deberían relacionarse también con su sensibilidad visual. Tal vez su hijo visual se abriría mirando las fotografías de la familia, haciendo un *collage* o dibujando juntos. A lo mejor tiene una colección de cuentos que le gusta mirar a la hora de acostarse, con mamá o papá sentados en la cama a su lado. De ser éste el caso, es posible que revele parte de sus sentimientos con lo que diga acerca de los personajes de los cuentos.

  Hay quien después de una muerte o una enfermedad hace limpieza de la casa, pero para el niño visual, que busca la sensación de continuidad en el entorno que le rodea, despojarse de objetos conocidos podría resultarle inquietante. Debería aceptarse cualquier respuesta, por irracional que parezca. Una madre vino a verme muy inquieta porque su hija insistía en poner a lavar los calcetines de su padre fallecido, y después clasificarlos por parejas. La madre creía que era el síntoma de un trastorno psicológico grave. No obstante, era una respuesta muy sana: era la forma que tenía la niña de mantener a su padre con ella. Siempre se había encargado de clasificar los calcetines de su padre, y seguir haciéndolo la ayudaba a sentirse mejor.

- Su hijo gusto/olfativo tendrá seguramente una serie de rituales a la hora de acostarse que sirven para consolarle: un vaso de zumo seguido por unos mimos en el sofá con papá, que le acompaña después a la cama y le cuenta un cuento inventado para que se duerma. Es importante continuar con estos rituales, pues los niños gusto/olfativos tienen una tendencia especial a sufrir pesadillas en momentos de estrés. No le extrañe que su hijo se vuelva más pegajoso y no quiera que vaya usted a ningún lado sin él, y es probable que se resista a que entre gente en casa, excepto la familia. Está lidiando con miedos que le hacen sentirse indefenso e impotente. Intente, por lo tanto, darle todo el consuelo posible.

Lo que más le preocupa al niño gusto/olfativo cuando un ser querido muere es saber adónde ha ido. Explíquele positivamente que la abuelita le observa sonriendo desde un lugar feliz; dependiendo de cuáles sean sus creencias, procure tranquilizarle lo máximo posible en cuanto a lo que le ha sucedido a la abuelita, y explíquele que usted tiene la seguridad de que está «bien».

Ayudar a su hijo a salir adelante en situaciones de estrés es uno de los regalos más importantes que usted puede darle. Guíele con bondad, atención y confianza durante los momentos difíciles de su vida, y le enseñará con ello que el dolor y la tristeza son manejables y acaban superándose, que incluso cuando la vida está llena de cambios e incertidumbre, puede confiar en usted para que le ayude, le dé consuelo y le apoye. El sentido dominante de su hijo le proporcionará formas efectivas de comunicarle estos importantes mensajes —y lecciones para toda una vida— en los momentos en que más los necesita.

Una nota final

La buena comunicación entre padres e hijos es tanto la piedra angular de una buena relación, como la mejor manera de crear una base sobre la que construir la vida de su hijo. Cuando usted, como padre o madre, comprende a su hijo, y éste, a su vez, le comprende a usted, no sólo conseguirá forjar un vínculo fuerte y de confianza, sino que además ayudará a su hijo a aprender a confiar en sí mismo y le proporcionará la autoestima necesaria para vivir feliz y sano el resto de su vida.

Como ha visto a lo largo del libro, identificar el modo sensorial dominante de su hijo y utilizar este conocimiento para responder de forma más sensible a sus necesidades es una herramienta potente para tender un puente sobre cualquier vacío de comunicación. Cuando comprenda cómo su hijo ve, interpreta y experimenta el mundo, las decisiones que tome a diario como padre o madre le resultarán mucho más evidentes.

La información que obtenga sobre su hijo completando el cuestionario del capítulo dos le iniciará en el camino hacia un diálogo más sustancioso y comprensible para ambos. Y el entendimiento entre ustedes se hará más profundo a medida que su relación evolucione día a día. El resultado será una relación paternofilial que permitirá que florezcan las características únicas y especiales de su hijo, pues fomentará que la esencia de la personalidad de éste brille por sí sola.

Como es lógico, en el camino tropezará con malentendidos

y contratiempos ocasionales. Pero en lugar de dejarse llevar por la frustración, confiará en la perspectiva que posee sobre el sentido dominante de su hijo (así como del suyo) para solucionar estos conflictos. Lo único que se le pide a usted es que tenga la disposición necesaria para observar el mundo desde el punto de vista de su hijo. Enseguida que ponga este sistema en práctica, verá que cualquier problema, desde los conflictos con el sueño y la alimentación hasta las pataletas o el aprendizaje para hacer solo sus necesidades, perderá importancia gracias a la utilización de las técnicas basadas en los sentidos descritas en este libro, que le proporcionarán una respuesta a medida de las necesidades únicas de su hijo.

Sé, a partir de mi experiencia como madre, que poner en práctica estas técnicas significa que pronto iniciará el camino hacia soluciones en las que todos saldrán ganando, y que harán que tanto usted como su hijo sean más felices. Y cuando la vida diaria fluya sin dificultades, les resultará mucho más sencillo a usted y a su hijo ver la belleza de sus personas. Al fin y al cabo, ¿no es éste el objetivo de todos los padres, es decir, amar a nuestros hijos por lo que son y desarrollar relaciones con ellos llenas de cariño, apoyo y mutuamente beneficiosas?

Agradecimientos

¡Gracias a Tom Dunstan por ser tan maravilloso e inspirador!

Doy las gracias a todas las familias que han tomado parte en mis estudios de investigación. La dedicación que muestran hacia sus hijos también resulta inspiradora. Gracias por vuestra honestidad, compromiso y disposición para ver el mundo de una nueva manera. Confiar vuestra conducta y la de vuestros hijos a otra persona es dar un gran paso. Vuestra valentía para intentar algo completamente nuevo y divulgar cosas tan personales es para mí una lección de humildad. Sin vosotros, este libro nunca habría existido.

A Billie Fitzpatrick, mi mano derecha y mi compañera de escritura, gracias no sólo por ayudarme a crear este libro, sino también por ser mi amiga. Tu paciencia, tolerancia y resolución fueron admirables, y valoro profundamente tu agudeza y tu encanto, a las duras y a las maduras.

Beth Rashbaum, gracias. Sin tu nivel de calidad y tu fe en que podíamos conseguirlo, este libro no habría sido lo que hoy es. Gracias por tu paciencia, por tu visión, por tu fe inquebrantable, por tu duro trabajo y por compartir conmigo tu experiencia. Soy afortunada por tenerte como editora.

Irwyn Applebaum, gracias por creer en mi potencial y ver que era posible.

Nita Taublib, gracias por tu asesoramiento y tu experiencia, y por darme consejos tan cariñosos sobre orientación y carrera profesional.

Judi Duran, gracias por tener «fe», por permanecer fiel a tus convicciones y por ser una amiga leal.

Quiero dar las gracias a Max Dunstan, mi padre, por guiarme a lo largo del proceso de investigación y animarme a seguir adelante.

Gracias a mi equipo de investigación, especialmente a Prue Ives, que fue el mejor ayudante de investigación de mi vida y un amigo de verdad.

Quiero dar también las gracias a Carla y Peter Weir por ayudarme en la construcción del local de investigación; a Bob Stein, que me ayudó a cerrar el trato y me ofreció sus consejos; y a Linda La Gasse y Barry Lester por ser las primeras personas que creyeron en el potencial de mi investigación y mi capacidad para llevarla a cabo.

A mi equipo de L. A.: ¡Esto no es más que el principio de grandes cosas!

Gracias a Jessica Thomas, una defensora capaz y fiel.

A la señora W.; no existen palabras para expresar mi gratitud por lo que has hecho por Tom y por mí. Gracias.

Gracias a Philip Beazley (mi roca) y a Greg Johnson por ser mi voz, y a los que fueron capaces de ver la verdad. Tom y yo os estaremos eternamente agradecidos.

Y por último, a mis amigos y a mi familia que tantas cenas y reuniones tuvieron conmigo, gracias por vuestra paciencia y tolerancia.